本书由2014年度辽宁省本科教学改革研究项目“西方人文经典导读通识课建设”、2012年度大连理工大学通识课建设项目“西方人文经典导读”资助

中西通识教育的思想与实践

隋晓荻◎著

中国出版集团
世界图书出版公司
广州·上海·西安·北京

图书在版编目（CIP）数据

中西通识教育的思想与实践 / 隋晓荻著 .—广州：世界图书出版广东有限公司 , 2014.7（2025.1重印）
ISBN 978-7-5100-8323-5

Ⅰ . ①中…　Ⅱ . ①隋…　Ⅲ . ①通识教育—研究—世界　Ⅳ . ① G40-012

中国版本图书馆 CIP 数据核字（2014）第 160623 号

中西通识教育的思想与实践

策划编辑　刘婕妤
责任编辑　梁少玲
出版发行　世界图书出版广东有限公司
地　　址　广州市新港西路大江冲 25 号
http:// www.gdst.com.cn
印　　刷　悦读天下（山东）印务有限公司
规　　格　710mm × 1000mm　1/16
印　　张　12.75
字　　数　213 千
版　　次　2014 年 7 月第 1 版　　2025 年 1 月第 3 次印刷
ISBN　978-7-5100-8323-5/G · 1693
定　　价　68.00 元

目　　录

第一部分　通识教育的发端与演进

第二部分　西方的通识教育：20 世纪至今

第三部分 我国的通识教育：世纪之交至今

第一部分　通识教育的发端与演进

第一章　古希腊时期的教育

西方的教育传统开始于古希腊时期。古希腊文明约始于前2000年，后至前146年古希腊被罗马共和国征服时。一般将古希腊文化的发展大致划分为五个阶段：爱琴文明时代（前20—前12世纪）、荷马时代（前11—前9世纪）、古风时代（前8—前6世纪）、古典时代（前5—前4世纪）、希腊化时代（前4世纪晚期至前30年）。在古风时代末期到古典时代末期，古希腊文明达到了顶峰。古希腊由于地处欧、亚、非的交通要道上，开放的海洋环境等造就了古希腊独特的海洋文明，并且使之成为西方文明的发源地，孕育产生了智者学派、苏格拉底、柏拉图、亚里士多德等伟大的哲学教育家。一方面，哲学家通过对人和社会的思考，认识了教育对于人的完善和城邦的稳定的重要作用；另一方面，古希腊哲学家对于教育实践和教育制度的构想，也进一步帮助促进古希腊人和社会的发展。因此，古希腊的教育是哲学的教育，是人类开始尝试全面和完整地认识世界和自己的一种实践智慧。

一、古希腊时期的教育目的

古希腊较为完整的教育体系源于城邦发展的需要，教育目的是为城邦塑造所需的公民。古风时代末期的希腊社会，以斯巴达和雅典为代表的城邦已经完成了从原始社会制度向奴隶制度的转变，经济高度发展，民主政治制度也不断成熟，人们开始“主张把理想运用于研究公民的权利责任和国家管理上，以提高公民个人素质，改善城邦状况”[1]，古希腊的文化教育也开始了全面发展。城邦的文化背景不同，城邦的教育实践和制度也有所不同，其中古希腊城邦教育实践中最典型的是斯巴达教

[1]　[美]马文·佩里：《西方文明史》（上卷），商务印书馆1993年版，第97页。

育和雅典教育。斯巴达教育主要为了培养有纪律、有勇气的战士而重在体育教育，而雅典则是更关注于繁荣社会下人性的完整以及对城邦统治者的培养。斯巴达和雅典分别代表了古希腊以农业和商业为主的两种城邦文化教育。而随着希腊社会的不断发展，古希腊的整体教育理念也在随着社会改善和发展。在奴隶城邦建立的初期，希腊社会进入了一个完全不同于氏族制度的思想启蒙、个性解放的时代。人们开始追求民主、法治、自由、公平等，而古希腊教育也随着人们视角的变化，从对自然现象的关注转向了对社会、道德和人类自身的关注。随后，伯罗奔尼撒战争后战败的雅典再次深刻地影响了人们的思想意识。由于战争带来的破坏，民主政治开始衰落，牟利的政客和道德危机要求人们探讨摆脱社会危机的办法，古希腊迫切需要新的道德标准、价值观念等来创立新的政治体制，这时候围绕着城邦统治者的教育，也自然要随着社会需要的变化而变化。但是，无论在哪个时期，古希腊的教育始终是以塑造城邦需要的公民为目的，并随着城邦的发展和需求的变化而发展变化。

二、古希腊城邦的教育实践

古希腊的教育实践因城邦政治体制性质不同体现为两种不同类型的教育制度：一类是某些多利亚人城邦，以军事和体育教育为核心，如斯巴达和克里特等；另一类是更重视公民本身的知识和道德教育的爱奥尼亚人和伊奥尼亚人城邦，如雅典的教育制度。由于城邦性质的差异导致了两种各有侧重的教育制度。

（一）雅典的城邦教育

在雅典教育中，“和谐”是一个极其重要的概念，教育的目的则是使公民达到身和心、内和外的和谐。雅典位于希腊东南的阿提拉半岛，沿海环境带来的贸易繁荣以及人们思想的开放，让雅典成为古希腊民主政治城邦的代表。随着政治制度的改变，雅典教育从最初的培养维护奴隶制度统治者和效忠国家的战士，转变到和平时期的对有一定文化知识修养的政治家和善于交际的商人的培养。

雅典城邦重视公民教育。城邦政体对于教育采取的是重视但并非完全控制的态度，虽然把教育儿童作为国家和父亲的责任，但是城邦并不对教育进行绝对控制。[1]大约在前7世纪，雅典就出现了学校。但是雅典的学校是教师作为私人事业开办的，

[1] 腾大春主编：《外国教育通史（第一卷）》，山东教育出版社1980年版，第177页。

因此教师自己决定收取多少费用和教授什么学科。家庭根据学校的条件和教授的科目为儿子选择学校。然而穷人家庭的教育有时是由家长来完成的。此外，雅典的公共服务制度要求富有公民为部落的青年竞技训练支付费用，以参加火炬赛跑。通过公共服务制度，贫苦公民有机会免费享受体育和音乐的训练。[1]

雅典教育制度分为三个阶段：初等教育（6—14 岁）、中等教育（14—18 岁）和第三级教育（18—20 岁）。其中，初等教育制度是由文学、音乐和竞技运动三部分组成。竞技包括竞技运动的训练以及身体训练，普通的身体训练是早于文法和音乐的学习的。柏拉图认为如射击、骑马等简单的竞技运动应当在 6 岁时开始，而识字教育则推迟到 10 岁，弹奏七弦琴推迟到 13 岁。文法教育是教导儿童阅读、写字和一些算数，强迫儿童阅读和背诵荷马、赫西俄德等伟大诗人的作品。[2] 音乐教育包括教授七弦琴及其他古老的希腊音乐，并吟诵诗人的诗歌。初等教育是适用于所有公民的，而 14 岁之后的中等教育是自愿参加的，但是只有富有和有闲暇的孩子能够享受。中等教育课程包括各种数学、高级水平的文学批评、自然科学、法律、宪法等，还包括哲学、伦理学、政治学、形而上学的知识。不同于斯巴达教育，雅典教育则是看中修辞学对教育的重要性。第三级教育是由城邦负责的强制性教育。阅读和书写是每个雅典公民必须具备的能力。对比斯巴达的过于重视体育教育，几乎所有的雅典公民都能识字。从初等教育开始，儿童就被教导学习识字，而后是阅读和书写。刚能阅读时，儿童就开始学习荷马史诗。[3] 教师选取诗中的段落教导学生朗诵背诵，或者增添音乐表演诗中所叙述的故事。

在雅典教育中，音乐教育充当了除体育以外的所有通识知识的教授，不仅包括音乐的节奏、旋律和声调等，而且也包括诗歌、阅读、写字、算数以及法律、哲学和一些自然科学。雅典对于音乐教育的重视，正是希望通过音乐教育达到通识教育的目的，即增加知识、陶冶情操和培养德性，塑造有知识、有品行的雅典公民。音乐教育将音乐与诗歌、文字等连在一起，知识和思想配合和谐的音律，陶冶雅典公民的精神，追求丰富多彩的精神世界。古希腊的吟游诗人们也正是用配有音乐的诗歌到处传唱，从而教导人知识思想，激发人的情感和理想。其中以荷马史诗为代表，

---

[1] Xen, *Constit of Athens*, 13. I.

[2] [英] 弗里曼：《希腊的学校》，朱镜人译，山东教育出版社 2009 年版，第 37 页。

[3] 腾大春主编：《外国教育通史（第一卷）》，山东教育出版社 1980 年版，第 187 页。

抒情诗歌成为雅典最主要的教材，荷马史诗则是成为古代希腊的青少年们开始阅读后的第一教材。色诺芬所著的《饮宴篇》中一位客人说："我的父亲急于要使我成为一个有用的人，教我学习荷马的所有诗歌。至今我们仍能背诵《伊利亚特》和《奥德赛》。"[1] 由此可见，荷马对于古希腊教育来说，不仅仅是因为荷马作为一名诗人创作出对人生富有教育引导含义的荷马史诗，并且他的史诗、他的思想，经由传播渗透到希腊生活的各个领域，让他成为希腊人最早的也是最重要的教育家。

雅典的通识教育体现在，不管是体育教育还是音乐教育，都是对城邦公民的德育进行的塑造。体育教育保证孩子拥有一个健康的身体，从而不会因为身体残弱而缺失勇气；音乐和阅读教育则是从精神上塑造一个完整的人。雅典教师通过音乐和阅读，让孩子学习许多伟大诗人的作品，这些作品包含许多训诫、传说和对古代杰出人物的称赞。通过研读甚至背诵这些诗篇，儿童能够从这些故事中效法学习一个优秀的公民应该具有的素质，比如善良、公平、忍耐，从而能够获得和谐社会的能力。

雅典的社会生活环境造就了雅典人民不输于千百年之后的文化教育。开放的民主制度和城邦交流，扩大了雅典人的视野，使雅典人见多识广，并且吸收他国的经验，从而在建设雅典城邦中不断地革新，也让他们明白教育对于城邦建设有着最根本的推动作用。一个和谐的教育，能够教导出真正的德、智、体、美具备的和谐公民。和谐的雅典教育思想要求作为雅典城邦的公民必须遵守城邦法律，忠于城邦，并且具有智慧、勇敢、节制、公正等美德，兼顾了人的个性和公民性的双重发展，一方面为城邦建设发展塑造合格的公民；另一方面，雅典教育也重视人性的完善，通过多方面的通识的德治教育，发展建立拥有完整的德性的人。在适度训练身体的同时，也要重视知识的修养、道德的塑造。这也正是自由民主的雅典政治制度下，天人和谐的体现。

（二）斯巴达的城邦教育

斯巴达位于伯罗奔尼撒南部的拉哥尼亚平原，是一个典型的寡头贵族专政的国家，古代斯巴达的教育实践主要是由普鲁塔克所著的《吕库古传》记载下来的。据《吕库古传》记载，吕库古是斯巴达的立法者，在丰富的游历中吕库古不断接触和研究各种政体，阅读其他城邦的法律条文，期望能够将其中有利于斯巴达的思想带回并

[1] ［古希腊］色诺芬等：《色诺芬的〈会饮〉》，沈默等译，华夏出版社2005年版，第42—43页。

付诸实施。普鲁塔克认为吕库古在游历中接触到了荷马的诗篇，认为史诗中包含了丰富的政治道德思想，并成为了“第一个使荷马史诗广为流传的人”[1]。回国后的吕库古开展了一系列的政治措施，并制定了新的斯巴达法律。吕库古的法律并没有以文字的形式出现，而是作为一种理念，贯穿在公民的教育实践中，尤其是公民的习惯培养和日常训练中。在吕库古看来，教育“使青年人明确坚定不移的目的，要比强制更具有约束的力量”，教育“对于每个青年来说，就起着立法者的职能”[2]，因为随着社会的发展，当法律条文也需要修改时，受过教育的人就有能力判断和修正，并且对法律进行细化。

吕库古倡导教育内容和教育方法因人而异。他让少女锻炼身体，进行和男子一样的体育训练，如跑步、摔跤等，以便让下一代的婴儿在健壮的母体里打下良好的身体基础。对儿童的教育则是严格的，7岁之前，儿童被父亲带领到成人休闲的俱乐部，倾听成人的谈话，观看成人分享战利品。[3]孩子一长到7岁，就由国家收养编入军队，进行有纪律的训练。除去军队式的训练，或者又叫体育教育，斯巴达建立了公立学校，具有公民资格的家庭中的男孩子可以上这种由城邦出资的学校。教学不收取费用，由游历于希腊各地的智者以及城邦的有望人士免费进行教学。教育内容几乎全都是体育，读书和识字仅仅学到够用而已。[4]甚至，斯巴达人不学习他们自己的文字，他们认为，激励是最重要的，书面语言会削弱人的记忆力。[5]斯巴达教育中是禁止修辞学的，他们学习并使用的是简洁的言语，多余的词汇或者废话都是无用的。柏拉图曾经称赞过斯巴达人的这种话语方式，一开始交谈时，稍显木讷，“但是突然间，他会脱口说出一个精辟的观点，言简意赅，使他的谈话对手立即显得和儿童一样幼稚”[6]。可见，柏拉图是欣赏斯巴达人这种简洁却凝练的语言的，而这也归功于对修辞学的禁止教育。斯巴达同样重视音乐和诗歌在教育中的作用，他们采用的多是以

[1] ［古希腊］普鲁塔克著，黄宏煦等主编：《希腊罗马名人传》，陆永庭、吴彭鹏等译，商务印书馆1990年版，第90页。

[2] ［古希腊］普鲁塔克著，黄宏煦等主编：《希腊罗马名人传》，陆永庭、吴彭鹏等译，商务印书馆1990年版，第101页。

[3] ［英］弗里曼：《希腊的学校》，朱镜人译，山东教育出版社2009年版，第10页。

[4] ［古希腊］普鲁塔克著，黄宏煦等主编：《希腊罗马名人传》，陆永庭、吴彭鹏等译，商务印书馆1990年版，第107页。

[5] Sext, Empir,*Mathem*,285. C.

[6] Plato,*Pratag*,342. E.

战争为题材的气势磅礴的歌曲，以激发青年人的勇气和必胜的信念。

此外，斯巴达教育中独特的一点是，儿童需要经历偷窃的教育和训练，以培养侦察、埋伏和劫掠的能力。斯巴达的教育过于侧重身体的发展和训练，而忽略智力的发展，因为斯巴达的文化和思想决定了斯巴达需要培养的是一名战士。希罗多德评价说："在希腊人当中，铁该亚人和雅典人都是十分能征善战的好汉，但就勇武而论，拉凯戴孟人（即斯巴达人）在他们所有的人当中却是最突出的人。"[1] 过分崇尚身体及军事上的勇猛导致了斯巴达的教育实践形式较为单一，并且全民忽视文化教育。但是，只有勇敢和具备军事能力的公民是不够的，斯巴达的教育制度限制了人们思想的发展，从而对其政治制度也产生影响。

三、古希腊的教育思想家

（一）智　者

随着古希腊整体经济的不断发展，各个城邦之间的交往日渐频繁，智者作为职业教师出现在雅典，开始为新的社会传授这个时代所需要的知识。较为成熟的雅典文化和教育也被商旅传到了其他城邦。各国各民族不同的风俗习惯和文化传统在交流中发生了碰撞，使得希腊人开始思考，他们之前认可的宗教、风俗、习惯、文化等，都只是城邦内共同认可的，而不是神圣地适用到所有国家和民族。这时候，人们对于永恒和神圣开始产生了疑问，对诸神的崇拜也开始动摇了。并且随着希腊社会开始发生变化，希腊政治、经济以及希腊人的精神也开始变化。旧时的教育，如雅典教育，是为了培养爱国的公民，公民需要积极履行城邦义务，遵守社会道德和法律。新的形势下，单纯的体育军事训练以及音乐文学教育都已经不能应付日益繁荣的社会需求了。政治成熟、经济蓬勃要求古希腊提升教育方法和教育制度，以创造适合社会发展的文化、哲学、艺术、科学、技术等。以阅读背诵为基础的通识教育不能够完全正确引导新的社会下的青年的道德德性以及人性，因此在这样严峻的情况下，智者作为职业教师出现在雅典，开始为新的社会传授这个时代所需要的知识。

前5世纪中叶，第一批职业教师出现了。他们游走于古希腊的各个城邦，收费授徒，以传授修辞、辩论、治理城邦和家政管理等知识。智者学派初始于普罗泰戈拉等，

[1]　[古希腊]希罗多德：《历史》，王以铸译，商务印书馆1959年版，第644页。

他以教授辩论术修辞学和文法为职业，第一个宣称自己是智者，是教人智慧的教师。[1] 黑格尔认为："智者们就是希腊的教师，通过他们，文化才开始在希腊出现。"[2]

智者的教育对象主要是那些已经接受过初级和中等教育，已经具备基本的音律、文法知识的人。智者的教育目的，是教人学会从事政治活动的本领。因此辩论术作为公民在政治活动和法律活动中愈发重要的一种能力，是智者教育中最重要的一部分。普罗泰戈拉谈及他的教育目的时说道："他们（学生）学到把自己的家庭处理得井井有条，能够在国家事务方面作最好的发言与活动。"[3] 黑格尔这样概括智者的教育，"既是哲学教育，也是演说教育，教人治理一个民族……此外他们还有最普通的实践目的，就是给予政治家一种预备教育，以便在希腊从事一般性政治活动"[4]。智者深刻地理解了智慧与文化更是与政治密切相关。只有在各个方面都接受过教育的人，才能够在政治上表现出智慧和才能。因为古希腊的政治家需要具有各种必要的知识，并且掌握其理论原则，这样才能将知识实践推广到社会的各个领域中。这放到现在大学的通识教育中也是一样适行的。

智者教育认为各个方面的知识的学习是必要的，并且运用知识在具体问题上进行具体分析并做出恰当的判断，更是教育的最终目的。在古希腊民主制城邦中，这种分析判断最突出的体现就是在法庭上、在人民大会等一些权力机构和公共场所。因此，智者将辩论术、修辞学和文法作为他们的主要教学科目，教导城邦公民实现其政治活动。普罗泰戈拉将演说区分成不同类别，根据两种理由分为两种类型，一种是愿望（Will）、问题（Question）、问答（Answer）和命令（Command）；另一种则分为叙述（Narration）、问题、问答、转述（Reported Narration）、希望和号召（Wish and Summons）。而智者阿西达马斯则将演说分为四种类型：主张（Assertion）、否定（Negation）、问题（Question）和讲话（Address）。[5] 智者是古希腊自然科学研究的先驱者，从自然界的运动变化来对自然现象进行推测和猜测。智者开始思索世界的构成，由以前的神创造世界，到猜测宇宙万物的构成和宇宙的本质是由水或

[1] 腾大春主编：《外国教育通史（第一卷）》，山东教育出版社 1980 年版，第 219 页。

[2] [德] 黑格尔：《哲学史讲演录（第二卷）》，贺麟等译，商务印书馆 1981 年版，第 81 页。

[3] 北京大学哲学系外国哲学史教研室编译：《古希腊罗马哲学》，上海三联书店 1957 年版，第 132 页。

[4] [德] 黑格尔：《哲学史讲演录（第二卷）》，贺麟等译，商务印书馆 1981 年版，第 10 页。

[5] Kerferd G.B.，*The Sophistic Movement*，London, Cambridge University Press, 1981, p.86.

者或等具体物质构成。音乐教育也为某些智者所重视，因为他们认为，音律“能使人在交际场中显得很风雅”[1]，从而使人能够更好地说话。各个领域的知识和音律使得智者教导的学生们，能够发表打动人心的、引起人的感情的演说。只有掌握广泛的知识，并将其应用到具体事物、具体问题中，就能使智者所教授的经验转化成希腊人民自身的思想。

智者教育是对通识教育的一种推广，让古希腊人接受到各个领域的知识文化和技巧，从而提高了希腊人的文化水平，开发希腊人的思想。但是智者教育对于辩论术的过度重视导致有些智者忽视了对美德的教育，在传授了如何赢得辩论的知识技巧后，却忽视了正确地引导儿童的道德伦理德性，从而在之后的古希腊，辩论术成为公民表现个人愿望和个人利害的工具，使人忽略了事实与实践才是检验真理的标准，而通过雄辩，利用语言和修辞的力量，颠倒是非到处行骗。辩论术带来的社会混乱也是智者遭受非难的主要原因，也逐渐地导致智者教育的衰落。

（二）苏格拉底

苏格拉底（Socrates，前 469—前 399）是出生于平民家庭的雅典公民，他的一生都致力于对真理的探索和维护教育事业，并甘愿为其教育思想和哲学思想而献身。苏格拉底生活的雅典是在伯罗奔尼撒战争之后的民主制开始衰落的雅典。极端的民主制度虽然给予了公民绝对的政治自由和言论自由，但是这种自由的滥用则导致了城邦政治局面的混乱，加剧了奴隶制的危机。出身于平民的苏格拉底并不相信人民群众的政治能力，他认为，普通群众“既不能使人智，又不能使人愚，他们的一切都处于偶然的冲动”[2]。苏格拉底认为只有有才能的人才能够行使政权，于是他将毕生都奉献给如何塑造有才能的人，以及如何使有才能的人当权。

苏格拉底一生的大部分时间都用在了教育事业上，与智者不同的是，苏格拉底从不收学费。他的教学并没有固定地点，可能在体育馆、广场、街上、商店，任何地方都可以成为他的教育场所。而苏格拉底也并不局限教学对象，不论贫富、年纪、职业，他都不曾拒绝。并且，苏格拉底不同于智者的课程教育，他采用了特殊的谈话法来教导学生道德哲学。衰落的雅典民主政治将社会的黑暗面都暴露了出来，人

[1] 罗念生：《阿里斯多芬喜剧集》，人民文学出版社出版 1954 年版，第 175 页。

[2] ［古希腊］柏拉图：《游叙弗伦、苏格拉底的申辩、克力同》，严群译，商务印书馆 1983 年版，第 99 页。

性及道德都岌岌可危，因此，苏格拉底自称，他的使命就是教人向善。他曾批评道："人中最高贵者，雅典人，最雄伟、最强大、最以智慧称之城邦的公民，你们专注于尽量积聚钱财，猎获荣誉，而不在意、不想到智慧、真理和灵性的最高修养"，并给予了雅典人一个深刻的反问："你们不觉惭愧么？"[1]但是苏格拉底最终没有能完成改善雅典人民的使命任务，就被判死刑。但是苏格拉底的声音引起了雅典人民的反思，并且他的学生比如柏拉图等继承其教育思想并进行更深的发展和改革，始终围绕着"让人向善"的最高教育目的。

苏格拉底将哲学家的目光从自然哲学中拉回，认为哲学家应该研究关于人的本身的问题，因此他提出了要像神的教导那样去"认识你自己"[2]。苏格拉底认为，人是有思想的、有思维能力的，进而是有理性的。因此如何正确认识人的心灵和理性，即人的本性，成为苏格拉底哲学教育的根本任务。在与美诺（Meno）的对话中，苏格拉底与其讨论了美德与知识的关系，并得出"美德即知识"的结论。美诺是一位家境良好的年轻人，在考虑接受智者学派的教育时，他向苏格拉底提问：智者学派是否可以真正为人们传授美德知识？美德是否具有可教性？人们是否只有通过实践才可以获得美德？[3]苏格拉底认为美德是灵魂的一部分，是受灵魂指导的正确与否，而变现为有益的或是有害的。苏格拉底又解释道："灵魂自身的东西，如果它们要成为善，就都系于智慧。"[4]这就得到了"美德即智慧"的结论。而人之所以有智慧，则是来源于知识，因此知识也就是智慧。在苏格拉底看来，这种有关人的理性的知识，是伦理道德的知识，是有关善的知识。拥有知识的人即拥有智慧，从而极有可能拥有美德。

人的知识是具有普遍性、永恒性的，因此知识可以教授，从而美德也是可以教授的。关于如何教授知识及美德，苏格拉底采用了对话的方式来启发别人去思考，去发现真理。在与美诺讨论美德问题时，苏格拉底先是引导美诺说出他对于美德的

---

[1]　[古希腊]柏拉图:《游叙弗伦、苏格拉底的申辩、克力同》，严群译，商务印书馆1983年版，第65页。

[2]　腾大春主编：《外国教育通史（第一卷）》，山东教育出版社1980年版，第243页。

[3]　[爱尔兰]弗克兰·M·弗拉纳根：《最伟大的教育学家：从苏格拉底到杜威》，卢立涛、安传达译，华东师范大学出版社2009年版，第5页。

[4]　北京大学哲学系外国哲学史教研室编译：《古希腊罗马哲学》，上海三联书店1957年版，第163页。

定义，从而基于美诺对于美德的理解提出了一系列有针对性的问题，这些问题逐步瓦解了美诺的定义。这种问答正是辩论的思想，通过问题一层一层地引导学生意识到自己的无知以及问题的复杂性。苏格拉底有关美德的提问让美诺意识到了自己并没有真正了解美德，这种意识正是苏格拉底所弘扬的初步“认识自己”的体现。苏格拉底的每个案例里都有对一个普遍性定义的追求，帮助学生认识学习有关美德、正义、勇敢等的定义。苏格拉底的问题是紧追不舍的，因为他认为，承认自己的无知是认识真理的第一步。这种问答对话的方法目的是激发人们探索真理的心情，引起人们探求真理的自觉。而苏格拉底的对话本身也是具有从个别到一般的意义，对话中所反映的问题也正是人民普遍所需要学习和了解的。但是苏格拉底的这种教学模式更加适合同代人的教育，而不太适合儿童。因为与其对话的学生都已经具备了一定的语言能力、体验能力和判断能力。

苏格拉底的教育程序包含了三种基本见识：第一种见识是他认为学生和老师之间的关系并不绝对，老师也可以从学生身上学到很多知识；第二种见识是为了学到某种知识，人们首先需要承认他们现在还没有掌握这种知识；第三种见识是针对教师的，不能因为教师可以指出学生有关某项知识的错误，就可以推断认为教师已经完全掌握了这项知识。[1] 这三种见识同时也体现了苏格拉底作为一个教师，对于自身的正确认识和把握，即教师也需要认识和承认自己的不足，进而不断地学习，完善自己的知识。

苏格拉底同时还强调身体健康对于人的重要性，因为一个有用的人，不仅要有高尚的灵魂，还要有健全的知识。并且身体状况也会影响人的思维活动，“由于身体不好，健忘、忧郁、易怒和疯狂就会猛烈袭击去夺人的神智，以致把他们已获得的知识丧失净尽”[2]。

苏格拉底一生致力于雅典的教育，然而他的教育方法给他带来了不幸的结果。但是他并没有选择逃脱，而是以自己为例，为雅典敲响了警钟。

（三）柏拉图

柏拉图（Plato，前 427—前 347）出生于一个名门贵族的家庭里，青少年时代正

[1] ［爱尔兰］弗克兰・M・弗拉纳根：《最伟大的教育学家：从苏格拉底到杜威》，卢立涛、安传达译，华东师范大学出版社 2009 年版，第 5 页。

[2] ［古希腊］色诺芬：《回忆苏格拉底》，吴永泉译，商务印书馆 1986 年版，第 132 页。

值导致雅典衰落的伯罗奔尼撒战争，而后在动乱时刻为了避免苏格拉底之死的牵连，游走于各个城邦十余年。回归雅典之后，柏拉图创办了阿加德米（Academy）学园。学园教授算术、几何、天文以及声学，为了使人们从现象世界转向永恒不变的理念世界。[1] 柏拉图在阿加德米学园中采用了继承于苏格拉底的对话式教学方法，通过教师和学生间的问答的方式达到教授知识、寻求真理的目的。柏拉图在《第七封信》中写道，“在人们通过不断地提问问题，并带着善意的目的来解决这些问题而开展研究和验证”中发现真理。这种提问实际是在对话中进行的辩论，通过不断讨论有所发现，直至真理的产生。学园不仅教导并且对动植物、地理学、宇宙学等自然科学进行研究。柏拉图带领其学生对古希腊的科学的发展做出了巨大贡献，比如其学生阿泰德就是立体几何的创始人。然而对于通识学科的学习并不是以实用为目的，而是通过多方面知识的学习，发展人的思维能力，使人们认识并获得真、善、美。柏拉图的阿加德米学园从前 387 年开办，直到 900 余年后的 529 年因拜占庭帝国的命令才被封闭，期间为雅典培养了无数教育、科学和政治方面的佼佼者。

柏拉图的教育思想是与城邦政治的建设紧密相关的，他还提出了一种由政府出面组织教育并加以控制的结构。他认为，政治不是教育中可有可无的一项内容，而是必要的构成要素。[2] 柏拉图在他的《理想国》里提出了他关于建设理想城邦的主张，其中教育无疑对城邦生活起着重要作用。柏拉图认为雅典城邦能够取得政治稳定的唯一希望就是建立一种挑选哲学家并把他们培养成统治者的教育制度。[3] 因为哲学家对于世界的充分认识，能够把握和保持正义，并以正义为最高法则来治理城邦。在《理想国》的开篇，柏拉图即讨论了正义是什么。然而身为贵族的柏拉图，是站在奴隶主的立场上来理解正义的。他认为，对于国家来讲，正义就是每一个公民按其天性，做他适合的工作，每个人在国家中执行一种最适合他的天性的任务，国家给予他的地位是最适于他的天性的地位。[4] 柏拉图将人设定在其所谓的天性之下，认为每个人只能从事自己所谓分内的事。根据人的自然本性，柏拉图将理想国公民分为三个阶级，

[1]　腾大春主编：《外国教育通史（第一卷）》，山东教育出版社 1980 年版，第 261 页。

[2]　[爱尔兰] 弗克兰 • M • 弗拉纳根：《最伟大的教育学家：从苏格拉底到杜威》，卢立涛、安传达译，华东师范大学出版社 2009 年版，第 12 页。

[3]　[爱尔兰] 弗克兰 • M • 弗拉纳根：《最伟大的教育学家：从苏格拉底到杜威》，卢立涛、安传达译，华东师范大学出版社 2009 年版，第 12 页。

[4]　腾大春主编：《外国教育通史（第一卷）》，山东教育出版社 1980 年版，第 268 页。

即执政者、军人和生产者，并分别对三个阶级的属性和相对性的教育方法进行说明。执政者利用军人控制平民，军人辅佐执政者，平民始终服从统治者的意志，因此，只要执政者的才能品行是善的、是正义的，那么整个城邦也将是善的、正义的。柏拉图的教育构想实则是解决了所有教育制度中的关键要素：哪些人是受教育的群体，需要交给他们什么样的知识，把他们培养成什么样的人才，谁来教导他们，如何来教以及他们将和哪些人一起学习等。[1]

柏拉图的教育制度是建立在全民共享的基础上的，教育面向城邦全部公民，不论其拥有财富多少，或是社会地位高低。早期的教育同传统雅典教育方法相似，主要包括体能训练和艺术教育两个方面，教导民众最基本的识字阅读的能力，以及其他一些普遍性的教育。柏拉图认为儿童没有辨别能力，因此在早期教育阶段给儿童讲述的故事需要经过严格的控制，不能随便篡改和编排。城邦要对讲故事者进行控制，选出高尚的有利于塑造儿童思想的故事，并避免那些不利的故事沾染儿童不成熟的心理。初等教育为城邦提供了一般的公民，经过了德育和技能的训练，他们多数成为了城邦财富的创造者。另有一部分被挑选出来作为雅典的护国者，而最为优秀的护国者则可能是城邦未来的执政者。

尽管柏拉图论述的教育是重点针对培养城邦统治者的，但是柏拉图对于人最应该具有的美德的获得的教育，则是适合于每一个公民的。柏拉图认为教育应当包含智者重视的“三艺”（文法、修辞、辩证术）以及“四艺”（算术、几何、天文、音乐等），这就构成著名的“七艺”。文法、修辞和辩证术等是人们认识可见世界中自然物、人造物的影像，而算术、几何、天文等则是研究自然物、人造物本身。[2]这种对可见世界的理解并不是真正的知识，在柏拉图看来，纯粹的知识指的是可知世界的理念。但是对于认识学习可感世界的方法，是帮助人们寻找建立理念，从而获得真正的知识。《理想国》中的教育是建立完善人们灵魂中感性（文法等）和理性（算术等）部分，从而一方面，人们可以通过心理活动认识真理，另一方面又通过理性来认识真理。[3]柏拉图认为教育并不是单纯地将知识装进空无所有的心灵里，而是每个人生来就具有学习真理的能力以及用以见到真理的技能。通过对人们“善”

[1] [爱尔兰] 弗克兰・M・弗拉纳根：《最伟大的教育学家：从苏格拉底到杜威》，卢立涛、安传达译，华东师范大学出版社 2009 年版，第 13 页。

[2] 腾大春主编：《外国教育通史（第一卷）》，山东教育出版社 1980 年版，第 264—265 页。

[3] 腾大春主编：《外国教育通史（第一卷）》，山东教育出版社 1980 年版，第 267 页。

的调整，使得人们找到直面真理的光亮和角度，从而完善人的心灵。教育就是要使心灵转向善，转向真理，去认识理性世界。[1] 通过保持适当的教育，人性就会得到改造，劣质人修正了缺点，性格健全的人则变得更好。诗歌需要剔除其中捏造、撒谎、不代表真理的诗人所创造的诗歌，保留颂神和赞美好人的诗歌；音乐则占有更大比重，因为音乐节奏与乐调具有最强烈的深入心灵的力量；此外，心灵教育还要与体育教育相结合，不因体弱而影响心灵的健全。

柏拉图的哲学教育核心是围绕着人本身的。个人的灵魂是维系于社会之上的，二者互相影响，只有在城邦拥有正常秩序的时候，公民才能获得美德，同理，公民在不断地获取美德的同时也在引导城邦向善。《普罗塔哥拉篇》中，普罗塔哥拉认为美德是要通过教育和实践才能获得的，它可以通过一切教育形式来传授，包括父母、教仆、各科教师等的教育。柏拉图还提到了对于公民的惩罚，他认为惩罚也是针对那些缺乏正义与德性的人的一种教育。此外，柏拉图还第一次给予了教授美德的老师一个称号，即德育老师，可见柏拉图对于德育教育的重视。节制、勇敢、智慧和正义正是美德中最重要的四种，美德之间彼此相容，柏拉图对于美德的说明定义以及描述美德的实践与获得方式，正是从灵魂的角度构建人的和谐。

柏拉图的整体教育理念表达了其对教育功能的理解：为了下一代的教育问题，为了经济、社会以及政治等不同角色的选择，为了对经济、社会和政治计划的评价，为了提供更多生活的机会，为了建立并维持军事精英统治制度，为了建立并保持一个稳定的城邦政权。[2] 柏拉图的最终目的是建立和谐的理想国，而教育则是其中最重要的一环。几千年前的柏拉图继承了之前的智者和苏格拉底的教育思想，并且将其发展传播，其对教育的定义和设计都是为了城邦最好的建设。

（四）亚里士多德

亚里士多德（Aristotle，前 384—前 322）出生于古希腊马其顿城，17 岁来到雅典就读柏拉图学院，师从柏拉图。亚里士多德在学园里学习和教授达 20 年之久。柏拉图死后，他便离开了学院，之后他被邀请担任亚历山大的老师。前 335 年，亚里士多德返回雅典，在雅典郊区吕克昂（Lyceum）创办了一所学园。学园分高级版和

[1] 腾大春主编：《外国教育通史（第一卷）》，山东教育出版社 1980 年版，第 272—273 页。

[2] [爱尔兰] 弗克兰·M·弗拉纳根：《最伟大的教育学家：从苏格拉底到杜威》，卢立涛、安传达译，华东师范大学出版社 2009 年版，第 21 页。

普通版，教授修辞学、政治学等。亚里士多德还带领其学生在这里对生物自然科学等进行试验。他的学生亚历山大大帝对其大力支持为亚里士多德研究生物学和政治法律等提供了必要条件。[1]亚里士多德死后，他的学生继承了学园，并继续传承亚里士多德的哲学、教育、伦理政治等思想。

亚里士多德认为，教师就是另外一个上帝，因为上帝创造一切，教师则使蒙昧者认知一切。由此推知，一切能给予蒙昧以知识和理性的便都是“上帝”了。[2]因此，在亚里士多德的教育理念中，教师的引导作用是非常大的，尤其从儿童时期所接触的人、事以及儿童教育，对儿童以后的成长，即一个人的定性起着巨大的影响。亚里士多德认为，教育即是知识的一种展现方式，因为除非一个人能够把他的知识传授给他人，否则他就不能算是完全知道了某个问题。亚里士多德也奉行这一理念，在吕克昂学园研究知识并进行教学，开办教学讲座等，将自己的思想和知识传授给朋友和学生。亚里士多德认为，教育是人们所应当共享知识的一种方式，并且通过教育，教师和学生都可以调整和塑造自己的社会制度，进而塑造个人德性和才智。

亚里士多德崇尚公民轮流治理国家的方法，因此，相对于柏拉图的为了培养统治者的教育，亚里士多德的教育构想则是针对于每一位有可能担任城邦治理者的公民。亚里士多德认为作为一种公共政策，教育的关键是培养进行适度的文化、知识、政治等休闲活动所必需的各种美德。[3]而美德或者德性，是从实践经验中获得，并且作用反映在人类行为上。亚里士多德的教育，是获取人所必需和有用的品质，从而达到本性善。

亚里士多德将教育分位三个部分：体育、情感教育和智育。体育和情感教育是儿童时期和青少年时期的教育所需要的，而智育则是在体育和情感教育的基础上的更高教育。因为人的本性中非理性的部分是优先发展的，情感、任性、欲望等可以出现在儿童早期，然而，随着儿童年龄的增长，理性和智力逐渐表现出来。[4]智力和

[1] 腾大春主编：《外国教育通史（第一卷）》，山东教育出版社 1980 年版，第 283 页。

[2] ［意］托马斯·阿奎那：《亚里士多德十讲》，苏隆编译，中国言实出版社 2003 年版，第 217 页。

[3] ［爱尔兰］弗克兰·M·弗拉纳根：《最伟大的教育学家：从苏格拉底到杜威》，卢立涛、安传达译，华东师范大学出版社 2009 年版，第 24 页。

[4] ［爱尔兰］弗克兰·M·弗拉纳根：《最伟大的教育学家：从苏格拉底到杜威》，卢立涛、安传达译，华东师范大学出版社 2009 年版，第 25 页。

美德来源于知识的传授，因此需要时间的考验和经验的累积。这也正是亚里士多德德性教育最重要的部分之一。

亚里士多德将儿童教育划分为三个阶段：0—7 岁，7—14 岁，14—21 岁。其中儿童时期的教育为之后的教育作了铺垫，因为人们在儿童时期养成的习惯，对他们以后成为什么样的人起着重要作用。7 岁以前的儿童教育应当以体育为主，引导儿童做一些适宜于肢体发育的各种活动。亚里士多德说，为了使依然柔软的儿童肢体不会出现弯腰曲背的情况，有些国家继续用机械装置帮助儿童保持身体直立。[1] 这种对于肢体活动的塑造，在亚里士多德看来，也是教育中为了保持儿童健康成长的重要一步。5 岁前的儿童不应该接受任何知识的学习，主要活动是游戏和听故事。亚里士多德认为，儿童的环境对其性格的形成非常重要，因此应当努力隔离污秽的语言、低下的品性以及其他任何下流的事物。直到青年人达到有资格参加共餐和饮酒的年龄之前，立法者应该禁止他们吟诵长短格的诗歌或观看戏剧，因为达到年龄后的教育才能使他们摒绝这类作品的不良影响。[2]7 岁起，儿童就开始学习于“体育教师和竞技教师”。亚里士多德认为以培养运动员的方法去训练所有儿童和少年的身体是不对的。剧烈的体育训练运动会损害儿童的体质，而教育的目标并不是培养运动员，而是为公民身体健康以及抚养后代所需的身体素质而设立的，因此 14 岁之前，儿童的体育规程只是轻便体操。7—14 岁儿童需要学习阅读与写作、体能训练、音乐与绘画。读写和绘画知识在生活中有很多用途，体育锻炼有助于培养人的勇敢。而任何课程和知识都需要保持亚里士多德“中庸”的原则，过度和不及都会产生负面的因素。正如过度的体能训练会导致过度疲劳，而思想的劳累也会妨碍身体。[3]

音乐在亚里士多德的教育体系中占有很大的比重。亚里士多德认为音乐包含三种功能：娱乐、陶冶性情、涵养理智。[4] 愉快的音乐能够使人身心放松，从而心情愉悦；音乐也可以给人带来沉思，从而达到修炼心智的效果；音乐的曲调和节奏能够

---

[1]　[爱尔兰] 弗克兰・M・弗拉纳根：《最伟大的教育学家：从苏格拉底到杜威》，卢立涛、安传达译，华东师范大学出版社 2009 年版，第 26 页。

[2]　[古希腊] 亚里士多德著，苗力田主编：《亚里士多德全集（第九卷）》，中国人民大学出版社 2009 年版，第 269 页。

[3]　[古希腊] 亚里士多德著，苗力田主编：《亚里士多德全集（第九卷）》，中国人民大学出版社 2009 年版，第 277 页。

[4]　腾大春主编：《外国教育通史（第一卷）》，山东教育出版社 1980 年版，第 294 页。

反映性格，比如愤怒、安静、勇敢、正义等，具有这些表现形象的音乐，能够激荡人们的灵魂。然而，音乐教育也如其他教育一样，必须进行得合理而适当，才能有着良好的效果。首先，应当摒除那些低俗的音乐作品，选择有助于培养品德的乐调。其次，儿童应当学习演奏乐器，从而有能力评判别人的演奏，但是，等到他们已经养成了欣赏和评判音乐的能力的时候，就不应该登场表演了，因为音乐教育的目的并不是培养职业乐师，而是为了培养德性、涵养心灵。

亚里士多德认为沉思的生活是高于政治活动和军事活动的，因为沉思是为了精神享乐和求知心理的满足，是对人的灵魂的理性部分的一种学习补充。人们可以在沉思活动中领悟到人生的幸福，从而获得生命的愉悦感。相对于沉思，亚里士多德主张以实践来培养德性，各个科目的适度培养，加上沉思作用于人的心智，亚里士多德教育的完人是从身体到灵魂、从智慧到美德都是处在一种令人愉悦的生活状态的。而公民的善和幸福就是城邦善和幸福的体现。亚里士多德试图通过教育来从根本上实现城邦的最高善、幸福。

教育是为了服务于城邦最高善的实现，与此同时，城邦也应该为教育做出贡献。亚里士多德认为教育年轻人的责任应当属于城邦负责的一项公共事业。教育所要达到的目的既然为全城邦所共有，则大家就应该采取一致的教育方案。亚里士多德认为教育不仅仅是家庭的父亲所负责的单纯各自照料关心自己的子女，而是每个公民都作为城邦的一份子，儿童和青年的教育更应是全城邦共同关心的，并且对个别部分的关心也应当符合整体所受的关心。[1] 亚里士多德将教育提高到了城邦的法律的高度，教育和政治互相服务，更是体现了亚里士多德人与社会城邦之间的关系。

古希腊的教育经过了初期单纯培养服从和效忠国家的战士，到逐渐意识到知识、文化以及道德教育的重要性，尤其是经过了智者学派、苏格拉底、柏拉图和亚里士多德等大哲学家的思考认知之后，对于人的德性建设以及知识的完善远远超过了最初的单纯的身体和意识的教育。由于城邦性质的不同，导致古希腊城邦之间教育制度的不同。而经过不断发展的雅典教育最终成为了影响世界教育的根源。柏拉图开创的学园更是大学教育在几千年前的实现。古希腊的教育实践是德、智、体、美全面发展的教育思想的重要体现，在构建城邦公民性的同时，也兼顾作为城邦核心的

[1] ［古希腊］亚里士多德著，苗力田主编：《亚里士多德全集（第九卷）》，中国人民大学出版社 2009 年版，第 271 页。

人的个性本质的发展。古希腊对于人性的重视，体现在德、智、体、美平均发展，并且心灵中的各个部分也要和谐而完满地发展。这种对于人的本身的思考以及教育实践，长久地影响了西方的教育，因为技术教育并不完整，只有通识的、可以构建思想德性健全人的教育实践才是对人和人性的完整教育。这在两千多年前的古希腊，已经借由众伟大的哲学家对人的思考，一步一步地实施了。

第二章　古罗马时期的教育

通常认为，古罗马开始于前8世纪中叶，古罗马人在意大利半岛中部建立罗马城。其间历经王政时代（前8世纪中叶至前509年）、共和时代（前509—前30）和帝国时代（前30—395）。395年，罗马帝国出现危机，分裂为以君士坦丁堡为都城的“东罗马帝国”和以罗马城为都城的“西罗马帝国”。西罗马帝国于476年灭亡，东罗马帝国于1453年灭亡。对应于三个历史时期，古罗马的教育可分为三个阶段：王政时期的教育、共和国时期的教育和帝国时期的教育。

一、古罗马时期的教育目的与教育形式

古罗马的教育可分为三个阶段：王政时期的教育、共和国时期的教育和帝国时期的教育，三个阶段的教育目的和教育形式既有交叉又有区别。王政时期的古罗马教育主要是培养集农民—军人特征为一身的公民，教育形式主要是家庭教育，在学习知识技能的同时注重品德的培养。共和国早期的教育仍然类似于王政时期的教育，以培养农民—军人为目的，教育形式以家庭教育为主。共和国后期，教育目的变为以培养能够担任社会公职的雄辩家为目的，教育形式是私人教育。在罗马帝国时期，教育的主要目的是培养维护帝国统治的官吏，教育形式主要是国家教育，强调雄辩术的培养，但对雄辩术等技巧的训练往往流于形式，而忽视文学等内容。在罗马帝国后期，随着基督教的兴起，教会学校得到发展。教会学校主要以宣扬基督教义、传播基督精神为目的，教育采用教义问答的形式。此外，王政时期的教育更偏重于平民教育，国家对教育的干涉很少；共和时期兼具平民教育和贵族教育，国家对教育的掌控也不多；到了罗马帝国时期，教育的控制权逐渐转移到国家政府手里，教育更加倾向于“国家化”和“贵族化”。

古罗马的教育既受古希腊教育思想的影响，同时又具有古罗马本民族的特色。古希腊教育是一种全人教育，以培养具有人性的完全的人为教育的目的，力求使受教育者达到一种整全的状态，使其能够对人及生活的本质进行思考和判断，教育内容主要是“七艺”——文法、修辞、辩证法、算术、几何、天文、音乐，同时古希腊教育重视体育教育和道德教育。古希腊的全人教育又可以称作是一种“自由教育”（Liberal Education）。在古希腊，自由教育的对象是相对于奴隶的自由人，亦即贵族阶级；而自由教育的内容是“七艺”。古罗马教育受到古希腊教育的影响，对古希腊教育有多方面的继承，例如在古罗马的希腊式文法学校中开设有算术、几何、修辞、文法、天文等课程，但相比于古希腊教育，古罗马教育更加重视实用，例如强调修辞用于法律辩护，雄辩术用于培养官吏，算术、几何等用于建筑设计。因此，如果说古希腊的教育思想偏重理论探究，那么古罗马的教育则更加重视实际应用；如果说古希腊的教育是立足于培养人性的全人教育，则古罗马教育则在全人教育理念的基础之上发展了职业教育，兼具全人教育和职业教育的特征。因此，古罗马不仅对古希腊教育思想进行了继承和传播，而且也对其进行了发展和创造。

二、古罗马的教育思想家

古罗马的教育思想以西塞罗、昆体良和奥古斯丁的教育思想为代表。西塞罗和昆体良的教育目的都是培养雄辩家，雄辩家是完美的人的代表，是整全的人，他们知识广博、道德高尚、身心和谐，兼具理论知识和实践能力，关心社会公共事务，是有社会责任感的公民。为培养雄辩家，他们都提出了相关的教育原则和方法，例如重视“七艺”、体育、美育；强调因材施教、启发式教学等。奥古斯丁的教育思想体现的是基督教的教育思想，教育目的是培养基督徒。奥古斯丁眼中的基督徒是整全的人，不仅拥有真理和智慧，而且拥有美德。同时，奥古斯丁论述了培养基督徒的方式和过程，例如，他强调反思的作用，强调记忆力、理解力、意志力以及想象力在教育中的重要性。古罗马三大教育家的教育思想对我们现在的教育仍具有启发性。

（一）西塞罗

西塞罗（Cicero，前106—前43），古罗马著名的思想家、教育家、政治家和散文家，是雄辩教育的倡导者，其作品《论演说家》是雄辩教育的重要著作之一。西塞罗认为，教育的目的是培养雄辩家。雄辩家要能够就任何问题，依靠语言艺术对问题进行阐述和演说。演说一般有规定的模式，有恰当的姿态，内容有逻辑性且有说服力。西塞罗认为，能够就任何问题进行得体的演说，是一个名副其实的雄辩家的本质。雄辩家的首要素质就是其道德素质，雄辩家的培养要着眼于人道，即为人之道，包括诸如同情、仁爱、礼让等品质，这是雄辩家的根本品质，也是雄辩家教育的首要任务。雄辩家要有广博的知识，要对“三艺”、“四科”等内容熟悉，尤其在修辞方面要有特殊的造诣。同时，也要进行音乐和体态方面的练习，这样能够保证在演说的过程中声音动听、举止优美、风度文雅，给人一种外在的美感。演说家要有说服听众的能力，除了在文法和修辞上下功夫以外，外在表现如声音、体态方面也要具有亲和力，以达到说服的目的。此外，在雄辩家的培养过程中，西塞罗也强调通过模拟演说进行练习的重要性。

在《论演说家》中，西塞罗以回忆录的形式，系统论述了演说理论。首先，与其他科学相比，能够卓越地运用演说术的人相对较少。例如，西塞罗举例说，罗马有很多的军事统帅，但能够在演说方面超群出众的人却少之又少。“那些能以自己的智慧和决定很好地领导和管理国家的人，在现今的时代就有许多，在我们的父辈和祖辈的记忆里则更多，然而出色的演说家在很长的时期里却不见有一个，而即使是那种才能平平者在每个时代差不多也只是个别地出现。”[1]通过与罗马最高军事统帅数量的对比，西塞罗突出了演说家，尤其是出色的雄辩家的数量之少，因此培养雄辩家则极其有必要。更进一步，西塞罗也将演说术与其他的学科，诸如哲学、数学、音乐、文法甚至诗学进行对比，结果发现杰出的演说家相对很少。即便是通常认为与演说有关联的诗人的数量也要多于雄辩家。其他科学一般都较为抽象和隐秘，而演说术则不同，演说术不能脱离日常生活；而且，西塞罗认为，与其他科学普遍脱离大众的语言和习惯不同，演说术“最大的失误却在于偏离大众的语言类型和人们普遍接受的习惯”[2]。演说术在古罗马受到追捧，除了理论知识以外，在各类案件的辩护中也发挥了重要作用。然而，演说术并不是那么简单的，“它是由许多科学

[1] [古罗马]西塞罗：《论演说家》，王焕生译，中国政法大学出版社2003年版，第7页。
[2] [古罗马]西塞罗：《论演说家》，王焕生译，中国政法大学出版社2003年版，第11页。

和无数的研究综合形成的”[1]。在西塞罗看来，演说术是一门综合科学。与此相应，演说家也是集各种知识综合为一身的全才。

关于演说家应该具备的条件，西塞罗在《论演说家》中这样写道[2]：

> 要知道，这里需要拥有对众多科学的广博知识，若没有那些知识，文辞便会成为无聊而可笑的空谈；需要深入研究事物本性赋予人类的各种心灵活动，因为演说的全部威力和作用就在于或者平和，或者激动听众的心灵。为此还应该补充幽默、诙谐、与自由人身份相称的教养、回答和攻击时应具有的优美而高雅的敏捷和简洁。此外，还应该知道整个古代的历史和各个实例的意义，也不可轻视对法律和市民法的理解。难道我还需要详细说明演讲本身，它要求对于身体的动作、双手的姿势、面部的表情、发声及其变化给予注意？这些方面本身各自多么重要，演员们的平庸演技和舞台表演清楚地说明了这一点；尽管所有的演员在舞台上也极力控制面部表情、声音和动作，但是有谁不知道，能使我们满意地观赏表演的演员现在和过去是多么少？我还需要谈一切事物的宝库记忆吗？我们知道，如果没有它守卫我们觅得和构想的事物和词语，那么甚至所有那些对于演说家来说是最美好的东西也荡然消失……

演说家需要具备关于众多科学的广博的知识以及诸多能力，同时还应该注意演说效果，要能通过演说打动听众，震撼听众的心灵，而且能够根据不同情境运用不同的演说技能，以达到雄辩的目的。西塞罗再次强调除文法、修辞之外其他演说细节的重要性，诸如面部表情、手势、姿势、动作、声音等都对演说效果产生影响。此外，对于演说家来说，记忆是必不可缺的能力，因为演讲的过程都是脱稿演讲，对演说词的记忆极其关键。

关于哲学与演讲术的关系，西塞罗认为哲学与演讲术既有区别又是相关的。二者的区别在于，哲学家多关注于事物的理论知识，而演说家更加注重语言的运用。“不过当演说家把对事物的理论知识交给哲学家们的时候，因为那是他们唯一希望研究的领域，演说家应该把对语言的研究留给自己。”[3]通过语言，演说家要能够激励人

[1] [古罗马]西塞罗：《论演说家》，王焕生译，中国政法大学出版社2003年版，第13页。

[2] [古罗马]西塞罗：《论演说家》，王焕生译，中国政法大学出版社2003年版，第13、15页。

[3] [古罗马]西塞罗：《论演说家》，王焕生译，中国政法大学出版社2003年版，第43页。

心，因为“只有感人、优美、符合人们感性和思想的演说才属于演说家”[1]。西塞罗的演讲术所要培养的是政治家。与柏拉图的哲学—王相对应，西塞罗认为，合格的政治家也要是雄辩家，即雄辩家—政治家，因此，雄辩家既通晓哲学又懂得演说术，是一种兼具理论与实践智慧的人。显然，西塞罗所要培养的雄辩家—政治家，类似于古希腊教育传统和古罗马教育传统中的全人教育。[2]

除了广博的知识以外，雄辩家更要具备良好的道德品质。因为雄辩家也是政治家，其主要职能是为公民服务，其演说也将在公民事务中产生举足轻重的影响，因此，演说家一定要毫无私心杂念，要能正确处理人与人之间的关系，要有正确的道德观念及社会责任感，只有心怀正义的人才能做出正确的、恰当的演说。例如，在《论演说家》中，雄辩家多在市民之间的诉讼案中担任辩护，这就要求雄辩家具备道德观念，做出正确的道德判断，只有具备道德知识和法律知识才能真正发挥作用。法律是死板的，而只有借助于道德知识，再加上雄辩技巧才能达到胜辩和维护公民权益的目的。

关于雄辩家的培养方法，可以分为三种方式：①通过大量的阅读使雄辩家具备广博的知识，尤其是文学作品，大量阅读的同时也要记背一些内容，不仅可以锻炼记忆，而且有助于演说词的写作。②雄辩家要大量地进行写作。写作的过程不仅可以锻炼思维，提高组织语言的能力，而且也可以锻炼文章的架构以及逻辑能力。同时，写作的过程也是实践的过程，目的是将在第一阶段大量阅读的内容实际运用开来。③对于理论和技巧的提高，还离不开大量的实际训练，要有真实地发表演说和进行辩论的经历，甚至是模拟审判的经历。[3] 只有经过上述过程，雄辩家才能真正步入社会和政治领域，成为合格的演说者。

西塞罗的教育思想体现的是对雄辩家的教育，合格的雄辩家是西塞罗教育的目的。在西塞罗看来，教育要培养的整全人以雄辩家为代表。雄辩家具备道德素质，重视为人之道；雄辩家知识广博，不仅学习“七艺”，体育、美育等也不忽视；雄辩家不仅有丰富的理论知识，更是热心公共事业、参与社会实践的人。

---

[1] ［古罗马］西塞罗：《论演说家》，王焕生译，中国政法大学出版社 2003 年版，第 43 页。

[2] 方晓东：《西塞罗教育思想述评》，载《纪念〈教育史研究〉创刊二十周年论文集》，2009 年，第 574 页。

[3] 方晓东：《西塞罗教育思想述评》，载《纪念〈教育史研究〉创刊二十周年论文集》，2009 年，第 575—576 页。

（二）昆体良

昆体良（Marcus Fabius Quintilianus，约 35—95）是古罗马时期著名的思想家、教育家，是雄辩术和修辞学的践行者。其所著《雄辩术原理》以培养雄辩家为目的，集中反映了他的教育思想，同时也是培养雄辩家的一部教学手册。“雄辩家”一词，在古罗马有特殊的意义，其主要意思是“有文化教养的人”[1]。在昆体良这里，雄辩家代表着教育要达到的目标，即培养既有崇高的品德又能精于雄辩的人。

昆体良的教育思想重视培养德性。成为一名雄辩家，不仅要掌握演说的技巧，而且要具备美德，否则就只能算是诡辩。昆体良的德育内容包括正义、善良、刚毅、节制等品质的培养。在昆体良看来，“一位雄辩家不仅需要学习演说技巧，而且还要追求真理和美德。完美的雄辩家必须是诚实善良之人，绝不是那些假装诚实善良的伪君子”[2]。经过教育培养出来的雄辩家，一般都活跃在政治和社会的各个领域，假如其德性不佳，势必会影响政治和社会决策，对国家的安定、和平产生不利影响。因此，除了演说所需要不断训练的技巧、口才以外，对个人美德的培养是不可或缺的条件。

昆体良提出了学校教育或公共教育的重要性。在古罗马时期，一般贵族阶级倾向于聘请私人教师来担任导师，教育培养孩子，但昆体良提出公共教育要优于私人教育的思想。一方面，公共教育可以提高教师的讲课热情。相对于一对一的教学，一对多可以使教师在教学过程中精力充沛，更好地发挥。另一方面，在集体学习环境中，学生之间可以相互影响，共同进步，在增进友谊的同时，也可以得到同龄人的认可。最重要的是，以培养雄辩家为目的，让孩子从小生活并学习在一个集体环境中，可以免除他们的羞怯，增加他们的勇气，为他们将来在议会等公共场所发表演说时，面对更多的听众做准备。此外，倡导公共教育，为那些无能力聘请私人教师的普通家庭的孩子提供了机会，促进了教育平民化的发展和文化的传播。这样，普通家庭的孩子通过自身的努力，也有可能成为雄辩家，进而跳出自己原有的阶层。因此，公共教育对于无论学生还是教师，无论是贵族阶级还是普通大众都有重要的意义。

---

[1]　任钟印：《雄辩术原理选译》，华中师范学院教育系 1982 年版，第 1 页。

[2]　[爱尔兰] 弗克兰 · M · 弗拉纳根：《最伟大的教育家：从苏格拉底到杜威》，卢立涛、安传达译，华东师范大学出版社 2009 年版，第 44 页。

对于雄辩家的培养过程，昆体良提出培养雄辩家的三个阶段。首先是家庭教育，针对的是0—7岁的儿童。昆体良倡导，教育要及早开始，相对于普遍倡导的7岁以后开始教育，昆体良更倡导教育在7岁以前就应开始，而在此阶段主要是家庭教育。在家庭教育阶段，父母、保姆和孩子身边的玩伴都对受教育者有重要的影响。既然要培养的未来的雄辩家是有德性之人，那么在教育的初始阶段，父母、保姆和玩伴也必须具备德性。孩子在0—7岁所学到的品质和行为方式，对其以后的发展有重要的影响。此外，在家庭教育阶段，要特别注意的是使孩子培养起对学习的兴趣，因此，他提倡适度的游戏，“游戏和学习之间的平衡是儿童幸福的关键要素”[1]。昆体良尤其强调，要禁止体罚学生。体罚学生，不仅会伤害学生的自尊心，更严重的是会打击学生学习的兴趣，进而产生厌学的情绪。倡导游戏的做法，则可以寓教于乐之中，使学生真正从学习中感受到快乐，也为进一步的学习打下良好的情感基础。处于儿童阶段的家庭教育更重要的是培养起孩子学习的兴趣，同时也要注意美德的培养。

接下来是7—14岁的文法教育。文法（Grammar）比我们今天所讲的语法要宽泛得多，“除了指词语使用的规则之外，还包括很多内容。文法可以是遣词造句的艺术或科学，也可以是文学研究艺术和文学研究科学，其中包括文献研究和语言准确性以及正确度的研究”[2]。其中，昆体良更加强调文学作品的研究，尤其是对诗歌的欣赏，因为诗歌的遣词造句与修辞、演说有密切的关系。通过文学作品的研究，不仅可以培养学生的文学鉴赏能力和文学修养，更重要的是可以促进美德的培养。“文法学校给学生挑选出来的文学名著不仅是作为文学读本来学习，而且还是为了培养他们高尚道德情操的范本。”[3]此外，昆体良认为，作为具有文化教养的人应该具有广泛的知识。在文法学校中，除了文学的学习与鉴赏之外，还有音乐、舞蹈、算术、几何、天文、哲学等科目。与此同时，昆体良强调理论知识与实用性知识的结合，不仅学习演说的理论、技巧，更多的是与实际生活相结合，在现实生活中应用。此外，昆体良认为，设置多门学科比设置单一的学科更有利于学生的学习，他强调多学科

[1] ［爱尔兰］弗克兰·M·弗拉纳根：《最伟大的教育家：从苏格拉底到杜威》，卢立涛、安传达译，华东师范大学出版社2009年版，第49页。

[2] ［爱尔兰］弗克兰·M·弗拉纳根：《最伟大的教育家：从苏格拉底到杜威》，卢立涛、安传达译，华东师范大学出版社2009年版，第50页。

[3] ［爱尔兰］弗克兰·M·弗拉纳根：《最伟大的教育家：从苏格拉底到杜威》，卢立涛、安传达译，华东师范大学出版社2009年版，第50页。

同时进行，齐头并进而不是单科独进式的教学方式。

第三个阶段是对雄辩家的全面塑造，类似于我们当代的大学教育。这时，学生开始自己进行雄辩词的写作与演练，学生自学增加，老师进行指导。在上述三个阶段中，学习难度逐渐增加，内容加深，方法增强，但不变的是对德性培养的强调。

昆体良也提出了一系列教育教学方法，其深刻见解和洞见，至今仍对教育教学具有影响。其中包括：

> 1. 教师要以父母般的感情对待学生，他应当严峻而不冷酷，和蔼而不放纵。纠正错误时不能发脾气，但也不能纵容。
>
> 2. 因材施教，掌握各个学生的能力、资质、心性的特点，有的放矢。
>
> 3. 各种课业轮换，学习与休息交替，以减少疲劳，保持旺盛的精力和高度集中的注意力。
>
> 4. 寓发现智力和培养德性于游戏之中，防止因为过度的游戏养成懒惰的习惯。
>
> 5. 教学方法必须明白易懂。愈是无能的教师，愈是故弄玄虚、装腔作势，教得晦涩难懂。
>
> 6. 善于回答学生的问题，向不发问的学生提问。
>
> 7. 对学生的表扬既不吝啬，也不可浪费。因为吝啬使学生产生对课业的厌恶，浪费产生自满。
>
> 8. 反对体罚。
>
> 9. 示范，练习。
>
> 10. 把学生分成班级，对学生集体进行教学。[1]

昆体良对教师的德性和教学方法提出了要求。作为未来雄辩家的导师，教师本人应该在具备演说技巧和口才的同时，更应该具有德性。教师是学生模仿的对象，什么样的教师一般就会培养出什么样的学生，教师的德性不高，很难期望学生会有美德。在教学方法上，教师应该能够因材施教。根据学生在不同年龄阶段的能力和水平，给予适当的教学内容，采纳适当的教学方法。“教师必须是一位有丰富教学

[1]　任钟印：《雄辩术原理选译》，华中师范学院教育系1982年版，第3—4页。

知识的明智之人，时刻准备着把自己降至跟学生相同的水平线上。”[1] 此外，因材施教的教学方法也是以学生为中心进行教学的表现。教师跟着学生的步调，根据学生的不同情况开展教学。优秀的雄辩家离不开优秀的教师。昆体良对理想的教师提出的条件还包括：拥有个人魅力，具备高水平的知识以及关于教育教学的职业道德等。此外，教师要能够回答学生提出的各种问题，对于不愿问问题的学生，教师要能够引导其进行提问，因为提问的过程就是思考的过程，教师引导学生问问题，进而促使学生针对问题进行思考。再者，昆体良倡导，教师应该多赞扬学生，而不是挖苦或讽刺学生，对于学生存在的问题，要能够指出，并且用适当的方式。“他严厉而不严苛；慈祥但不纵容学生”，“针对学生的缺点，教师该劝诫而不要惩罚他们”[2]，这是昆体良对教师提出的整体要求。

昆体良的教育思想也以培养雄辩家为主。雄辩家是有文化教养的人，不仅精于雄辩而且品德高尚。理想的雄辩家通过家庭教育、文法教育和进一步的强化演练而得以全面塑造。此外，相比于当时流行的私人教育，昆体良更倡导学校教育（或公共教育），这种教育不仅培养学生的交流能力，也使教育资源转向平民阶层。昆体良提出了一些至今仍有重要意义的教育教学方法，例如因材施教、循循善诱、启发式教学、班级授课等。同时，昆体良对教师的德性和教学方法也提出了建议。

（三）奥古斯丁

奥古斯丁（Aurelius Augustinus，354—430）是古罗马的神学家和教育家。他的《忏悔录》以自传为题材，以向上帝忏悔为形式，记述了自己从幼年到少年，再到成年各个时期的发展，并剖析了自己的灵魂从放浪形骸到皈依基督教的过程。奥古斯丁以真实的情感、毫不避讳的语言，为基督教的教学过程和原理提供了范例。在《忏悔录》中，有对童年趣事的记述，有关于各种恶作剧和贪玩、反抗父母的情节，也有描述自己阅读文学、学习拉丁文和希腊文的过程，但更重要的是有对自己如何皈依基督教过程的描述。

奥古斯丁的世界观是柏拉图式的。他认为世界分为两种：物质世界和精神世界，

---

[1] ［爱尔兰］弗克兰·M·弗拉纳根：《最伟大的教育家：从苏格拉底到杜威》，卢立涛、安传达译，华东师范大学出版社 2009 年版，第 49 页。

[2] ［爱尔兰］弗克兰·M·弗拉纳根：《最伟大的教育家：从苏格拉底到杜威》，卢立涛、安传达译，华东师范大学出版社 2009 年版，第 52 页。

而精神世界是理性的国度，是真理和知识的来源。相对于柏拉图的形式说，奥古斯丁用上帝的旨意加以代替。上帝是理性的完美代表，而人类的理性是对上帝理性的模仿，但只能不断趋近，不能达到上帝的理性的完美程度。对于世界的认识，奥古斯丁认为有两种途径，一种是权威，另一种则是理性。他认为，权威先于理性，信仰先于理解，但二者并不是对立的，而是相辅相成的。上帝具有神启的作用，对于任何事物的理解，首先来自于上帝的启示。同时他主张，对于任何学习，引出自己的理解是最重要的。他认为，荷马等诗人虽是讨人喜欢的小说家，但其诗歌内容不免艰涩难懂。出于相同的原因，维吉尔的诗歌同样不容易理解。对于这样艰涩难懂的内容，重要的是要有自己的理解。同样追随柏拉图的观点，在奥古斯丁那里，人是灵魂和肉体的混合，但灵魂要高于肉体，但同时，二者是不可分割的，而是一个事物的两个方面，是一个有机的整体，作为一个完整的人，是身心的统一。[1] 在教育中，要将信仰与理性相结合，身体与心灵相结合，才能达到最好的效果。

《忏悔录》可被视为一部关于基督教徒的教育著作，但奥古斯丁在其中却有反教育的内容。一方面，奥古斯丁自己受了良好的古典教育；而另一方面，他却反对它，认为这种教育是乏味的。因为大多数孩子有着爱游戏的天性，不喜欢上学，上学大多出于被逼迫。此外，学校老师的体罚也使学生心生恐惧。奥古斯丁认为，大人对待小孩是不公平的。如果小孩犯了错误，大人就有理由惩罚孩子，而当大人自己有了过错，大人自己却有发怒的理由。“为了我爱嬉戏，我每受罚；可是罚我的那些老师，也正蹈这种覆辙。同一的嬉戏，他们做了，就看作正常的事。那些老师所指责的就是他们所犯的小孩也犯的过失。”[2] 奥古斯丁认为，这样对小孩是不公平的。对于当时学校的教育内容，他也有所批判。他不赞成学校老师让学生背诵带有肮脏词汇的诗歌，不支持复述和改写关于诸神愤怒状态的描写。同柏拉图一样，奥古斯丁认为这是对神的一种不敬，同时是一种坏的模仿。“是的，荷马的非非之想，把污秽的人，与神祇等量齐观。”[3] 奥古斯丁所处的古罗马时期，古典教育流行。其中包括对希腊文、拉丁文的学习，而奥古斯丁则在《忏悔录》中表明自己对古希腊文的厌恶。对于修辞，奥古斯丁自己学习过修辞学，并且在学成之后也教授修辞学，

[1] [爱尔兰] 弗克兰・M・弗拉纳根：《最伟大的教育家：从苏格拉底到杜威》，卢立涛、安传达译，华东师范大学出版社 2009 年版，第 55—58 页。

[2] [古罗马] 奥古斯丁：《忏悔录》，应枫译，时代文艺出版社 2000 年版，第 10 页。

[3] [古罗马] 奥古斯丁：《忏悔录》，应枫译，时代文艺出版社 2000 年版，第 17 页。

然而他认为，修辞学是“在贪心的控制下，我出售以言制胜的艺术”[1]，学修辞的人大都爱虚荣，好说大话，有时不免大言不惭，自吹自擂。对于作为古典教育内容的算术和天文学等内容，奥古斯丁也有所批判。例如，奥古斯丁认为懂得星相学的人只是“谈命的骗子”，“他们谈起命来，又不做祷告，又不行祭献，争得了算学家的美名”[2]。星相学，在奥古斯丁看来是充满谬误的。最严重的是，星相学家把基督教义认作迷信的东西。这也是奥古斯丁批判的最重要原因。实际上，奥古斯丁并不是真的反对教育，而是批判当时教育中出现的种种弊端，寄希望于教育能够发生改变。

教育过程中，自我反思很重要。奥古斯丁认为，人有天然作恶的倾向，正如他在 16 岁时闯入别人的果园偷梨并非因为饥饿，而只是想作恶一样。他向天主坦诚：“天主，请看我的心，是怎样的一个。它沉沦在深渊中，你却怜惜它。这一个心，你假使问它，在哪里干什么？为什么这样坏？它的答案无非是：为恶而作恶。”[3]奥古斯丁因为这种作恶的倾向，深深地向神忏悔。这种作恶的倾向是普遍存在于世人身上的，而能够改邪归正，认识到自己错误的又有几个？在奥古斯丁的《忏悔录》中，我们可以看到，人只有认识到自身作恶的倾向，并进行自我反省，才能够认识到自己的缺陷，才能进行改正，最终才能有向善的可能。就像奥古斯丁那样，要有坦诚自己曾经说谎话，欺骗过老师和父母的勇气，他带着虔诚的心态向主祷告，祈求原谅的做法则是自我反思的表现。

基督教精神是奥古斯丁教育思想的源泉。奥古斯丁认为，教育的目的在于获得真理和智慧，在于人与神的结合。而教育的最终目的是培养天国的“公民”。转向神学的奥古斯丁认为天主才是一切智慧的源泉。最高的智慧属于神，而人的智慧是由天主赋予的。奥古斯丁认为一切事情包括教育最重要的是追随天主的律法。对于奥古斯丁而言，天主要求人们仁慈、友爱，即使是敌人也不能怀有仇恨之心，因为怀恨别人其实是在伤害自己。“己所不欲，勿施于人”，在奥古斯丁看来是重要的良知定律。对于奥古斯丁而言，研习《圣经》、理解《圣经》、获得《圣经》的启示是重要的教育途径。但是，作为一本圣书，刚开始研究圣经的人并不能马上看出它的真相，尤其是自以为是、骄傲自大的人，更难马上领悟《圣经》的真谛。“这

[1] [古罗马]奥古斯丁：《忏悔录》，应枫译，时代文艺出版社 2000 年版，第 48 页。
[2] [古罗马]奥古斯丁：《忏悔录》，应枫译，时代文艺出版社 2000 年版，第 49 页。
[3] [古罗马]奥古斯丁：《忏悔录》，应枫译，时代文艺出版社 2000 年版，第 26 页。

不是骄傲的人所能了解的，也不是小孩所能领会的。粗看是凡俗的，可是，越读越觉得高超”，而实际上则是“当知念这本书的人，越谦小，念起来越透彻”。[1] 由此可以看出，不论是阅读《圣经》，还是学习其他，有一种谦虚的心态是很重要的。

在奥古斯丁眼里，教育应该注重德性的培养。诸如不能和别人龃龉争执，不要在背后说人坏话，不要挑拨离间，而是要怀有善心，对有矛盾的人，应该劝其和平。“我认为这是个大德性，因为经验告诉我：搬弄是非的罪太普遍了，不知多少人，不单在仇人间搬弄是非，还要造谣离间呢。一个君子，不但不该引起人间的仇恨，还应努力用好话扑灭它。”[2] 德性对于处理人与人之间的关系有着重要作用。有德性的人，会化解与他人的矛盾以及别人之间的矛盾，而无德性的人，则会处处引起矛盾。对于女子的教育，奥古斯丁以其母亲为典范，认为，女子要养成节制的习惯。母亲的美德对奥古斯丁产生了重要的影响。但他同时认为母亲的智慧也来自于天主的教诲，所以最终还是把一切美德都归于天主。“我叙述她个人的长处，就是叙述你赐给她的恩宠。她不是她生命的原因，她也不是独自长大起来的。”“你造就了她。”[3] 因此，在奥古斯丁看来，一切的美德都来源于天主，他对德性的强调具有宗教性质。

在教育的过程中，在学习的过程中，奥古斯丁认为记忆力是很重要的。他在《忏悔录》中探讨了记忆与表象、记忆与知识、记忆与思想、记忆与概念、记忆与数字、记忆与分析理解、记忆与理解、记忆与认识、记忆与联想等之间的关系。从其对记忆的各个方面的认识与理解，可以看出他对记忆的力量的重视。对于奥古斯丁而言，所有的一切都在记忆中。“在那里，我支配天地海洋，和诸凡我曾收纳而还没有忘记的印象。在那里，我又遇到我自己，记起我自己，和我所做的事情，和我做事的时间点。在那里，我可以找到由我本人经验得来的，或由它转告我的。”[4] 记忆的力量是强大的。在教育中，同样有重要作用的是意志力和智力。奥古斯丁认为：“年轻男性的性格优势在于其强大的记忆力、知识理解力以及坚忍不拔的意志力。”[5] 因此，在教育中，奥古斯丁提供了一种发展学生意志力、记忆力和智力的模式。

---

[1]　[古罗马]奥古斯丁：《忏悔录》，应枫译，时代文艺出版社 2000 年版，第 37 页。

[2]　[古罗马]奥古斯丁：《忏悔录》，应枫译，时代文艺出版社 2000 年版，第 154 页。

[3]　[古罗马]奥古斯丁：《忏悔录》，应枫译，时代文艺出版社 2000 年版，第 152 页。

[4]　[古罗马]奥古斯丁：《忏悔录》，应枫译，时代文艺出版社 2000 年版，第 171 页。

[5]　[爱尔兰]弗克兰・M・弗拉纳根：《最伟大的教育家：从苏格拉底到杜威》，卢立涛、安传达译，华东师范大学出版社 2009 年版，第 59 页。

《论教师》是奥古斯丁论述教学的一部著作。其中，他认为，教师并不能通过语言来传播知识。知识并不在于语词，而在于语词背后的物质实体。“我们必须把语词的发音和具体的事物联系起来。”[1]而语词只是具有声效的功能。奥古斯丁强调，知识的来源是语言经验。教师的任务是将所讲的内容与学生以前的经验联系起来。“语言的真正功能就是触发已经存在的个体经验，而不是把各种观念灌输到人们的大脑中。”[2]这就是奥古斯丁关于“经验唤起”的教学法。这种教学法，一方面强调用新的学习内容唤起学生相似经验的重要性，另一方面也强调将这种学习内容付诸实践。在语言的学习中，奥古斯丁强调实践的重要性。“人们不是通过词汇认识现实世界，而是通过现实世界来学习词汇。”奥古斯丁再一次强调词汇并无关于现实的知识。[3]“经验唤起”与实践相结合，也是古希腊哲学家苏格拉底进行探讨的方法。奥古斯丁倡导一种以学生为中心的教学模式。他主张教师应该承认学生的主体地位，根据学生的个体能力、兴趣爱好等来调整教学，尤其要对学生已有的经验有所了解，这样在教学过程中就能够激发学生的相似经验，使新的教学内容符合学生已有的知识和经验，从而达到教学的目的。同时，奥古斯丁认为，教师的道德品质会对学生性格的养成（尤其是极为重要的意志力、记忆力和智力的形成）以及道德品质的培养产生重要的影响。

在奥古斯丁眼里，教育的目的是使人皈依基督教，以获得真理和智慧，从而成为天国的“公民”，因此，奥古斯丁的教育思想体现的是基督教的思想。奥古斯丁的教育思想同样重视美德的培养，同时，他强调自我反思在教育中的重要性。奥古斯丁的教育思想强调智育的重要性，重视记忆力、理解力以及意志力的培养。此外，奥古斯丁提出的“经验唤起”的教学法，既基于实践经验，又锻炼了学生的想象力。

奥古斯丁对教育的主要影响是他推动了天主教的教育发展，其教育思想是连接古典教育传统和中世纪基督教教育的纽带。他的主要贡献在于“他降低了当时占主导地位的语言教学的作用，把教学和学习过程中的教师为中心转移到学习者为中心”。

---

[1] [爱尔兰]弗克兰·M·弗拉纳根：《最伟大的教育家：从苏格拉底到杜威》，卢立涛、安传达译，华东师范大学出版社2009年版，第60页。

[2] [爱尔兰]弗克兰·M·弗拉纳根：《最伟大的教育家：从苏格拉底到杜威》，卢立涛、安传达译，华东师范大学出版社2009年版，第60页。

[3] [爱尔兰]弗克兰·M·弗拉纳根：《最伟大的教育家：从苏格拉底到杜威》，卢立涛、安传达译，华东师范大学出版社2009年版，第61页。

奥古斯丁认为："学习不仅是事实积累的过程，还是获得理解的过程以及思想启蒙的过程。教学目标不是让学生适应那种死记硬背的学习方法，而是要唤起学习者的先前经验，让他们从学习中洞察这种经验的本质。"[1]

三、古罗马各时期的教育实践

古罗马的教育实践在各个时期有所不同。王政时期的罗马教育实践以体育教育和道德教育为主；共和国时期的罗马教育实践以培养雄辩家为最高目的，重视雄辩术在现实生活中的应用；帝国时期的罗马教育实践使雄辩术的学习形式化，重视职业教育的发展，同时，在罗马帝国时期，基督教教育产生并得到发展。在古罗马的教育实践中，在不同时期可以看到不同程度的古希腊全人教育理念的影响，例如，强调通过"七艺"的学习来培养贵族青年即体现了古希腊自由教育的特征。但在一些时期，这种全人教育并非是古罗马教育实践的主流，例如在王政时期强调体育教育，在帝国时期又有对职业教育的发展，因此古罗马的教育实践是一种在古希腊自由教育影响下兼具全人教育和职业教育的教育。

（一）王政时期

王政时期的罗马（前8—前6世纪）处于父系氏族社会，生产活动主要是农耕劳作，有时需要参加战争，因此，这一时期教育的目标是培养集农民和军人特征为一身的公民。教育形式则以家庭教育为主，教育的内容包括农业知识、技术知识、军事训练以及其他的文化知识。教育方式一般是男子随父亲学习农耕技术以及作战所需的技能，诸如骑马、游泳和角斗等，而女子则随母亲学习家务。此外，家庭教育注重品德的培养，例如教育儿童要敬畏神灵，尊重双亲和其他长辈以及学会勇敢等品质。[2]

由此可见，王政时期的罗马教育重心是体育教育和道德教育。受所处历史时期及社会的影响，王政时期的罗马教育重视体育训练，尤其是军事训练，以随时应对可能出现的氏族冲突和斗争。同时，这一时期的教育重视品德的培养，男子在军事竞技以及作战中尤其要表现出勇敢的美德，而女子则应该在管理家务中表现出美德。但可以看出，智育尤其是文化知识的学习在这一时期并不突出。

[1] [爱尔兰]弗克兰·M·弗拉纳根：《最伟大的教育家：从苏格拉底到杜威》，卢立涛、安传达译，华东师范大学出版社2009年版，第63页。

[2] 朱家存、徐瑞主编：《外国教育史》，山东人民出版社2008年版，第34页。

（二）共和国时期

共和国早期（前 6—前 3 世纪）的教育仍然是以培养农民—军人为目的的家庭教育，父母在儿童的教育中扮演着重要的角色，这种家庭教育一般持续到 16 岁。儿童从出生到 7 岁左右，其教育主要由母亲承担，包括文化知识的学习以及礼仪、习惯的养成和美德的培养。7 岁以后，女童继续由母亲教育，主要学习纺织、家务劳动以及宗教仪式等内容；男童则跟随父亲学习耕作、军事知识以及道德法律等内容。当男童年满 16 岁，经过一定的仪式，就可以成为正式的公民，进入军队服役，履行公民职责。[1] 此时，家庭教育结束。与普通儿童不同，贵族子弟一般在进入军队之前要花一年的时间学习社会知识，参与公共生活，学习社交礼仪等。进入部队后的男孩子，会由专门的教师进行指导，学习政治、生活、社会方面的知识。[2] 共和国早期，虽然也有文化知识的学习，但文化知识主要是学习计算、书写等基本知识，以实用为主要目的。除了学习农业知识、军事知识、社会知识、法律知识等知识以外，罗马人的教育非常注重美德的培养，“罗马人在长期的生产和生活中形成了诸多的传统美德、风俗和习惯，他们讲求德性，提倡孝道，遵守法律，热爱祖国，倡导勇敢、果断、庄严、谨慎、节俭等”。由于这一时期的教育以实用为目的，因此在教育方法上重视实践，强调通过亲身经历、体验、模仿、做等方式来进行学习。[3]

共和国后期（前 3—前 1 世纪）的罗马教育受到希腊教育的影响，形成了具有希腊学校模式并带有罗马民族特色的学校体制。从前 3 世纪开始，古罗马对外发动战争，兼并了多数希腊城邦，大批希腊人来到罗马，同时也带来了古希腊的文化。这一时期，希腊文化在罗马盛行，希腊语受到推崇，以教授希腊语、希腊文学为主的希腊式的学校尤其受贵族的青睐。到了前 1 世纪左右，拉丁文化兴起，出现了一批拉丁文法学校。古罗马对古希腊文化的吸收并非简单机械地重复，而是将“以思辨哲学为核心、推崇文雅教育的希腊文化教育与强调实效、注重培养实干人才的罗马文化教育相融合”[4]。因此，共和国后期的罗马教育，兼具希腊文化特色和罗马本民族特色。

共和国后期的教育分为三个阶段：初等教育、中等教育和高等教育。初等教育

[1] 贺国庆、于洪波、朱文富主编：《外国教育史》，高等教育出版社 2009 年版，第 41 页。

[2] 张斌贤主编：《外国教育史》，教育科学出版社 2008 年版，第 101 页。

[3] 张斌贤主编：《外国教育史》，教育科学出版社 2008 年版，第 101—102 页。

[4] 王保星主编：《外国教育史》，北京师范大学出版社 2008 年版，第 32 页。

相当于“小学”，主要是私立学校，以7—12岁的儿童为招收对象，平民子弟占大多数。主要学习拉丁语等知识，培养读、写、算等能力并学习法律知识（学习十二铜表法）。这一阶段，并不重视音乐和体育的学习。在教学方法上，采取以教师为主体、学生追随的形式，主要是教师讲课，学生靠死记硬背的方式学习。教师惩罚学生的现象普遍，教师的社会地位低、收入少，教学条件也较为简陋。中等教育是指文法学校，通常也是私立性质，一般以12—16岁的贵族子弟为招收对象。最开始主要是以教授希腊语、希腊文化的希腊文法学校为主，到了共和国末期，随着拉丁文化的发展，出现了拉丁文法学校。文法学校主要学习文法和文学，文法包括学习作文和演说，文学以希腊和罗马的诗歌和散文为学习内容。此外，文法学校也学习神学、地理、历史、几何、音乐、天文、医学、建筑等知识。文法学校的主要目标是使学生为进入社会做准备，培养学生具有广博的知识和善于辞令的能力。教学方法包括讲解、听写以及背诵，体罚现象仍然普遍。文法学校的教师受人尊重，社会地位高。高等教育是指修辞学校（或雄辩术学校），主要模仿希腊式的修辞学校。招收对象是16岁以后的贵族子弟，教育的目的是培养演说家，为贵族子弟进入社会担任公职做准备。其主要科目包括文法、修辞、法律、音乐、几何、辩证法、天文知识等内容。所有科目的设定都以培养优秀的演说家为目的，例如音乐可以训练声音，体操可以使演说家姿势优雅，辩证法、天文学以及几何等知识都有助于演说家进行论辩。修辞学校所培养的人既要有广博的知识，又要有雄辩的口才。

共和国时期的罗马教育由家庭教育逐渐转向学校教育，教育形式也由体育教育和道德教育转向更加注重社会实践能力尤其是演说能力的文法教育，教育的目的由培养武夫转向培养雄辩家，在教学过程中重视古希腊的“七艺”学习。同时，共和国时期的罗马教育继续发展实用的思想，教育内容不是纯粹理论的探讨，而是为了能够实际应用于现实生活中。

（三）帝国时期

罗马进入帝国时期（约前27—476），实施了教育改革，教育由共和国后期的培养雄辩家为目标转变为以培养有利于帝国统治的顺民和维护帝国统治的良臣为目标。教育的性质也由共和时期的私人教育转变为由国家控制的国立教育。此外，为了培养罗马帝国的管理者，统治者设立了宫廷学校，聘请著名学者任教。罗马帝国通过财政支出支持教育，修建图书馆、博物馆等设施，实施对教育的监督管理。在罗马帝国时期，教师的地位普遍提高，教师队伍扩大，教师的任免权不再是共和时期的放任政策，而是将教师任免权操控在国家手中，由帝国直接任免教师。[1] 与此同时，教育机会逐渐减少，大多局限于贵族和骑士阶层。

帝国时期的教育体制，仍然可以按照小学、文法学校以及修辞学校划分为三个阶段，但在形式和内容方面发生了某些改变。与共和国时期相比，帝国时期小学教育变化不大，以私人教育为主，学生主要是平民子弟，培养读、写、算等基本能力，学习道德法律等知识。文法学校主要以拉丁文法学校为主，希腊文法学校失去地位。同时，历史、数学、天文、地理等自然科学的地位削弱，教育日趋形式化，教学脱离现实生活，例如，在文学教学中，不再以学习内容为主，而仅以文法和修辞为重。修辞学校主要致力于培养忠实的官吏，“其教学内容也渐于空泛，教师与学生致力于文字上的咬文嚼字和辞藻上的争奇斗巧，一味追求词汇的堆砌和华丽的形式”[2]。由此可以看出，帝国时期的教育倾向于形式化。

帝国时期，除了普通学校教育外，其他类型的教育如医学教育、建筑学教育和法律教育等也获得了较大发展。这些领域的教育一般强调实践的重要性。例如，医学教育首先是学生追随师傅，在行医的过程中通过耳濡目染，不断接触，掌握行医知识，而关于医学理论和临床实践的学校后来才出现。建筑教育同样强调实践的重要性，“建筑师应该在实践中学习和锻炼，而不应该只是在学校里学习纯理论的知识”[3]。法律教育从小学就已开始，而在高级阶段则采取讲座加法庭旁听的形式。

罗马帝国时期，基督教兴起，对教育产生了重要影响。基督教致力于改善世俗教育，派僧侣和牧师到学校任教，并取代世俗教师，建立教会学校。基督教的教育对象主要是开始入教的人，由教会长老对其进行教义和教规方面的教育。教会学校主要是教义问答学校，分为初级教义问答学校和高级教义问答学校。初级教义问答学校的学习者一般为年龄较小的儿童，教师主要向其教授关于教义和宗教礼仪方面的知识。而在高级教义问答学校中，除了单一的宗教和教义内容的教学外，还包括其他的学科，如历史、艺术、逻辑学、伦理学、物理学、几何、天文、形而上学、

---

[1] 王保星主编：《外国教育史》，北京师范大学出版社 2008 年版，第 33 页。

[2] 贺国庆、于洪波、朱文富主编：《外国教育史》，高等教育出版社 2009 年版，第 44 页。

[3] 张斌贤主编：《外国教育史》，教育科学出版社 2008 年版，第 112 页。

物理学等。在帝国后期，基督教教育逐渐发展为修道院制度，虽然修道院制度并未被罗马帝国所认可，也不具有教育职能，但却为中世纪的修道院学校打下了基础。[1]

从帝国时期的罗马教育对读、写、算等能力的强调以及对法律、医学和建筑等学科的重视可以看出古罗马实用的教育思想，但这一时期关于文法的学习尤其是对修辞的强调造成了为了论辩而学习、只重结果不重内容的后果。这种对技巧的强调过分追求文字上的咬文嚼字和形式的华丽而缺乏对学习内容做深入的理解和反思，更难对生活做出判断，因此逐渐偏离古希腊全人教育的思想。在罗马帝国后期兴起的基督教教育作为一种宗教教育，有着特殊的教育目的、教育对象、教育内容和教育形式，也并非致力于一种全人的教育。

古罗马的教育既有自由教育的特征，同时也有职业教育的特色，是一种建立在古希腊全人教育基础之上，并融合了古罗马本民族重实用、重实践特色的教育。在古罗马的不同时期，教育实践在教育目的、形式、内容、方法等方面各具特色，但总体看来，包含了体育教育、道德教育、文化教育以及职业教育各个方面。古罗马的教育思想以三大教育家西塞罗、昆体良和奥古斯丁为代表。西塞罗和昆体良以培养雄辩家作为教育的目的，奥古斯丁以培养基督徒为教育的目的，雄辩家和基督徒分别代表了他们的教育理想，是他们想要培养的完美的人、整全的人，他们力图使雄辩家或基督徒在德、智、体、美各个方面得到全面的发展。

古罗马的教育既继承了古希腊自由教育的特征，同时也对其进行了改造和发展，尤其在自由教育方面起到了承前启后的作用，同时发展了职业教育。从古罗马的教育思想中可以看出古罗马的教育理想是培养整全的人，但受历史环境的限制，在古罗马的教育实践中，不同时期对人的素质的培养有不同的侧重，因此实践中很难做到培养整全的人。古罗马的教育中虽然存在教育思想和教育实践的不一致，但是对后来教育的发展产生了重要影响。古罗马的教育思想直接影响了中世纪的教育，例如中世纪的基督教教育、骑士教育等；而古罗马、古希腊的教育思想一起对文艺复兴时期的教育思想产生了深远影响。与此同时，现代教育仍然可以从古罗马教育中获得启示。

---

[1]　贺国庆、于洪波、朱文富主编：《外国教育史》，高等教育出版社2009年版，第46页。

第三章 中世纪欧洲的教育

作为欧洲历史上的一个时代，中世纪通常是指从西罗马帝国灭亡（476）到英国资产阶级革命（1640）这段时间。在此期间，欧洲（主要是西欧）的经济从庄园式的自然经济向手工业、工商业发展；封建制度经历了从开始形成到逐渐发展并最后受到打击的过程；基督教逐渐成为占统治地位的宗教；罗马天主教和封建统治者有时相互勾结，有时相互争夺政治权利、经济权利以及文化权利等。[1]中世纪早期的西欧教育以基督教教育为主，主要有修道院、主教学校以及教区学校等。中世纪的大小修道院重视对文献的抄写，各托钵体都有相当数量的藏书，对文化的传承起到了重要的衔接作用。中世纪后期封建世俗教育得到发展，主要有宫廷教育和骑士教育。在此基础之上，大学在中世纪得以产生。

一、中世纪的教育目的和教育形式

通常将中世纪欧洲的教育分为基督教教育和封建世俗教育。在中世纪早期（5—11世纪末），学校几乎完全掌握在教会手里，这时的学生主要是僧侣，他们通过研习《圣经》、抄写《圣经》的方式学习宗教教义。后来，教学内容有所扩充，增加了古希腊、古罗马的“七艺”，包括逻辑、语法、修辞、数学、几何、天文和音乐，但为首的学科是神学。[2]可见，基督教教育的目的是培养忠实于宗教信仰的信徒，扩大宗教的影响力和权力。与此同时，封建世俗教育兴起并得到发展，主要包括宫廷教育、骑士教育以及欧洲大学的兴起和发展。宫廷教育以封建统治者聘请学者在宫廷中开班教学为形式，培养对象是贵族子弟，主要是为了培养为封建统治者服务的官吏和

[1] 吴元训选编：《中世纪教育文选》，人民教育出版社 2004 年版，前言第 1—3 页。

[2] 吴元训选编：《中世纪教育文选》，人民教育出版社 2004 年版，第 4 页。

封建庄园的管理者。骑士教育以家庭教育作为教育形式，以平民子弟作为培养对象，目的是培养护卫宗教以及封建领主的武夫。12—13 世纪，经院哲学盛行，并被称作“经院主义”。经院哲学家们主要是继承了古希腊亚里士多德的哲学思想。亚里士多德的哲学思想既被用来解释神学的合理性，同时其论证逻辑也被用来培养了人的理智能力和思考能力。经院哲学的发展，促进了大学的产生。虽然大学的雏形可以追溯到柏拉图的学园，但真正意义的大学却起源于中世纪的欧洲。随着经济社会的发展，大学在 12 世纪逐渐兴起，并最早出现在意大利、法国和英国。其中意大利的博洛尼亚大学和法国的巴黎大学又因其分别作为学生型大学和教师型大学而以“母型大学”而闻名。这些大学的出现，“动摇了传统的盲目信仰，而重视人们的理解能力，启迪辩论的学风，活跃了学术思想。这种学风本身就是对宗教迷信和封建传统的挑战”[1]。

中世纪的教育思想以托马斯·阿奎那和托马斯·莫尔的教育思想最具代表性。阿奎那的教育代表一种基督教式的教育，教育的目的最终服务于宗教信仰，成为合格的基督徒是阿奎那的教育目的，也是理想的人或整全的人，但合格的基督徒只是具有宗教色彩的整全的人，在现在看来仍然具有局限性。莫尔的教育代表着一种理想的教育，想要培养德、智、体、美全面发展的人，主张成人教育和终身教育，重视文化教育、体育教育和劳动教育，但托马斯的教育内容作为乌托邦岛国的一部分，其实现的可能性正如乌托邦的政治、经济、社会方面一样，更多的是一种理想的情况。尽管如此，阿奎那和莫尔的教育思想的某些方面仍然对现今的教育具有启示。

二、中世纪的教育思想家

中世纪的教育思想以托马斯·阿奎那和托马斯·莫尔为代表。阿奎那主张基督教式的教育，成为合格的基督教徒是他的教育目的，而合格的基督教徒追随上帝，首先应该具有高尚的道德。此外，基督教徒应该具有广博的知识，并且具有智慧。在阿奎那看来，合格的基督教徒是整全的人。莫尔的教育思想以培养德、智、体、美、劳全面发展的人为目的，重视教育与社会、政治、经济、家庭等方面的联系，同时他倡导成人教育和终身教育思想。

[1] 吴元训选编：《中世纪教育文选》，人民教育出版社 2004 年版，第 7 页。

（一）托马斯·阿奎那

托马斯·阿奎那（Thomas Aquinas，1224—1274），是中世纪的基督教神学家和经院哲学家。他宣扬信仰高于理性，灵魂高于身体，神学高于哲学，精神高于物质，教会高于世俗等思想。阿奎那的教育过程主要是依据亚里士多德的哲学思想对基督教义进行繁琐的论证。他的教学方法体现为通过演绎推理的方法获得知识。[1]

表 3–1　君主与暴君的对比

君主	理想的人	最好的统治者	考虑公共利益	统一、和谐的社会	德性的代表	带来幸福
暴君	最坏的人	最坏的统治者	考虑私人利益	国家分裂	恶德的来源	导致不幸

对于教育要造就什么样的人这个问题，阿奎那认为，君主是理想的人，而暴君是最坏的人，君主具备代表整全人的德性。因而，最好的统治是君主的统治，而最差的统治是暴君的统治。君主考虑公共利益，而暴君考虑私人利益；君主有助于社会的统一、和谐，而暴君则会导致国家分裂。君主是德性的代表，在君主的统治下可以产生善，而暴君则是恶的来源。君主代表着完美的人，具有君主特征的人追随着神，因此，君主的德性最高，也将获得最大程度的幸福。具有君主特征的人——帮助别人，劝人和气，保护弱者，受神喜爱。在阿奎那看来，君主是整全人的代表，而德性对于作为整体的人是很重要的，只有有了德性才能通向幸福，才能保持社会的秩序。德性包括正义、博爱等品质，正义调节人与人之间的关系，而博爱则要求人们能够关爱他人，例如，阿奎那认为，富人应该把财富分给穷人，而不应该贪婪，因为一个人囤积的财富实际上是属于穷人的，超出自己使用能力的，实际上就不再属于他了。

一个理想的人，应该对什么样的快乐值得追求有所认识。阿奎那主张，精神的快乐高于肉体的快乐。他认为，感觉认识低于理性认识，只能作为理性认识的一个方面。“人类最高的完善决不在于和低于自身的事物相结合，而在于和高于自身的某种事物相结合”[2]，而肉体的快乐多属于感官的快乐，属于低级的事物，作为更高级的事物，如理性，是不会从与低级事物的结合中获得快乐的。此外，对于快乐要保持适度，尤其是在感官快乐方面。“只有适度才可算是好的东西，它本身决不能

[1]　吴元训选编：《中世纪教育文选》，人民教育出版社 2004 年版，第 33 页。

[2]　北京大学哲学系、外国哲学史教研室编译：《西方哲学原著选读》（上卷），商务印书馆 2011 年版，第 277 页。

是‘好’，它只是从它的适度取得它的‘好’。”[1] 换言之，凡事都有个度，掌握好这个度才能算是真的好，低于或高于这个度，都不算是好。对于这个“度”的掌握与德性是分不开的。只有道德的行为才能导向幸福。在阿奎那看来，“最好的‘好’是幸福”[2]。

阿奎那认为，智慧高的人统治智慧低的人。在阿奎那看来，神的智慧最高，因此，人首先应该追随神，获得神的启示。作为基督教神学家，阿奎那认为万事万物的最终目的是上帝，上帝是使人不断趋近的东西。想成为完人就是不断接近上帝，而神的理性是最高的理性。神的理智高于人的理智，人的理智所不能及的事物，就必须依靠神的理智，因此信仰高于理性。人的认识能力介于感觉和天使的理智之间，因此人会凭借感觉认识事物，而天使则凭借非物质事物认识物质事物。阿奎那认为，在人身上有某种向善的倾向，但必须经过不断的锻炼，才能臻于完善。这种锻炼的过程就是不断向善、不断趋近上帝的过程。对于德性行为的砥砺，阿奎那认为，重要的是效仿神法，他也认为人法低于自然法和神法。阿奎那认为神学是最高的科学，神学指挥一切科学。

阿奎那的教育是基督教式的教育。其教育目的是运用亚里士多德的哲学对基督教思想进行繁琐的论证，以达到对基督教教义进行辩护的目的。通过对君主与暴君的对比，阿奎那证明了德性的重要性，有德之人是对上帝的追随，成为合格的基督教徒就要做有德之人。阿奎那肯定知识和智慧的重要性，因为只有通过智慧才能对上帝的存在进行思考，而身体和感官的快乐则会阻挠这种对上帝的认识。阿奎那的教育思想充满了宗教色彩，成为合格的基督徒代表着阿奎那的教育理想。在阿奎那看来，基督徒是整全的人，因为他们是追随上帝的人。但阿奎那主张一切学科为神学服务，一切学习为宗教服务的做法又体现了其教育思想的局限性。一个真正的“全人”不仅仅是活动在宗教领域，他在生活的各个领域都是有德性的。

（二）托马斯·莫尔

托马斯·莫尔（Thomas More，1478—1535），是英国的思想家、教育家和政治家，

[1] 北京大学哲学系、外国哲学史教研室编译：《西方哲学原著选读》（上卷），商务印书馆 2011 年版，第 277 页。

[2] 北京大学哲学系、外国哲学史教研室编译：《西方哲学原著选读》（上卷），商务印书馆 2011 年版，第 277 页。

杰出的学者和人道主义者，空想社会主义的主要创始人。他的著作《乌托邦》集中反映了他的思想，包括其教育思想。吴元训在对托马斯·莫尔的介绍中这样说："从一定意义上讲，他的全部著作都有教育意义。这是因为他把教育问题与政治、经济、社会、家庭等方面的问题联系起来考虑和研究的缘故。因此，从某种意义上，可以说社会本身就是教育的场所和大学校。"[1] 在《乌托邦》中，莫尔认为社会罪恶的根源在于私有制，他主张公有制，只有这样人们才能享有自由、平等和幸福的生活。[2] 在《乌托邦》一书中，莫尔假言自己报道旅行者拉斐尔在理想的岛屿国家乌托邦的见闻，描述了理想的政治和社会制度，寄托了自己的政治和社会理想，同时饱含着自己的教育理想。乌托邦人的生活方式和习俗，是现实社会中人们学习的典范和榜样。在莫尔所处的时代，王权取得了对贵族和教会的控制，亨利八世脱离罗马教会，自立门户创立了英国国教，但莫尔是罗马教会的虔诚信仰者，他不支持亨利八世脱离罗马教会的做法，因而与英国统治阶级产生矛盾。在英国资产阶级上升的过程中，他深感"圈地运动"给人民带来的苦难，在《乌托邦》一书中，他以盗窃的产生为例，叙述了人们由于生活走投无路，不得不盗窃的原因。莫尔批判了盗窃罪在英国被判处死刑的做法过于严重。而且如此重的惩罚并没有使盗窃的行为减少。"你们对一个盗窃犯颁布了可怕的严刑，其实更好的办法是，给以谋生之道，使任何人不至于冒失而盗窃继而被处死的危险。"[3] 莫尔认为，正是由于"圈地运动"，使得人们的生计没有着落。

对于孩子的教育，莫尔重视在平时生活中对他们潜移默化的影响。例如，对于他自己的孩子，他在《乌托邦》开篇"托马斯·莫尔向彼得·贾尔斯问好的信"中交代回忆拉斐尔讲故事的情境时写道："如你所知道的，我们聊时，我的孩子约翰·克莱门特，也跟我们在一起。凡是多少有益的谈话，我都要他在场，因为这棵幼树已发出希腊拉丁文学的青条，我盼望某一天有丰富的果实。"[4] 莫尔让孩子从小跟随大人，参加成年人的讨论和谈话，使孩子从小得到熏陶，对孩子的学习和成长能够起到潜移默化的作用和影响。

莫尔的教育思想对我们当今时代的教育仍然有启示作用。首先，莫尔主张实施

---

[1] 吴元训选编：《中世纪教育文选》，人民教育出版社 2004 年版，第 175 页。

[2] 吴元训选编：《中世纪教育文选》，人民教育出版社 2004 年版，第 175 页。

[3] 吴元训选编：《中世纪教育文选》，人民教育出版社 2004 年版，第 181 页。

[4] [英] 托马斯·莫尔：《乌托邦》，戴镏岭译，商务印书馆 1996 年版，第 4—5 页。

普遍的教育，所有的儿童都要接受教育，工作之余的男女成年人也要进入图书馆或博物馆进行自修。其次，莫尔主张发展成人教育和终身教育。乌托邦人在工作、睡眠和用餐的时间之外，也有业余活动，但是一般都用在学术探讨上。例如，每天黎明前会有公共演讲，对于这种演讲，专门做学问的人必须出席，“然而大部分各界人士，无分男女，成群结队来听讲，按个人性之所近，有听这一种的，也有听那一种的”[1]。对于莫尔来讲，接受教育是人一生的事情。此外，莫尔重视体育教育和劳动教育。农业劳动对于乌托邦居民来说是必不可少的。“乌托邦人不分男女都以务农为业。他们无不从小学农，部分是在学校接受理论，部分是到城市附近农庄上作实习旅行，有如文娱活动。他们在农庄上不只是旁观者，而是每当有体力劳动的机会，从事实际操练。”[2] 除农业劳动外，每个人要有一门自己的手艺，有的学木匠，有的学纺织，有的学冶炼，等等，都是乌托邦生存必不可少的技艺。

莫尔的教育思想中强调美德的重要性，重视人的全面发展。即使是在娱乐活动中，乌托邦人也有对道德问题的探讨。在《乌托邦》中，莫尔这样写道：

> 晚餐后有一小时文娱，夏季在花园中，冬季在进餐的厅馆内，或是演奏音乐，或是彼此谈心消遣。骰子以及类乎此的荒唐有害的游戏，乌托邦是从不知道的。可是他们间通行两种游戏，颇类下棋。一种是斗数，一个数目捉吃另一个数目。另一个游戏是罪恶摆好架势向道德进攻，于此首先很巧妙地显示出罪恶与罪恶之间彼此倾轧而又一致反抗道德，然后是什么样的罪恶反抗什么样的道德，用什么样的兵力公开避开道德，用什么样的策略迂回向道德进军，而道德优势采取什么样的防护以阻止罪恶的猖獗得势，用什么样的计谋挫败罪恶的花招，直到最后，其中一方通过什么样的途径取得胜利。

由上可见，道德教育渗透在乌托邦人的生活中，即便是其文娱活动，也有益于道德问题的探讨。美德与恶德作为道德中的相互对立的事物，在人们的日常生活中被广泛地探讨，有助于人们形成正确的伦理观念。此外，在日常生活中，乌托邦也注重尊老爱幼、善良等美德的培养。例如，在用餐开始前，会有专人读一段书，劝

---

[1] [英] 托马斯·莫尔：《乌托邦》，戴镏岭译，商务印书馆 1996 年版，第 57 页。
[2] [英] 托马斯·莫尔：《乌托邦》，戴镏岭译，商务印书馆 1996 年版，第 55—56 页。

人为善，而且在用餐的过程中，年长者也注意考察年轻人的道德品质和性格。[1]

莫尔认为，理想的受教育者正如乌托邦人一样，是将体力劳动与脑力劳动结合在一起的。对于体力劳动，他们耐心参加，对于智力探讨，他们也毫不懈怠。例如，拉斐尔讲到，当他们把希腊文学和学术介绍给乌托邦人后，他们极其感兴趣，并且要求进一步的讲解。这些专门从事学术研究的乌托邦人勤勉好学，不仅在短时间内从拉斐尔一行人那里学得了希腊文，而且记得牢固，甚至能够准确无误地背诵。在莫尔所构建的乌托邦里，学习的内容包括“柏拉图著作的大部分，亚里士多德论述数种，以及西俄夫拉斯塔斯关于植物的书”、“普卢塔克的作品”和“亚里斯多芬、荷马、幼里披底斯以及阿尔德用小号字排印的索福克里斯。至于历史家，他们有修昔的底斯、希罗多德，还有赫罗提安”[2]。此外还有医药方面的书若干。

莫尔教育思想的独特之处在于他将教育思想与政治、经济、社会、家庭等方面的问题联系起来，通过乌托邦岛国生活来描述了一个理想的生活环境和理想的人的生活状态。莫尔强调教育中潜移默化的作用，主张成人教育和终身教育，重视体育教育和劳动教育，且重视美德的培养。可以看出，莫尔的教育目的是培养整全的人，一个德、智、体、美、劳全面发展的人，但乌托邦毕竟是一种理想，与现实有距离，是难以实现的。但作为一种教育的指导思想，莫尔的教育思想是有意义的。

三、中世纪的教育实践

中世纪教育可以分为基督教教育和封建世俗教育。而封建世俗教育又可分为宫廷教育和骑士教育以及欧洲大学。中世纪的欧洲，基督教思想占据统治地位，因此基督教思想是贯穿所有教育形式的指导思想。即使有世俗教育与基督教教育相对应，但世俗教育也难以摆脱教育的宗教色彩。基督教教育分为家庭教育和学校教育，学校教育又有修道院学校和主教学校之别。无论何种形式，基督教教育的目的是训诫教徒，传播宗教精神，巩固宗教信仰。基督教教育以古希腊“七艺”学科为学习内容，但主要是为了宗教信仰服务的。宫廷教育主要以培养贵族子弟为主，是封建统治者与宗教既联合又抗争的结果。封建统治者受基督教的影响，但又不想完全受其所控，因此想要鼓励一种与基督教教育功能相同，但以培养世俗官员为目的的教育，

[1] ［英］托马斯·莫尔：《乌托邦》，戴镏岭译，商务印书馆 1996 年版，第 64 页。

[2] ［英］托马斯·莫尔：《乌托邦》，戴镏岭译，商务印书馆 1996 年版，第 84—85 页。

宫廷教育就是这样的教育。相对于宫廷学校以贵族青年为教育对象，骑士教育致力于培养平民，将平民子弟培养成维护封建统治的武夫和维护宗教的卫士。中世纪大学的兴起，促进了教育的发展。意大利的博洛尼亚大学和法国的巴黎大学被称为“母型大学”，其分别作为学生型大学和教师型大学，为后来大学的发展提供了模型。

（一）基督教教育

在罗马帝国后期，基督教逐渐兴起，教会学校得到发展，后来形成了修道院制度。到了中世纪，随着封建制度的产生，各封建势力与基督教教会之间建立起密切的联系：基督教为封建统治提供了精神支持，而封建统治者则为基督教的传播和发展提供了空间，基督教思想逐渐发展成为欧洲封建社会的权威思想。与此同时，教会逐渐控制并垄断教育，教会学校成为权威的教育机构，而僧侣则成为权威的教育者。由此，基督教教育逐渐取代了古希腊、古罗马教育。基督教教育（Christian Education），主要有两层内涵，“一层是指学习基督教的各种信条，即救世所必需的真理；另一层是指道德训练，即基督教徒所必须遵循的行为律法。简言之，基督教教育是指对教徒们进行的宗教观念、宗教情感和行为准则的教育”[1]。基督教教育的目的主要是通过教育为宗教信仰服务。

基督教教育可以分为家庭教育和学校教育两个部分。家庭教育主要是父母教导子女学习基督教义、坚定宗教信仰的过程，同时学习教会的规则、礼仪和行为方式。家庭教育主要通过教导其获得宗教知识，引导其进行观察、思考并判断所学知识，最后进行实践的过程。“在这一过程中，具体的方法运用则侧重记忆、背诵和成人良好的榜样，并将教育与崇拜和日常生活紧密结合。”[2]家庭教育对于培养虔诚的信徒起到重要作用。学校教育主要是教会学校，又可分为修道院学校和主教学校。修道院学校分为内学和外学。内学指未来准备在修道院内担任职务的僧侣，他们一般从小住在修道院内；而外学指将来不担任僧侣的人，他们不住在修道院内。修道院学校这种兼收内、外学生的做法，并不将教育对象局限在培养贵族子弟和未来的僧侣上，在一定程度上促进了教育的平民化，这与基督教力图成为一种普世的宗教是相一致的。修道院学校的课程内容主要包括古希腊、古罗马的“七艺”（逻辑、语法、修辞、数学、几何、天文和音乐），以及读、写、算和宗教规章制度等知识。“七艺”

[1] 张斌贤主编：《外国教育史》，教育科学出版社 2008 年版，第 126 页。

[2] 张斌贤主编：《外国教育史》，教育科学出版社 2008 年版，第 128 页。

是中世纪教育的基础，尤其是重视文法和修辞，但在修道院学校，“七艺”学习都是为神学服务的，具有浓厚的宗教色彩。

> “文法”包括拉丁语和文学的基本常识。学生掌握拉丁语后，可选读经典文学作家和基督教文学作家的作品。“修辞学”包括散文和诗的习作，也兼含一些历史和法律知识。修辞学的学习是为了分析经书的文体，训练宣教的口才。“辩证法”的内容与现代的形式逻辑类似，学习目的是为教会的宗教信条进行辩护，并打击“异端”。“四艺”的学科也是如此，都是为宗教目的服务的。音乐对礼拜是必须的，算术和天文学对计算复活节的祭奠举行时期是必须的。几何（几何学的性质是极端不定形的，它里面包含着地理性质和自然科学性质的知识，这些是从圣书中或古代作家的作品里引来的，大部分带着幻想性）在教会建筑上有作用……[1]

修道院学校的教学方法包括“教义问答、抄写、背诵圣经段落、严格的纪律、体罚、沉思默想”[2]。教会学校也以“七艺”为基础，但神学则处于最高的位置，“七艺”的学习仍然是以宗教为目的。“在‘三艺’各科的学习中，学‘文法’、掌握拉丁语，是为了阅读《圣经》的；学修辞学是为了分析经书的文体，训练宣教口才的；而所谓辩证法是指一种进行论战的方法，学习它的目的是为教会的宗教信条进行辩护，并打击‘异端’。”[3]可见，中世纪西欧的教育，虽然也强调“七艺”的学习，其目的与古希腊、古罗马全然不同。中世纪的基督教教育，一切学习都是为宗教服务的。

作为中世纪教育的主要形式之一，基督教教育对欧洲的文化发展产生了重要影响。基督教教育一方面对教育的发展起到了积极的传承作用，但另一方面将教育目的局限在为信仰服务上的做法却限制了教育的发展。修道院学校不仅训练修行者进行识字、诵读、写作训练，还让他们抄写古希腊和罗马时代的著作，对古代经典著作起到了保存和收藏的作用。但基督教教育带有明显的宗教性，其教育目的并非从人的本质出发，以培养全人为目的的。基督教教育所进行的文化教育和道德教育带有明显的宗教色彩，在当时是为扩大宗教影响服务的，因此中世纪的基督教教育在文化传承方面起到积极作用的同时，又具有时代的局限性。

---

[1] 范立民：《基督教与中世纪教育》，载《天津外国语学院学报》1995年第4期，第48页。

[2] 张斌贤主编：《外国教育史》，教育科学出版社2008年版，第128页。

[3] 王天一等主编：《外国教育史》（上册），北京师范大学出版社1993年版，第79页。

（二）宫廷教育

中世纪前期，基督教教育盛行，封建主也多是教会成员和神职人员，因而社会的各个领域，从政治到经济再到思想等领域多掌握在教会手中。但随着封建社会的进一步发展，政、教矛盾加大，权力争夺愈演愈烈，封建统治阶级需要巩固其统治地位，作为控制思想领域的方式之一，其对教育的控制也逐步增强。因此到了中世纪后期，世俗教育得到了较大发展，主要包括宫廷教育、骑士教育以及大学的兴起和发展。宫廷学校主要是培养有利于封建统治的官吏以及庄园的管理者，培养的对象主要是贵族子弟。中世纪的宫廷学校以法兰克王国查理曼大帝（Charles the Great，742—814）和萨克森王国阿尔弗雷德大帝（Alfred the Great，848—901）的宫廷学校最为著名。

法兰克的查理曼大帝在位时期，大力扶持教育，兴办学校。一方面，他致力于提高教会教士们的知识水平，要求其能够更准确地理解基督教以及基督精神，例如，他在787年前后，向主教及修道院院长发布敕令，让其致力于文法的学习，“我们规劝你们，不仅不要忽视学习文法，而且要谦卑而不停地运用文法。这样，你们就能更易更快地深入圣经的奥秘。学了这些修辞手法以后，无疑地，读者就会更好地理解到所学的《圣经》的根本意义。为此，让既能而又愿意学习同时又希望教其他人的人们都学习文法”[1]。另一方面，他主张通过兴办宫廷学校培养合格的官吏和庄园的管理者，他将对宫廷学校的管理交给当时英格兰著名学者约克的阿尔琴。宫廷学校的学生包括查理曼大帝本人、他的妻子、儿女以及其他王公贵族成员，甚至还包括平民子弟。据说，查理曼自己在宫廷学校中学习非常努力，为其他人做出了榜样，以此可见他对宫廷学校的重视。宫廷学校中的学习科目包括：文法、修辞学、辩证法、天文学、几何、神学和算术等。对儿童的教学方式类似修道院学校的问答法，而对成人的教学方式则采用讨论和辩论的方式。

萨克森王国的阿尔弗雷德大帝是另一个发展宫廷教育的典范。他有感于当时人们文化普遍较低的状况，决心振兴教育。他的教育措施包括[2]：①组织人力把当时有影响的书译成英文供臣民阅读；②礼聘学者，振兴学术；③建立宫廷学校，强化国

---

[1]　[英]威廉·博伊德、埃德蒙·金：《西方教育史》，任宝祥、吴元训主译，人民教育出版社1985年版，第119页。

[2]　张斌贤主编：《外国教育史》，教育科学出版社2008年版，第142—143页。

民教育。阿尔弗雷德大帝为了弥补学术上的不足，组织人员翻译古代典籍，据说他自己还亲自翻译了罗马教皇格里高利（Gregory the Great，540—604）的《牧师的关怀》一书。此外，阿尔弗雷德大帝邀请诸多精通神学经典的大师，德高望重的学者以及擅长其他技艺的人担任顾问，并让他们参与到宗教和教育的管理中。阿瑟在为阿尔弗雷德大帝所做传记中说："国王用其收入的一半维持一所宫廷学校，这所学校招收许多出身高贵的儿童，甚至也招收下层阶级的儿童，教以宗教、道德、行为举止和文化知识，并把自己的宫廷变成了学术、虔诚、盎格鲁—萨克逊民族感情传统和艺术的中心。"[1]

由此可见，宫廷学校在振兴世俗教育的过程中起到了重要作用。查理曼大帝和阿尔弗雷德大帝对宫廷学校的重视，一方面为其统治培养了诸多的官吏和管理者，另一方面也为文化的传承做出了贡献，使中世纪西欧的教育不至于被局限在以基督教教育为核心，以为神学和宗教服务的范围内，也为后续世俗教育的发展奠定了基础。但从宫廷学校中的学习内容以及查理曼大帝和阿尔弗雷德大帝的教育重心中可以看出，他们在宫廷中开展的教育仍然受到基督教教育思想的影响，宫廷学校作为一种世俗教育的形式，摆脱不了当时具有统治地位的宗教思想的影响。

（三）骑士教育

骑士教育是兴起于中世纪后期的一种教育形式，是一种集宗教教育和武士教育为一体的特殊教育。随着封建制度的发展，采邑分封制逐渐形成，其中最大的封建主是国王，他将土地分给下一层的封建主，经过层层分封，直至最底层——骑士阶层，下一层的封建主要效忠于上一层封建主，维护其权益，如有需要则参与保护上一层封建主的战斗。而骑士作为最底层的贵族（也有不把他们看作贵族的情况），则成为战斗的主力，并逐渐形成了骑士制度。虽然宫廷教育的培养对象也有平民，但还是以贵族子弟为主，而骑士教育则不同，骑士教育的教育对象主要是平民子弟。骑士教育并无专门的教育机构，教育形式属于家庭教育，骑士教育的目标是培养彪悍勇猛、信仰上帝、忠君爱国、效忠领主、谄媚领主夫人的武士。

骑士教育一般分为三个阶段。第一个阶段，从出生到7岁左右，属于家庭教育阶段，由父母教给儿童宗教知识、道德知识，并让儿童参与体育锻炼。在这一时期，

[1] 张斌贤主编：《外国教育史》，教育科学出版社2008年版，第143页。

孩子会追随父母参加各种宗教活动和宗教仪式，在耳濡目染过程中学习宗教礼仪。与此同时，培养敬畏上帝、同情并保护弱者、忠诚勇敢、诚实守信等基本品质。除此之外，也有关于基本的“七艺”知识的学习，但内容比较简单。第二个阶段，从7岁左右到14岁，属于侍童教育阶段。儿童被父母送到高一级的贵族家里做侍童，为领主和领主夫人服务，同时学习上流社会的礼仪，参与骑士训练，学习唱歌、吟诗、下棋等文娱活动，但主要的是以骑马、赛跑、角逐等训练为主，对于文化知识的学习不够重视。第三个阶段，从14岁到21岁，属于侍从教育阶段。这一时期的准骑士们学习料理主人家的日常事务，参与各种军事训练，并准备战时随主人出征。这一时期重点学习“骑士七艺”——击剑、游泳、骑马、棋艺、打猎、吟诗、投枪。此外，骑士教育中还包括“恋爱教育”，是一种培养年轻的骑士对年长的贵妇人表现出的忠贞、奉献、守信以及爱慕等情感的教育。到了21岁，经过隆重的骑士受封仪式，准骑士转变为真正的骑士。在骑士受封仪式上，候选的骑士要宣布誓词，其内容大致为：“效忠教会和君主，攻击异端，保护妇女及贫弱，捍卫邦国，愿为同胞福利洒尽最后一滴血。”[1]

骑士教育是西欧封建社会发展过程中的一种特殊的教育形式。其明显的封建色彩以及宗教色彩使得这种教育并不以提高受教育者的文化素质为目的，而更多的是以保护封建主的利益为重，以服务并效忠于领主为目标，因此更多的是培养武夫，而非全才。这种尚武轻文的教育形式，使得培养出的骑士很多目不识丁，因此被后人诟病。但在骑士教育中也倡导一种“骑士精神”，即行侠仗义、扶贫济困、彬彬有礼等品质，这为后来的绅士教育奠定了基础。

（四）中世纪的大学

一般认为，大学产生于12世纪的西欧。随着封建制度的巩固、社会的逐渐稳定、城市的产生和复兴以及工商业的发展，对文化的需求也日益凸显。尤其是开始于8—9世纪、盛行于12—13世纪的经院哲学，对大学的发展具有重要的影响。经院哲学的前身是教父学。早期，教父学否定古希腊罗马哲学，将其视作异端，反对理性，推崇绝对信仰，“经院哲学的开始，完全是为维护教会正统教义而求打倒异端学说的一种努力”[2]。后来，随着理性的发展，教父学不再能简单地否定理性，而企图用

[1]　贺国庆、于洪波、朱文富主编：《外国教育史》，高等教育出版社2009年版，第76页。

[2]　[美]格莱夫斯：《中世纪教育史》，华东师范大学出版社2005年版，第56—57页。

理性来论证信仰，与此同时，关于理性与信仰之间关系的争论日渐激烈，而从11世纪末到15世纪末，在欧洲的思想界出现了唯名论和唯实论之争，即讨论个别与共相之间的关系问题。唯名论相信个别的感性事物才是真实存在的，否定共相的客观实在性，认为共相后于事物；而唯实论则认为共相的事物才是真实存在的，具有客观实在性，共相是先于个别事物的。围绕共相与个别的关系，思想家展开了很多讨论。代表人物如唯实论者托马斯·阿奎那，他认为“政治必须服从于宗教，现世必须服从于来世，哲学必须服从于神学，知识必须服从于信仰”。而唯名论者罗吉尔·培根则认为：“只有我们所感觉到的东西才是真实的，所谓精神实体是不真实的。”[1]发生在思想界的论争，对教育思想产生了重要影响。两个学派之间的论争有效地促进了学术的发展，“学术争鸣促进了古典文化的传播，思辨方法成为一种学术研究方法和教学方法，理性合法地位的确立明确了训练理性的教育目标，思想的争辩形成了自由研究学术的氛围，学派探究和宣传自己的思想的场所成为大学的萌芽”[2]。由此可见，经院哲学关于理性与信仰关系的争论对学术繁荣起到了重要的推动作用，也在一定程度上为大学的产生创造了学术条件。

关于中世纪大学的称谓，有两种说法。一种认为，拉丁文字“Universitas”，实际上是指“公会”或“法团”。因此，若将其认作“大学”，也仅意味着“一定数量的、身份多元的人们所集聚的地方”[3]，而在当时则存在着诸多种类的“公社群落”或“社群”（或称行会）——一些人组成的全体。一般来说，组成“社群”或“行会”主要是为了集结成一股力量，共同维护团体的利益。作为“大学”的“公会”也属于“社群”的一个种类，主要是指教师团体或学生团体。另外一种称谓是指“学习研习所”（Studium），“学习研习所”相比于“公会”更有学术机构的意思。而更加接近现代意味“大学”的拉丁语概念应该是“高等学科研习所”（Studium Generale）。“高等学科研习所”是一个致力于“广聚天下学子于一堂的文化圣殿”[4]。在中世纪的大学中，具有代表意义的是意大利的博洛尼亚大学、萨勒诺大学和法国的巴黎大学，

---

[1] 吴元训选编：《中世纪教育文选》，人民教育出版社2004年版，第6页。

[2] 王保星主编：《外国教育史》，北京师范大学出版社2008年版，第52页。

[3] [英]拉斯达尔：《中世纪的欧洲大学——大学的起源》，崔延强、邓磊译，重庆大学出版社2011年版，第4页。

[4] [英]拉斯达尔：《中世纪的欧洲大学——大学的起源》，崔延强、邓磊译，重庆大学出版社2011年版，第4页。

它们也被称为“原型大学”或“母型大学”，有时英国的牛津大学和剑桥大学也被认作“母型大学”。其中博洛尼亚大学和巴黎大学又因分属于最早的学生型大学和教师型大学而最具代表性。

博洛尼亚大学以法学闻名于世，是一所学生型大学，大学管理主要由学生负责；而巴黎大学则是一所教师型大学，大学管理有教师行会负责。博洛尼亚优越的地理位置，使其商贸尤为繁荣，为了解决商业存在的矛盾以及民事纠纷，博洛尼亚大学尤其重视对罗马法和民法的研究。后来，随着大学的发展，又增设了医学和神学等学科。作为一所学生型大学，学生拥有管理学校的权利，主要包括：推举学生校长、聘请教师、独立的司法权和学校行政权。“大学的最高管理机构是由全体学生参加的大学全体会议，负责制定有关大学的重要规章制度等。”[1]博洛尼亚大学的制度模式，为以学生为主导的大学形式的发展提供了模式。巴黎大学因神学而闻名，同时是教师型大学的典范，因为它主要由教师负责日常的管理工作。巴黎大学是经院哲学之争中的唯名论者和实在论者进行论辩的场所。早期的巴黎大学主要受教会控制，教师多为神职人员，后来随着世俗教育的发展，巴黎大学逐渐摆脱了主教的控制，成为了独立的团体，而其学科也更加多样化，并形成了四个学院——神学院、法学院、医学院和文学院。[2]

中世纪大学以学科或系为主要研究机构，主要包括文、法、医和神四科。其中文科为基础学科，带有预科的性质，一般学制为6年，主要讲授“七艺”（文法、修辞、逻辑、算术、几何、天文和音乐）以及道德哲学、自然哲学和形而上学等内容。法、医、神为高级学科，在完成文科的学习之后，学生可以选择一门高级学科来进行专业的学习。此外，中世纪大学学科多具有职业性和实用性。法学主要研习罗马法和教会法，医学学习希腊人和阿拉伯人的医学著作，而神学则包括《圣经》以及经院哲学家们的哲学著作。[3]中世纪大学的教学方法包括：“讲课、复述、辩论。讲课主要是教师讲读教科书，学生笔记讲课内容。教师的讲课包括评论、注解、推演、归纳等。复述有诵读原文和讨论，通常将学生分成小组，由成绩较好的学生带领复习学习的内容，然后进行讨论。辩论是将学生分成两组，分别持正反两方面意见，就某个问题进行

[1]　王保星主编：《外国教育史》，北京师范大学出版社2008年版，第55—56页。

[2]　贺国庆、于洪波、朱文富主编：《外国教育史》，高等教育出版社2009年版，第82页。

[3]　贺国庆、于洪波、朱文富主编：《外国教育史》，高等教育出版社2009年版，第85页。

讨论，目的在于培养学生的敏锐性和逻辑性。”[1] 从表面上看来，中世纪大学的课程具有“通”的特征，例如，它强调“七艺”，但是，中世纪大学在课程上几乎没有注意到罗马的经典著作，而古希腊方面，又几乎完全集中在亚里士多德的著作上，而没有关注到其他作家的经典著作。[2]

整体来看，中世纪大学大多具有世俗性，虽与教会也有联系，但大多具有自治权，且独立于政权。与此同时，中世纪大学具有专业性和实用性，除了比较基础的“七艺”学习外，学生会选择一门高等学科，如法律、神学和医学，进行专业训练，以成为专业的律师、神职人员或医生。此外，中世纪大学的学生和教师流动性比较大，尤其是教师，一般会在不同国家或地区进行学习和任教，由此加强了不同学校之间的学术交流。

中世纪大学也存在一些问题。例如，它在课程上存在缺陷，课程内容贫乏、形式固定；对待教育的态度也受时代所限，“其态度趋于独断和好辩方面，完全做书册上的工夫，并没有求发现事实或启示真理的纯粹的欲望。它把经典时代的真正文字，完全忽而不顾，并绝鲜注意启发人的想象力和生活的美感方面。同样，那些教授的方法，亦纯是印板的、确定的、权威的、绝鲜许人有尝那研究和思想的风味之机会”[3]。即便如此，我们也不可忽视中世纪大学对教育的发展以及人类文明进步所做的贡献。中世纪大学给现代大学留下了宝贵的遗产，现代大学中诸多方面，如教学组织、教学方法、教学形式等都直接来源于中世纪大学。中世纪大学在学科规划上将文科视作基础学科，并以古希腊的“七艺”作为教学内容，学成之后才可以选择法、医、神学来继续专业学习的做法，与现代美国大学盛行的“文理教育＋专业教育”的模式颇为相似。与此同时，中世纪大学在推动人类的文明进步过程中起到了重要作用。

总体看来，中世纪西欧的教育具有明显的宗教色彩。虽然可以把教育分为基督教教育和封建世俗教育，但世俗教育也具有宗教性。基督教教育以培养合格的基督信徒为目的，而封建世俗教育也受宗教的影响，在服务于封建统治的同时也为宗教服务。中世纪教育明显的宗教性，使其教育实践很难做到以培养整全的人为目的。中世纪西欧的教育思想以托马斯·阿奎那和托马斯·莫尔的教育思想为代表。阿奎

[1] 王保星主编：《外国教育史》，北京师范大学出版社 2008 年版，第 57 页。
[2] [美] 格莱夫斯：《中世纪教育史》，华东师范大学出版社 2005 年版，第 91 页。
[3] [美] 格莱夫斯：《中世纪教育史》，华东师范大学出版社 2005 年版，第 95 页。

那寄其教育思想于基督教教育上，以培养合格的基督教徒作为他的教育理想，教育具有明显的宗教性。而莫尔则将教育寄托在乌托邦的世界中，代表了一种理想的教育，也与当时的教育现状形成了对比。因为中世纪的宗教在社会、政治、经济各个方面占统治地位，以至于文化教育处于一个相对薄弱的时期，甚至有时被认为是一种相对停滞的状态，通常人们把中世纪称作“黑暗时代”，但作为古典文化时期和文艺复兴时期之间的一个过渡，中世纪对文化的传承和衔接起到了重要的作用。

第四章　文艺复兴时期的教育

文艺复兴（Renaissance）主要指 14—17 世纪发生在欧洲的、以复兴古代希腊和罗马文化、反对封建主义和教会神权思想为目的的文化运动，它以人文主义对抗宗教神学，促进了文学、艺术、建筑、自然科学以及社会科学诸多领域的发展和进步。文艺复兴时期，人文主义教育得到发展。

一、文艺复兴时期教育的目的

文艺复兴强调人文主义，强调以人为中心，在这一时期，无论是教育家、思想家、文学家还是社会活动家，都重视人的全面发展。“针对封建教育中的神道之学，文艺复兴时期的教育家提出人文之学，主要研究关于人性和人与人之间关系的学问，为此必须学习希腊和罗马的古典著作。”[1] 对古希腊和罗马文化的复兴正是文艺复兴的内涵所在，而这种复兴要广泛地依赖于希腊、罗马的文学作品。除了中世纪的“七艺”，文艺复兴时期的学科还增加了历史和道德哲学，重视道德教育，教材也取自希腊和罗马的古典作品。对古代典籍的重视是文艺复兴时期教育的重要特征。[2]“文艺复兴运动，在打破中世纪神秘主义、教条主义和繁琐主义的封建学风方面曾起到过进步作用，但是这种新教育一般是建筑在对古文化的抄袭与模仿的基础上的。”[3] 可以看出，这种文化的复兴主要是对在中世纪受到忽视的古希腊、古罗马文化的复兴。文艺复兴的早期，从古代典籍中吸取了较多实质的内容；但在后期，形式主义占据上风，学生主要学习希腊、拉丁文字的文法和修辞，对内容有所忽视。[4]

[1]　吴元训选编：《中世纪教育文选》，人民教育出版社 2004 年版，第 10 页。

[2]　吴元训选编：《中世纪教育文选》，人民教育出版社 2004 年版，第 10—11 页。

[3]　吴元训选编：《中世纪教育文选》，人民教育出版社 2004 年版，第 11 页。

[4]　吴元训选编：《中世纪教育文选》，人民教育出版社 2004 年版，第 11 页。

强调以人为中心的文艺复兴时期的教育属于人文主义教育。人文主义教育肯定教育对于人的作用，宣扬个人主义以及人性观。人文主义教育的基本特征包括：人本主义、古典主义、世俗性、宗教性和贵族性。[1] 人本主义肯定人的价值，并重视人的全面发展，尤其是强调从儿童时期开始就要尊重儿童的天性，追求个性发展。古典主义主要是学习古希腊罗马的文化，肯定古希腊罗马文化的价值。世俗性是指人文主义教育更加关注于现世，而不是来世，无论是在智育还是德育方面都强调要有一种世俗精神。宗教性是指，虽然文艺复兴对抗宗教权威，但由于历史的局限性，仍不能完全摆脱宗教特征。贵族性是指，文艺复兴时期的教育主要是以培养上层市民（或新型市民）、君主、朝臣、绅士等为主。

人文主义（Humanism），最重要的是强调“人”，强调人的全面发展，强调具有完人的精神，而具有完人的精神则是要能够进行自我认识，进而能够认识世界。陈乐民在许崇信所译伊拉斯谟的《愚人颂》中译本序中有这样一段关于“人”的介绍：

> 把“人”作为一种单独的“存在”（Being）是欧洲的一个重要的传统。古希腊精神最为吸引人的地方，就是神里有人，“神话”归根到底是“人”的神话。荷马史诗是最早的“人”的史诗。西塞罗说，苏格拉底把哲学从天上搬到人间。柏拉图的“洞喻人”隐喻讲的是人怎样窥得理性的亮光。罗马时期通过征服把人政治化了，而基督教文明则一方面让上帝代表至善的“人性”，并从而制造一个以上帝为宇宙中心的时代。同时，在另一方面，基督教的本质最终是人的本质（费尔巴哈）。[2]“……它不是哲学体系，也不是为某个利益集团或党派服务的意识形态信条。它是萌生于每个人心中的反映人之本性的一种内在精神；它对生活怀有积极的和热忱的态度，十分热衷于改善人的生活和素养，因此它对于现世中的一切丑恶现象本能地持批判和嘲讽的态度。人文主义者重视教育对人的感化和教化的作用，相信学能开眼，持续的理性教育能够增益人的良知，教人弃恶从善。因此，人文主义在逻辑上是与自由主义、理性主义和唯智主义相通的。”[3] 人文主义，更多的是强调人的本质，人的内在精神。

[1] 贺国庆、于洪波、朱文富主编：《外国教育史》，高等教育出版社 2009 年版，第 96 页。

[2] [荷] 伊拉斯谟：《愚人颂》，许崇信译，辽宁教育出版社 2001 年版，中译本序。

[3] [荷] 伊拉斯谟：《愚人颂》，许崇信译，辽宁教育出版社 2001 年版，中译本序。

二、文艺复兴时期的教育思想家

文艺复兴时期思想家、教育家辈出，其中代表人物有弗吉里奥、维多里诺、拉伯雷、蒙田、伊拉斯谟和康帕内拉等，他们的教育思想集中反映了人文主义的教育思想。弗吉里奥倡导身心和谐的全人教育，反对只培养信徒的基督教教育；维多里诺重视德、智、体全面发展，主张身心和谐发展，重视实用性，并将人文主义通才教育思想付诸实践；拉伯雷要培养具有广博的知识、强健的体魄、高尚的道德、自由的个性等特征的“巨人”；蒙田要求教育要使人在知识、能力和品德方面得到发展，尤其重视实践，重视培养人的判断力；伊拉斯谟将基督教教育与人文主义教育相结合，基督王子的教育代表了他的教育理想；康帕内拉重视社会教育、劳动教育、成人教育和终身教育，提倡直观教学法，太阳城的首领“太阳”代表了他的教育理想。以上教育家的教育思想是反映了人文主义的教育思想，既有对古希腊、古罗马教育思想的复苏和继承，又有对古典教育思想的发展，他们的教育思想体现了“全人”的教育理念。

（一）弗吉里奥

弗吉里奥（Vergerio，1349—1420），意大利人文主义教育家，也是第一个系统地阐释文艺复兴时期人文主义教育思想的人。他致力于古希腊罗马文化的研究，重视古典文化对人的完整性的强调。古希腊人的城邦教育，以培养德、智、体、美、劳全面发展的公民为宗旨，强调身心和谐发展，他们在日常生活的各种游戏和讲故事中逐渐学会阅读、书写、音乐、舞蹈、体育以及各种美德和行为习惯，以一种休闲的方式使身心得到和谐发展。弗吉里奥注释的昆体良的《雄辩术原理》广受重视，他的著作《论绅士风度和自由学科》受昆体良教育思想的影响，全面论述了人文主义教育的目的、方法和内容。他认为，人文主义教育应该是通才教育（或称“博雅教育”, Liberal Education），其目标在于培养全人。

通才教育（或博雅教育、文雅教育、自由教育）简介：

自由教育又称博雅教育，是西方教育史上历史悠久的传统，自古希腊开始，其思想与实践一直延续至今。自由教育被认为是唯一适合自由公民的教育，它的目的不是进行职业准备，而是发展人的各种能力达到一种完美的卓越，使人从无知愚昧的状态束缚中解放出来。只有当人将其原有的理性发展起来，才能真正具有自由。

自由教育的基本条件为闲暇和自由。这儿是进行高级思辨活动的前提，只有在此基础上，才有可能进行不抱任何功利目的的理性活动，自己思考问题而不受制于别人。

自由教育反对机械化和专业化的训练，反对片面的卓越以及专业的技能。它的教育目的是全面而和谐地发展人的理性和完美的才能。

自由教育的内容是那些不受任何功利目的影响的自由学科（Liberal Arts），如阅读、书写、音乐、哲学、几何、算术、天文、修辞、辩证法等。其中，最重要的是哲学，其次是音乐，它们是纯粹自由的学科。后来，自由教育的教学基本确定为以“七艺”（文法、修辞、辩证法、音乐、几何、算术、天文）为基础核心的课程。

自由教育的思想影响深远，成为其后人文主义教育与科学教育、普通教育与专业教育，以及某些新传统教育思想和保守主义色彩的教育思想的精神资源。[1]

弗吉里奥的教育观有以下特征：①重视儿童的教育。儿童的教育责任首先在于父母，父母应该使儿童获得正确的价值观、人生观，使儿童具有美德，因为这些思想将会对他们的一生产生影响。同时，国家和社会也应该为青年人提供适当的教育，他提倡以“人文学科”的教育培养青年，使其增长智慧。②通才教育重视知识、智慧以及才能的发展。通才教育的目标之一是使受教育者认识到人的价值以及作为全面的人的身心和谐发展。同时，全面的人强调人的尊严、人的价值，肯定人的个性，发掘人的潜力和才能。③通才教育要坚持道德教育，并将道德教育置于通才教育的首要位置。全面的人要理智、正义、勇敢和节制。④在教育内容上，以“七艺”为基础，但弗吉里奥更强调历史、伦理学和雄辩术的重要性。历史记录了人类的过去，为现在以及未来提供经验和借鉴。伦理学的学习有助于德性的培养，使人养成正确的行为方式。而雄辩术则是人进行公共生活不可缺少的能力，同时有助于锻炼人的逻辑能力和表达能力，是完人的素质之一。在“七艺”中，他认为文学具有基础地位，并可以细分为语法、写作、逻辑、修辞和诗歌等内容。弗吉里奥同时强调音乐和体

[1]　张斌贤主编：《外国教育史》，教育科学出版社 2008 年版，第 164 页。

育等科目对于塑造身心和谐的完人的重要作用。⑤弗吉里奥不重视绘画、法律和神学等科目，认为这些是职业性科目，与所要达到的通才教育关系不大。⑥弗吉里奥在强调文科学习的同时也重视自然科学的学习。⑦在教学方法上，弗吉里奥强调教师要根据学生的不同特性和爱好进行有个性的培养，为其选择适合的科目。他提出四种有效的学习方法：复习、讨论、教授和练习。复习的过程有助于加强理解和记忆，讨论有助于信息交换，教授则是传授知识，而练习则是对所学知识的巩固。同时，弗吉里奥认为，在教学的过程中要有张有弛，松弛有度，不至于使学生过于劳累，也不能使学生无所事事，以达到真正的身心和谐。[1]

弗吉里奥的《论绅士风度和自由学科》一书，全面阐释了人文主义教育的思想，一方面它复兴了古希腊罗马的教育理想，以实现身心和谐的全人教育为目标，有效地反抗了自中世纪以来以培养信徒为目的的基督教教育；另一方面，弗吉里奥也发展了古典教育理想，赋予其新的内涵，为通才教育发展奠定了理论基础。

（二）维多里诺

维多里诺（Vittrino，1378—1446），是意大利人文主义教育家，也是实践人文主义教育的第一人，并终生致力于通才教育，其所创办的宫廷学校“快乐之家”因其环境优美、师生关系融洽、学习氛围愉悦而广受推崇，在当时成为培养王公贵族的理想场所。在“快乐之家”，学生一般要经过 15 年左右的学习时间，从小学学习一直到大学。维多里诺的“快乐之家”是通才教育的典范，其目的是培养全人，即身心和谐发展的人或“受过良好教育的完全公民”[2]。“快乐之家”强调德、智、体三育并重，既提供广泛的人文主义课程，又有各种体育项目，如游泳、射箭、骑马等，以及各种有利于身心发展的游戏。因为维多里诺自身笃信基督教，其教学内容也包括神学。在教学方法上，维多里诺强调实用性，重视直观和活动，例如，维多里诺会组织学生到郊外游玩、散步，在娱乐的同时学习知识。同时，教学内容要与学生的身心发展相适宜，不能过于困难，否则不利于学生对于学习兴趣的培养。维多里诺重视学生个性的培养，给予学生更多的自治和自由。维多里诺的“快乐之家”重视道德教育，但他的道德教育是以宗教为模板的，提倡以宗教教育达到道德教育的目的。

---

[1] http://blog.sina.com.cn/s/blog_69b2f7290100qurx.html。

[2] 张斌贤主编：《外国教育史》，教育科学出版社 2008 年版，第 164 页。

维多里诺对教育的贡献体现在他能够将人文主义通才教育思想付诸实践，并取得了成功。他的教育思想和实践是一种全人教育的思想和实践，强调德、智、体全面发展以及身心和谐发展；既重视知识的传授，又重视实用性，是一种以培养整全人为目的的教育。

（三）拉伯雷

拉伯雷（Rabelais，1494—1553），是法国的人文主义教育家，其所著具有教育思想的文学作品《巨人传》通过主人公高康大接受教育的过程，讽刺了封建主义教育和经院主义教育的落后性，歌颂了人文主义教育的进步性。拉伯雷认为，教育的目的应该是培养学生具有广博的知识，强健的体魄，仁爱、正义、勇敢等美德以及自由的个性，这才是真正的巨人。同时，拉伯雷强调学习的实用性，强调所学知识在理解基础之上的实际运用，主张顺应自然的生活教育以及通过直观、参观、旅行、讨论等方式进行教学。拉伯雷的人文主义课程包括语言、文字、天文、法律、“七艺”以及自然科学等。

《巨人传》是一部讽刺意味极强的作品，是由许多“笑料”包装而成的。拉伯雷在《致读者》中告诫读者：

读者朋友读此书，
任何偏见不可有，
读时千万别恼怒：
书中无恶也无毒。
尽善尽美虽难求，
却可让你开口笑；
看你悲痛受折磨，
选材不忍加作料，
写哭不如写笑好，
因为只有人会笑。[1]

在这里，拉伯雷劝读者在阅读这部著作时要摆脱个人的偏见，并指明作者在写作中加入了许多“好笑”的材料，只从作者所列的一章章题目就可以体现出著作似

[1]　[法]拉伯雷：《巨人传》，杨松河译，译林出版社2003年版，第3页。

乎并不严肃，例如在第一部分“庞大怪之父巨人高康大骇人听闻的传记”中前五章的标题分别为“高康大家谱溯源”、“古墓中发现的《解读歌》”、“高康大如何在娘胎里呆了十一个月”、“佳佳美如何怀着高康大大吃肥肠”以及“醉话连篇”等。但又如作者在《作者前言》中所指出的那样，这些题目恰似一些珍奇的盒子，“只要打开这只盒子，你就可以找到无法估价的灵丹妙药：超人的悟性，高尚的美德，顽强的勇气，无比的质朴，安贫乐道，一诺千金，而对芸芸众生废寝忘食、东奔西跑、劳劳碌碌、漂洋过海甚至大动干戈苦苦追求的一切，则表现出难以置信的轻蔑”[1]。这就是《巨人传》中所要表现的主要思想：批判封建制度的黑暗，批判教会和教皇专制统治对思想的束缚，而要通过古代思想文化的复苏倡导以人为本的人文主义思想。这部著作表面上的花言巧语、奇谈怪论和插科打诨实际上是作者借以讽刺社会的手法，也即是那个“盒子”，盒子中装满了奇珍异宝。

在《巨人传》中，拉伯雷强调一种“巨人精神”，这种“巨人精神”实际上就是人文主义精神，又称作庞大怪主义（Pantagruelisme）。针对中世纪教会的专权和宗教神权所造成的精神荒芜，拉伯雷认为，只有强调以人为中心的人文主义思想才能解救人以及社会，才能解决人和社会对精神的饥渴。在教育方面，拉伯雷反对旧教育，提倡教育制度的改革。例如书中人物高康大的教育，首先是由顽固的神学家指导的，用陈旧的内容、落后的教学方法，将高康大教育成了循规蹈矩、呆头呆脑的书呆子。而后来，在人文主义教师的培养下，高康大实现了德、智、体、美、劳的全面发展。

在《巨人传》中，高康大自己的教育过程经历了从经院主义方式到人文主义方式的转变。首先，拉伯雷讽刺了家庭教育的不合格。高康大的父母每天在吃喝中度日，高康大小时候受父母的影响极深，“高康大从三岁到五岁，完全按照父亲的要求，受到哺养和教育，与当地的孩子一样生活着，不外乎是：喝呀，吃呀，睡呀；或者吃呀，睡呀，喝呀；或者睡呀，喝呀，吃呀”[2]。吃、喝、睡，拉伯雷三次强调、三次重复，突出了生活的腐败以及父母对儿童教育的失职。后来，高康大的父亲大古杰发现儿子聪慧，决心好好栽培，于是请了诡辩学大师，但诡辩师的教学方法死板而且成效极低，除了背诵、抄写之外缺乏讲解的内容，虽然高康大用功读书，埋头苦读，耗

[1] ［法］拉伯雷：《巨人传》，杨松河译，译林出版社 2003 年版，第 5 页。

[2] ［法］拉伯雷：《巨人传》，杨松河译，译林出版社 2003 年版，第 44 页。

时费力，但却长进很小，结果却变得“疯疯癫癫、呆头呆脑、糊里糊涂、傻里傻气了”[1]。本来聪明而机敏的孩子，却被教育成了傻子、呆子。于是，大古杰决心为儿子重新挑选教师，这次受教育的过程是典型的人文主义的教育。首先，人文主义教师让高康大与其他聪明才子接触，进行交流，启发他的才智，使他产生学习的强烈愿望，为着实现自身的价值而努力。其次，教师利用一切机会为他朗诵经书，解释书中疑难点。此外，人文主义教师让他经常复习、记忆和背诵，并使其能够理论联系实际。在教学方法上，采取外出郊游的方式，边欣赏自然边讨论。在教学内容上，除了谈论故事之外，还包括观测天文、了解医学、研究数学、学唱歌曲、练习书法、学习骑射等内容，使高康大一改在老学究的影响下呆板木讷的行为方式，而变得灵活变通。综观高康大所受人文主义教育的过程，具有以下几个特征：①时间安排合理。例如，朗诵经文、背诵诗文、体育锻炼、音乐学习等交替进行，使学习和娱乐结合起来，不至于使学习过于枯燥和乏味。②学习过程相对自由，主要由学生的爱好决定，但注重教师的引导过程。也就是说，学习的过程、学习的内容以及方式等都是出于学生自愿选择的结果，但是这种自愿的选择却离不开老师的引导。③重视复习，讲求实用。经过老师的讲解之后，学生在复习过程中要有自己的体会，可以和其他学生展开讨论，并且能够将所学知识运用于实际生活中。总之，高康大在人文主义教育的影响下成为了国家的栋梁之材。

《巨人传》中另一个体现人文主义教育的例子就是高康大所建的特乐美修道院。特乐美修道院不同于中世纪的修道院学校。首先，特乐美修道院不像其他修道院那样建立围墙，因为“院墙里面闲话多，前环后绕猜忌多，明争暗斗是非多”[2]。这几句话总结了中世纪修道院普遍的特征以及存在的问题。其次，修道院男女皆收，而且来去自由，进出自愿，毫无约束，不同于一般修道院强调禁欲与终身苦修等规定。最后，对于特乐美修道院的生活方式，最主要的特点是自由。高康大所制定的院规只有一条，“干你愿干的事”[3]。“他们爱什么时候起床就什么时候起床，吃、喝、拉、撒、睡、作、息，也都随心所欲；没有人来吵醒他们，没有人催他们吃喝，也没有人勉强他们干什么事情。”[4] 虽然这种规定表面上看起来好像有点儿过于放任，但

[1] ［法］拉伯雷：《巨人传》，杨松河译，译林出版社 2003 年版，第 56 页。
[2] ［法］拉伯雷：《巨人传》，杨松河译，译林出版社 2003 年版，第 158 页。
[3] ［法］拉伯雷：《巨人传》，杨松河译，译林出版社 2003 年版，第 170 页。
[4] ［法］拉伯雷：《巨人传》，杨松河译，译林出版社 2003 年版，第 170 页。

要知道拉伯雷在这里主要将特乐美修道院的生活方式对立于普通修道院的生活方式，进而揭露出普通修道院对人的禁锢，拉伯雷是借特乐美修道院的生活方式来倡导一种自由主义的生活方式。同时，这种自由主义的教育方式有助于培养人的自觉与自制。虽然特乐美修道院并无强行规定，但拉伯雷相信依靠人的自由本性和人天然向善的本性是可以养成正确的生活和行为方式的。同时，拉伯雷指出了特乐美修道院的理想景象：

> 男女修士们才高学博，见多识广，没有一个不会读，没有一个不会写，没有一个不会吹拉弹唱，人人能说五六种语言，写诗作文，样样在行。除了特乐美修道院，这样的骑士从来没有见过啊，他们个个文武双全，风流倜傥，走路腿脚快捷，骑马身姿矫健，精力充沛，生龙活虎，十八般武艺无所不通；也从来没见过这样的修女，她们是那样的纯洁秀丽，没有一点讨嫌的问道，她们心灵手巧，女红针黹样样精通，既贤惠，又自由。[1]

拉伯雷的教育思想所培养的“巨人”具有全人的特征——知识广博、体魄强健、品德高尚、个性自由，既有理论知识，又讲求实用。但“巨人”的培养离不开人文主义教育。拉伯雷用讽刺和对比的手法，揭示了中世纪基督教教育的缺陷，提出了一系列人文主义的教育主张和实践方法，有力地批判了封建制度以及教会和教皇的专制，促进了古代文化的复苏以及人文主义的发展。

（四）蒙　田

蒙田（Montaigne，1533—1592）是法国著名的散文家、思想家和人文主义教育家。同拉伯雷一样，他也反对经院主义教育，提倡绅士教育，他认为教育的目的是培养完整的人或完全的绅士，完整的人的特征是：“不仅体魄强健，知识渊博而实用，且通达世故人情，具有良好的判断力和坚忍、勇敢、爱国、忠君、服从真理、关心公益的优秀品质”[2]，是一种事业型的实干家。同时，完整的人身心和谐，且都得到了发展。蒙田以散文著称，在其三卷本的《散文集》中，主要论述教育的有《论学究气》和《论儿童的教育》。

在《论学究气》一文中，蒙田批判了当时社会中一些典型的学究气的人。他们

[1]　[法]拉伯雷：《巨人传》，杨松河译，译林出版社2003年版，第171页。

[2]　贺国庆、于洪波、朱文富主编：《外国教育史》，高等教育出版社2009年版，第103页。

往往自视清高、目无凡尘、自感良好，但却难以担任公共事务，平平常常，碌碌无为。蒙田认为，教育的真正目的是培养智慧，培养判断力以及认识事物本质的能力。知识重要，但智慧与判断力相对于知识更加重要。但当时的普遍现象是重视知识的增加，却对智慧和判断力有所忽视，“我们的父辈花钱让我们受教育，只关心让我们的脑袋装满知识，至于判断力和品德，则很少关注”[1]。“应该打听谁知道得更精，而不是谁知道得更多。”[2] 同时，蒙田批判学究们对于记忆的错误使用，他们对孩子的教学往往只重视死记硬背，而不注意理解力的培养，学究们并没有把知识装进脑袋，而只是衔在嘴里，并没有进行消化，然后再吐出来喂给学生，这样学生也得不到理解，并不能做到对知识的有效吸收。蒙田认为，在知识的学习过程中，应该把别人的东西变成自己的，有了自己的理解之后才会有真正的判断力。“肚子里塞满了食物，如不进行消化，不把它们转化为养料，不能用它们来强身健体，那有什么用呢？”[3] 只有将知识变成智慧，将知识转化为判断力，才算真正地学到了知识。学究们往往不知道自己在说什么，既听不懂别人，也让别人听不懂自己。他们是一些记忆力强但理解力又极弱的人。在蒙田看来，即使知识和判断力都重要，对判断力的重视也应该高于知识，“尽管学问和判断力都不可或缺，两者应该并存，但事实上，判断力要比学问更宝贵。学问不深，凭判断力照样可以断案，但反之却不行”[4]。例如在司法活动中，具有判断力的人要比仅仅具有学问的人更应受欢迎。知识和学问，最重要的是让我们具有判断力或思想。“知识如果不能改变思想，使之变得完善，那就最好把它抛弃。拥有知识，却毫无本事，不知如何使用——还不如什么都没有学——那样的知识是一把危险的剑，会给它的主人带来麻烦和伤害。”[5] 此外，除了对思想、智慧和判断力的强调之外，蒙田也强调善良的重要性，并将善良作为一门学问，置于任何学问之前。“一个人如果不学会善良这门学问，那么，其他任何学问对他都是有害的。”[6] 同时，也要培养学生贤达、公正、节制以及勇敢的品质。蒙田同时强调智育与体育的重要性，既不能过分关注知识的学习而忽略体育锻炼，也不能仅

[1]　[法]蒙田：《蒙田随笔全集》，潘丽珍等译，译林出版社 1996 年版，第 150 页。
[2]　[法]蒙田：《蒙田随笔全集》，潘丽珍等译，译林出版社 1996 年版，第 150 页。
[3]　[法]蒙田：《蒙田随笔全集》，潘丽珍等译，译林出版社 1996 年版，第 152 页。
[4]　[法]蒙田：《蒙田随笔全集》，潘丽珍等译，译林出版社 1996 年版，第 155 页。
[5]　[法]蒙田：《蒙田随笔全集》，潘丽珍等译，译林出版社 1996 年版，第 156 页。
[6]　[法]蒙田：《蒙田随笔全集》，潘丽珍等译，译林出版社 1996 年版，第 156—157 页。

仅把孩子培养成类似武夫一样的人，而忽视其知识教育。这样看来，在《论学究气》一文中，蒙田在批判学究式的教学方式的同时，提出了智育、德育和体育全面教育的主张。

在《论对孩子的教育》一文中，蒙田以向迪安娜·居松伯爵夫人致信的方式，讨论了关于教育和抚养孩子的问题，突出了孩子教育的重要性。首先，蒙田承认，教育和抚养孩子是困难的，因为孩子天性不同，而且嫩幼脆弱，有诸多的不确定性，因此，蒙田向伯爵夫人提出的建议是“既然教育孩子如此之难，我认为应该引导他们做最好最有益的事，不要过分致力于猜测和预料他们的未来”[1]。对于孩子的教育，选择什么样的教师是很重要的，因为教师对于孩子的塑造具有重要的影响，在《论孩子的教育》中，蒙田提出了一些对教师的忠告，对伯爵夫人选择家庭教师的建议为：

> 作为贵族子弟，学习知识不是为了图利（这个目的卑贱浅陋，不值得缪斯女神垂青和恩宠，再说，有没有利益，这取决于别人，与自己无关），也不是为了适应外界，而是为了丰富自己，装饰自己的内心；不是为了培养有学问的人，而是为了造就能干的人。因此，我希望能多多注意给孩子物色一位头脑多于知识的老师，二者能兼得则更好，如不能，那宁求道德高尚，判断力强，也不要选一个光有学问的人。[2]

在《论孩子的教育》中，类似于《论学究气》，蒙田再次强调了判断力之于知识的重要性，尤其强调道德的作用。蒙田反对灌输式的教育方式，反对鹦鹉学舌式的学习方法，而强调培养孩子的鉴赏力，以及识别、欣赏和选择事物的能力。在教学方式上，蒙田鼓励让学生讲解的方式，不应该只是老师一个人讲一个人想，也应该要求学生进行讲解，学生讲解的过程有助于其思考能力的培养。蒙田强调要根据学生的不同能力，决定学习的进度。“善于选择适当的速度，取得一致的步调，这是我所知道的最艰难的事。一个高尚而有眼力的人，就要善于屈尊俯就于孩子的步伐，并加以引导。”[3] 在教学上，蒙田强调了实践的重要性，教师在教学生的过程中，要锻炼学生举一反三的能力，能够将所学的知识运用于实际生活中，要学会生活。如果所学的知识不能经过消化吸收并有所运用的话，那样的知识在蒙田看来不值得学

[1] [法]蒙田：《蒙田随笔全集》，潘丽珍等译，译林出版社 1996 年版，第 165 页。
[2] [法]蒙田：《蒙田随笔全集》，潘丽珍等译，译林出版社 1996 年版，第 166 页。
[3] [法]蒙田：《蒙田随笔全集》，潘丽珍等译，译林出版社 1996 年版，第 166 页。

习的。与此同时，要学会对所学知识的怀疑。要培养判断力，首先要学会怀疑，而不是对无论什么知识都全盘照收。判断力是一种筛选、甄别和选择的过程，要学会区分，而区分的前提则是怀疑。在蒙田看来，具有判断力的结果就是能够就问题形成自己的看法。这种判断力是仅仅靠死记硬背一些知识，全盘照收的做法所不能达到的。“背诵了不等于知道，那不过是把别人讲的东西储存在记忆中。真正知道的东西，就要会使用，不必注意老师，不必看着书本。死背书本得来的才能，是令人遗憾的才能。”[1]

在《论孩子的教育》一文中，蒙田强调了与人交往的学习方式的重要性。这种交往可以通过周游列国、使孩子远离父母等方式实现。同样，在与人交往的过程中，蒙田强调要学会沉默以及谦逊，不能急于露才或过于表现自己，而更应该教育孩子注重自身修为。要让孩子在言谈举止中展现自己的道德和智慧，要以理性作为自己行为的原则，要培养诚实等品质。同时，蒙田强调好奇心的重要性，对于周围的一切人、一切事物都应该有疑问，都要问个究竟。同时，蒙田认为，与人交往不仅包括孩子周围的人，也包括历史中的人物。同时，在与历史中的人物、书本中的人物进行交往的过程中要有所批判、有所判断。蒙田认为：“人通过接触世界来提高判断力，使自己对事物洞若观火。我们每个人都囿于自己，目光短浅，只看见鼻子底下的事。”[2] 因此，只有将目光放远，将自己的视野放大才能看到更多的可能性，也有助于提高自己的判断力。蒙田希望以世界作为教科书，在认识世界的过程中，认识自我，培养自己的判断力。蒙田认为，学习知识的目的是要学会如何生活，七艺的学习也是一样，也应该教会我们如何生活。把学习限定在实用的范围内，是蒙田的主张。

蒙田批判当时社会上对于哲学的错误理解，认为哲学其实是一门使人快乐的学问，哲学有助于身心健康发展。“哲学确信能够平息人们内心的风暴，教会人们渴望欢笑，但不是通过某个假想的本论，而是通过自然而具体的推理。哲学以美德为宗旨，但美德不像学校里说的那样，种在陡峭崎岖难以接近的山峰上。相反，那些同美德打过交道的人，认为它栖身于肥沃丰饶、百花盛开的平原上，从那里，它对

[1] [法]蒙田：《蒙田随笔全集》，潘丽珍等译，译林出版社 1996 年版，第 168—169 页。
[2] [法]蒙田：《蒙田随笔全集》，潘丽珍等译，译林出版社 1996 年版，第 174 页。

下面的一切事物一目了然。”[1] 为什么要强调哲学，因为蒙田认为要学会如何生活是最重要的。蒙田强调哲学的学习，且认为哲学有适合于任何一个年龄段的人学习的内容，“孩子从吃奶时起，就能够接受浅显易懂的哲学道理，这比读和写更容易，哲学既有适合老叟的论述，亦有适合孩童的道理”[2]。在蒙田看来，学习哲学就是学会生活，因此他实际上主张教育即生活、学习即生活。“而我们的那个孩子，一间书房、一座花园、餐桌、睡床、孤独一人、有人相伴、清晨、黄昏，任何时刻都是他学习的机会，任何地方都是他学习的场所，因为哲学是他的主要课程，而哲学的独特禀赋就是无处不在，这就有利于培养他良好的判断力和习惯。”[3] 哲学是无处不在的，因为哲学就是学习生活，思考生活，而只要人活着也就是在生活着，因此也就需要哲学。除此之外，哲学有助于锻炼判断力和思维力，在生活过程中使判断力和思考力得到发展。“生活的艺术是所有艺术中最首要的，学会这一艺术要通过生活而非学习。”[4]

蒙田并不认为教育要有专门的场所，而是认为，教育可以随时进行，学习无处不在。“我们的课程仿佛是遇到什么讲什么，不分时间和地点，融于我们所有的行动中，将在不知不觉中进行。就连游戏和活动，如跑步、格斗、音乐、舞蹈、打猎、驭马、操练武器等，也就是学习的重要内容。”[5] 在无时无刻的教育过程中，蒙田想要塑造的是一个身心和谐发展的人，而不是将心灵与躯体分开的人。“我希望，在塑造孩子心灵的同时，也要培养他举止得体，善于处世，体格健康。我们造就的不是一个心灵，一个躯体，而是一个人，不应把心灵和躯体分离开来。”[6]

蒙田是一位重视实践的教育家，他认为实践比知识重要，做事情比只会说重要。“付诸实践的人比只知不做的人受益更多。”[7] 而在教育的过程中，在教给学生知识的同时，蒙田认为一定要能够将知识运用起来，而不是只会说。“知识应该同我们合二为一，而不仅仅是我们的房客。”[8] 蒙田的这种观点是针对学校教育尤其是以培

[1]　[法]蒙田：《蒙田随笔全集》，潘丽珍等译，译林出版社 1996 年版，第 179 页。

[2]　[法]蒙田：《蒙田随笔全集》，潘丽珍等译，译林出版社 1996 年版，第 182 页。

[3]　[法]蒙田：《蒙田随笔全集》，潘丽珍等译，译林出版社 1996 年版，第 183 页。

[4]　[法]蒙田：《蒙田随笔全集》，潘丽珍等译，译林出版社 1996 年版，第 187 页。

[5]　[法]蒙田：《蒙田随笔全集》，潘丽珍等译，译林出版社 1996 年版，第 184 页。

[6]　[法]蒙田：《蒙田随笔全集》，潘丽珍等译，译林出版社 1996 年版，第 184 页。

[7]　[法]蒙田：《蒙田随笔全集》，潘丽珍等译，译林出版社 1996 年版，第 187 页。

[8]　[法]蒙田：《蒙田随笔全集》，潘丽珍等译，译林出版社 1996 年版，第 199 页。

养雄辩家为目的的教育的，“那些学生花了同样多的时间只学习讲话。世界上尽是喋喋不休的废话，我从没见过有人说话比应该说的少，而我们的半辈子都是在说话中虚掷年华”[1]。在蒙田看来，语言技能不是问题，不存在不善表达或满腹经纶但就无法表达的情况，如果一个人真的有想法，有思想，即使是哑巴，也能通过面部表情表达出来。“这是因为他们的想法尚未成形，还在犹豫之中，理不清脑袋里想的是什么，因而也就表达不出来了：连他们自己都不明白自己。”[2]因此，重要的是思想，而不是语言的表达，雄辩家的教育，如果仅仅关注语言技能，而缺乏思想内容的话，在蒙田看来，就是一种失败的教育。蒙田认为，内容和思想比形式更重要，而华丽的辞藻不重要。蒙田认为思想和判断力胜于一切，因为有了独特的思想和判断力，就会成为好诗人、好的雄辩家。在演说辩论方面，“言语应为主题服务，紧跟主题，如果法语找不到合适的词，但愿在加斯科尼方言中能找到。我希望内容凌驾一切，听者听完后脑袋里充满内容，而不是词汇。无论是写在纸上的还是嘴里说的，我都喜欢朴素自然的语言，简短有力，饶有趣味，而不是精雕细琢，生硬苦涩”[3]。

对于语言的学习，蒙田主张要营造一个语言的氛围，同时提高学习者对语言的兴趣是很重要的。蒙田说自己从小学习拉丁语，家人及佣人为其创造了拉丁语的运用氛围。而在学习希腊语时，则将语言寓于游戏和练习之中，在玩的过程中学习语言，自己学习的欲望也很大。

蒙田的教育思想以培养整全的人为目标，使受教育的人在知识、能力和品德等方面都得到发展。蒙田反对学究气的人，认为他们仅仅有知识，而缺少智慧和判断力，这种智慧是一种实践的能力，因此，他认为实践要比纯知识重要，做要比说重要。蒙田倡导郊游式的和游戏式的学习，注重培养孩子的好奇心，重视引导孩子关注生活的重要性，同时他强调哲学在教育中的重要性，因为哲学就是学会生活，因为哲学能够增长生活的智慧，增强人的判断力。蒙田的教育思想是一座关于教育思想的宝库，对现代的教育仍然有诸多的启发作用。

（五）伊拉斯谟

伊拉斯谟（Desiderius Erasmus，1465—1536），是文艺复兴时期的人文主义者、

[1]　[法]蒙田：《蒙田随笔全集》，潘丽珍等译，译林出版社 1996 年版，第 188 页。

[2]　[法]蒙田：《蒙田随笔全集》，潘丽珍等译，译林出版社 1996 年版，第 189 页。

[3]　[法]蒙田：《蒙田随笔全集》，潘丽珍等译，译林出版社 1996 年版，第 192 页。

思想家、教育家和基督教神学家。他在《愚人颂》中批判了一些自以为是的聪明人，认为他们实际上是缺乏智慧的，是愚蠢的，并且伊拉斯谟赞赏了另一种“愚蠢”，一种看似愚蠢，实则是“大智若愚”，他倡导这种“愚蠢”，因为这种愚蠢是一种美德。在《一个基督教王子的教育》一书中，伊拉斯谟以基督教王子的教育为典型，系统阐述了教育的思想，其中最重要的是关于美德的培养。

伊拉斯谟是基督教神学家，同时也是一位人文主义者，他在重视宗教精神的同时，也强调人文主义精神的重要性。作为基督教神学家，他关注《圣经》的解读。当他从荷兰游历到巴黎、罗马等地时，他发现教会的黑暗，完全与《圣经》教义相违背。因此，他致力于《圣经》的翻译，寄希望于对《圣经》有个正确的理解。他所翻译的《圣经》对马丁·路德的宗教改革产生了重要影响。但与路德不同的是，他反对暴力对抗，而主张通过理性的批判和对《圣经》正确理解来教化民众的方式进行改革。这也体现出作为神学家的伊拉斯谟具有人文主义精神，“伊拉斯谟把人文主义的精神同神学研究结合起来；在神学中注入了‘人学’灵魂。这正是伊拉斯谟对待《圣经》的独特态度。这种精神在《愚人颂》中表现得最为充分”[1]。

在《愚人颂》中，伊拉斯谟讽刺了当时社会中诸多被追捧的人、看起来很智慧的人，包括文法学家、修辞家、逻辑学家、诡辩家、哲学家和神学家等。伊拉斯谟认为，实际上这些人并不是受智慧统治，而是受愚昧统治，愚昧实际上无处不在。他认为文法学家是故作聪明，吹毛求疵，长于舌战，而实际上则仅仅是愚蠢或者疯狂。诗人们也依赖于愚人，他们向愚人宣讲，他们的语言类似胡言乱语。修辞家们也受到批判。修辞家们无休止的争论和玩弄语言技巧的行为可以归于愚蠢。那些滥写的作家凭借在文章中的删减、补充、重写、改正等，虽绞尽脑汁，但写出的东西还是空洞的、令人烦扰的话。此外，还有逻辑学家和诡辩家，他们也如鹦鹉学舌一般，虽然滔滔不绝，但都是些喜欢争吵的人。此外，伊拉斯谟也讽刺了哲学家和神学家。哲学家空想宇宙和人世，但却对一些小事不甚了解。而神学家则以神学权威压制普通的人。这些“聪明人”太聪明了，以至于他们脱离了人性。[2]

在批判了上述诸种人的愚昧和所做的蠢事之后，伊拉斯谟也赞扬了另一种愚昧。这种愚昧是一种难得的糊涂，正如小孩的单纯，正如老人的安详。这种无知实际上

[1] [荷兰]伊拉斯谟：《愚人颂》，许崇信译，辽宁教育出版社2001年版，中译本序。

[2] 吴元训选编：《中世纪教育文选》，人民教育出版社2004年版，第86页。

给人带来的是幸福。“愚人”是大多数的人，是普通人，他们相对于“贤人”和“圣人”，他们并不宣称智慧，但他们实际上则是大智若愚，而所谓“贤人”（“圣人”）实际上则是“大愚若智”作为普通人的愚人，真实、讲真话，不像“贤人”那样无时无刻戴着一副假面具。此外，以“愚人”的心态，可以使人欢乐，感到幸福。“现在请你告诉我，你这聪明的愚人，你的心灵连续不断地遭受了多少烦事的侵扰，你一生中一切不顺心的事加起来有多少，然后你就会意识到，我为我的愚人们赶走了多少恶。”[1] 愚人的心态，使人不为功名利禄而坐卧不宁，不为修辞逻辑而绞尽脑汁，不为各种不确定而心生恐惧。因此，他们是快乐的，是坦然的，虽然看起来“愚”，然而是一种“大智若愚”。愚人，是朴实的人、诚实的人，也是讲真话的人。他们相对于“圣人”的勾心斗角、欺骗、阴谋诡计和恶，愚人的朴实、诚实和讲真话的精神才是社会所需要的。

伊拉斯谟批判教会，但他并不是反基督的人，恰恰相反，他是坚决要恢复基督的本来面目以及《圣经》真义的人。他认为，当时社会中的诸多表现，是扭曲《圣经》本义的。就像他的好友托马斯·莫尔一样，在伊拉斯谟的心中也有一个基督教的“乌托邦”，在这个乌托邦中，“人人都是‘愚人’，都同样属于‘人’（Human Being），都同样享有教养、真理、自由和平等，没有尔虞我诈，没有巧取豪夺，没有以强凌弱、以暴易暴”[2]。这是伊拉斯谟心中理想的基督王国。

在《一个基督教王子的教育》中，伊拉斯谟阐述了一个基督教王子应该具有的品性和应该受到的教育。他认为，一个王子应该具有智慧、公平、节制、远见和热心公共福利等品质。王子要能够以公共利益为重，而不考虑个人的私人利益。对于王子的教育，要在他小的时候就埋下道德的种子，播下有益的思想。如果能够碰到天性就有高尚品德的王子固然很好，但如果王子恰巧只具有中等才能，那么就要依靠教育来使其具有高尚的道德，因此王子的教师是很重要的。“一个国家的一切都归功于一个好王子。一个好王子的一切都归功于运用大的原则使他成为好王子的那个人。”[3]

在基督教王子的教育中，伊拉斯谟在强调从文本中得到的名言警句的作用的同

[1] 吴元训选编：《中世纪教育文选》，人民教育出版社 2004 年版，第 87 页。

[2] [荷兰] 伊拉斯谟：《愚人颂》，许崇信译，辽宁教育出版社 2001 年版，中译本序。

[3] 吴元训选编：《中世纪教育文选》，人民教育出版社 2004 年版，第 125 页。

时，也强调要让这些名言警句产生实际的效果，而且应该采取多种多样的途径，使它们对王子产生效果。“只是向王子交出一些箴言，限制他的不道德性为，或鼓励他上进，还是不够的，必须使这些箴言对王子发生深刻的影响。要把它们传授给王子，对他谆谆教诲，并且想方法使王子经常接触它们，时而用暗示，时而用寓言，时而用类推，时而用榜样，时而用格言，时而用谚语。”[1] 使用如此多样的方法，最终的目的是让王子能够通过多种途径，理解这些有关道德的名言警句，并能够在理解之后真正用于自己的实践当中。

此外，伊拉斯谟也强调因材施教。例如，在王子小的时候，应该用“有趣的故事，令人愉快的寓言和巧妙的比喻”[2] 对其进行引导，而在王子稍大的时候，则可以直接告诉他道理了。对于同一则寓言材料，伊拉斯谟认为，根据受众情况的不同，可以引申出不同的寓意。而在王子这里，则是根据王子年龄和心智的不同引申出不同的寓意。

伊拉斯谟以王子作为教育的对象来阐述理想教育的过程。其中，他最强调的是关于美德的培养。“应该首先注意使他嫌恶和回避道德性为中的奸恶，视其为最肮脏、最可怕的东西。”[3] 同时，应该使王子树立正确的价值观，例如，何为荣誉，何为价值。伊拉斯谟赞同柏拉图关于哲人王的说法，认为“如果你不是一个哲学家，你就不能成为一个王子；你将成为一个暴君”[4]。显然，哲人的品性也是一个王子应该具备的。但在伊拉斯谟那里，哲学家“并不是一个精通辩证法或伦理学的人，而是一个抛弃一切虚妄的假象，虚心寻求真理、追随真理的人。事实上，成为一个哲学家和成为一个基督教徒是同义语，唯一的区别是名称的不同”[5]。这里，伊拉斯谟显然还是以基督教的精神来教化王子，正如题目《一个基督王子的教育》所显示的那样，这个王子是一个具有基督精神的王子。基督的精神，在伊拉斯谟看来，包括有美好的品性、美好的行为、伟大、宽容、公正、仁慈、智慧，具有这样基督精神的王子实际上是在模仿耶稣。“在他内心情感上信奉耶稣并且用他虔敬的行动模仿耶稣，

[1] 吴元训选编：《中世纪教育文选》，人民教育出版社 2004 年版，第 128 页。
[2] 吴元训选编：《中世纪教育文选》，人民教育出版社 2004 年版，第 130 页。
[3] 吴元训选编：《中世纪教育文选》，人民教育出版社 2004 年版，第 131 页。
[4] 吴元训选编：《中世纪教育文选》，人民教育出版社 2004 年版，第 132 页。
[5] 吴元训选编：《中世纪教育文选》，人民教育出版社 2004 年版，第 133 页。

才是真正的基督教徒。”[1]

在对王子的教育中，伊拉斯谟强调，首先要重视理论知识，其次才是经验知识。“王子的教育首先授予其普遍的原理和概念，让他从理论而不是从经验去获得知识。”[2]这里所说，并不意味着经验知识不重要，而是指，王子不应该通过自己错误的经验来获得知识，因为作为王子，一旦有了错误，后果是很严重的，王子应该从其他人的错误中吸取经验教训，老年人（例如王子的导师）就可以告诉他不应该有这样的经验。王子不同于普通人，“要记住，对公民合适的，却不一定是你需要的。任何一点错误对王子来说都是可耻的。愈是众人体谅你，你就愈要严格要求自己。别人宽容你，你就要检查自己。当别人称赞你，你就要严格进行自我批判”[3]。

伊拉斯谟是一位兼具基督教精神和人文主义精神的教育家。虽然他是基督教神学家，但他也批判宗教社会的不良现象，例如他在《愚人颂》中批判了一些自以为智慧的人包括文法学家、修辞家、逻辑学家、诡辩家、哲学家和神学家等，又倡导一种简单、诚实、善良的“愚蠢”。《愚人颂》表达了伊拉斯谟想要建立理想的基督王国。《一个基督教王子的教育》则结合了伊拉斯谟的基督教理想和人文主义理想，主要体现在培养王子的品性方面，尤其重视美德的培养。伊拉斯谟的教育思想虽然培养的是具有基督精神的王子，但在基督王子身上也体现出人文主义精神，不可谓不是一种进步。

（六）康帕内拉

托马斯·康帕内拉（Thomas Campanella，1568—1639），意大利著名的思想家、教育家和政治活动家，早期空想社会主义的创始人之一，其著作《太阳城》通过朝圣香客招待所管理员和一位热那亚航海家的对话，抨击了当时意大利社会制度的种种弊端，他认为剥削社会的根源在于私有制。因此，他主张消灭私有制，建立公有制，以实现社会的公平正义。在他构建的理想社会“太阳城”中，政治上采用共和制度，人人平等；经济上财产公有，共同劳动，按需分配。同时，太阳城的居民过着自然而合乎道德的生活。此外，太阳城更寄托着康帕内拉的教育理想，也是一座“教育城”。

康帕内拉提倡普遍的社会教育，主张直观教学。儿童从出生到两岁由母亲抚养，

[1]　吴元训选编：《中世纪教育文选》，人民教育出版社 2004 年版，第 135 页。
[2]　吴元训选编：《中世纪教育文选》，人民教育出版社 2004 年版，第 138 页。
[3]　吴元训选编：《中世纪教育文选》，人民教育出版社 2004 年版，第 138 页。

两岁之后按照性别分别被带到男女教师处，和其他儿童一起学习。“他们共同学习各种科学。孩子们从两岁到三岁时就在房屋墙壁的周围游玩，并学习和读念字母。”[1]在太阳城六个城区的墙壁上画有各种知识的图表，并附有诗歌和散文形式的说明文字。例如，第一个城区的墙壁上画有数学图形、定理，旁边附有关于民族风俗、法律制度等的说明；第二个城区的墙壁上画有宝石、金属的图形，以及江、河、湖、海的图画及其说明；第三个城区的墙壁上画有各种花草树木，并附有其特征和性质的说明；第四个城区的墙壁上画有各种鸟类；第五个城区的墙壁上画着地上比较高级的动物；第六个城区的墙壁上画着各种手工业和关于它们的工具。[2]太阳城的大部分教育是通过这些壁画进行的直观式教育。太阳城的老师主要是讲解这些壁画的意义，这样的教学方式可以使孩子轻松地学习，进而掌握科学基础知识。稍大一点儿的孩子要进行体育训练，例如体操、跑步、掷铁饼等。

康帕内拉主张教育与生产劳动的结合。儿童从 7 岁开始了解各种手工艺，例如鞋匠、木匠、铁匠、面包师的手艺等。通过观察孩子对各种手艺的兴趣，最终确定一门手艺让孩子专门去学习。8 岁以后的孩子逐渐学习数学及各种自然科学知识，同时让他们到田野去观察和学习农业和畜牧业，学习农、牧业的知识与技术。太阳城的教育从小就让孩子养成了热爱劳动、尊重劳动的态度，“凡是精通技艺和手艺的人，凡是能很熟练地应用它们的人就会最受人重视和尊敬”[3]。

康帕内拉主张成人教育、终身教育。在太阳城中，每人每天最多工作四个小时，其余时间则被用来进行学习和娱乐。“其余的时间都用来愉快地研究各种科学、开座谈会、阅读、讲故事、写信、散步以及从事发展脑力和体力的活动，而且大家都乐意从事这一切活动。”[4]太阳城的居民热爱学习，渴望知识，不仅研究各种手工业知识，同时对各种抽象科学知识以及各地的风俗习惯、历史等也感兴趣。

康帕内拉反对中世纪经院哲学式的教育：

> 既然你们把那些精通文法或亚里士多德和其他某个作者的逻辑的人看作是最有学识的人，所以你的论据只对你们自己有效。这种贤明需要的只

[1] 吴元训选编：《中世纪教育文选》，人民教育出版社 2004 年版，第 505 页。
[2] 吴元训选编：《中世纪教育文选》，人民教育出版社 2004 年版，第 499—501 页。
[3] 吴元训选编：《中世纪教育文选》，人民教育出版社 2004 年版，第 506 页。
[4] 吴元训选编：《中世纪教育文选》，人民教育出版社 2004 年版，第 513 页。

是呆板的记忆力和使人们养成一种保守习惯的劳动，因为他们不去研究事物的本身，只是去读死书和研究事物的死的标志；既不懂得上帝用什么方法统治万物，也不了解各个民族的风俗习惯和自然界中存在着一些什么东西。……只从书本上研究某种科学的人，是一些外行和学究。能随机应变的有才智的人却不是这样做的，他们能接受各种知识，能根据大自然去了解事物。……我们的学生在一年内所取得的成就，比你们的学生在十年或十五年内所取得的还要多……[1]

康帕内拉主张智力的全面发展，而不仅仅是记忆力一个方面。智力因素有诸多方面，包括观察力、注意力、记忆力、思维力、想象力等。康帕内拉之所以反对中世纪经院主义式的教育，是因为经院主义教育过于刻板和教条，学习只是凭借记忆，死记硬背一些知识，而缺乏对知识的理解，更难有对知识的灵活运用。而康帕内拉则主张一种灵活的教育模式，这种教育能够从事物的本身出发，在真正理解事物的基础上能够联系不同的事物，这种教育要求培养学习者的观察力、注意力、记忆力、思维力、想象力等多个方面，而不是记忆力一个方面，因为仅仅有一个方面是不能够使智力得到全面发展的。

在康帕内拉的太阳城内，最理想的人是太阳城的首领“太阳”，首领“太阳”的特征，代表了康帕内拉的最高教育目的。“太阳”是一位“全才”：他了解各国的历史、风俗、法律和制度；他熟悉各种手工业；他懂得各种自然科学。“但人们对‘太阳’的要求主要的是要懂得形而上学、神学、各种艺术和科学的起源、原理和论证，万物的同异关系、世界的必然性、命运和和谐、万物和神的威力、智慧和爱、存在物的等级，它同天上、地面上和海中的东西以及神所理想的东西的类似关系；同时，他也应该懂得占星术和了解各个先知的情况。”[2] 由此可以看出，“太阳”是一位兼具理论智慧和实践智慧的人。

康帕内拉在《太阳城》中描绘了理想的社会，同时也寄托了他的教育理想。他提倡普遍的社会教育，主张直观教学；重视教育与生产劳动的结合；强调成人教育和终身教育。同时，他反对中世纪经院哲学式的教育，而提倡一种使智力得到全面发展的教育。太阳城的最高首领“太阳”是一位兼具理论智慧和实践智慧的人，是

[1] 吴元训选编：《中世纪教育文选》，人民教育出版社 2004 年版，第 507—508 页。
[2] 吴元训选编：《中世纪教育文选》，人民教育出版社 2004 年版，第 506 页。

教育的最高目的，也是一位“全才”。

三、文艺复兴时期的教育实践

前期的人文主义学校教育以意大利为典型。由于意大利的人文主义者多是王公贵族以及城市的当权者，他们意识到培养具有人文主义精神的新人的重要性，因此在各城市中广泛建立大学以及柏拉图式的学园和图书馆。在学校中主要教授拉丁文、逻辑学，培养学生的读、写、算能力。同时，意大利的人文主义者高度重视通识教育，学习古典文学和希伯来课程、神学和修辞课程等。“意大利继承了古罗马市民人文主义学校教育浓厚的世俗气息，以培养共和国自由平等的公民为宗旨。”[1]

后期的人文主义教育以法国、英国和德国为典型。法国的法兰西学院（College de France）重视古典文学和哲学，并设立关于拉丁文、希腊文和希伯来文课程和讲座，学习算术、医学等课程。而法国的居耶纳大学（College de Guyenne）则更趋综合。居耶纳大学在教学方法上也具有人文主义精神，注重教学过程中的互动与启发，并重视讨论。英国的人文主义教育主要以公学为主，公学重视古典学科，兴起了一股研究希腊文和教授希腊文之风，牛津大学和剑桥大学都有设立希腊文的讲座，并礼聘优秀教师。此外，英国的人文主义以培养道德为主要任务。而在德国，随着文艺复兴思想的传播，各大学也都引入古典文学，设立希腊文教席，开设诗学和雄辩学等讲座，同时，古代典籍的翻译也再一次兴起。

文艺复兴的主要思想是人文主义，表现在包括教育在内的各个领域中。这种人文主义思想体现在一切以人为中心，倡导人学、人权、人性，反对神学、神权、神性，与中世纪的封建文化、宗教思想和经院哲学是相对立的。“人文主义者要求重视现世生活，重视物质享受，要求发展个性，把人的思想和智慧从神学的束缚下解放出来。他们提倡个性反对神性，提倡人权反对神权，提倡个性自由反对宗教桎梏。”[2]人文主义是伴随着资产阶级的产生而出现并发展的，因此，有学者认为人文主义提出的以人为中心的思想是资产阶级的世界观，体现了资产阶级对自由和权利的要求，是与封建社会相抗争的体现。[3]姑且抛开人文主义思想的阶级性，其对人的强调，对人性、人权以及人的自由的倡导，具有进步的意义。

[1] 贺国庆、于洪波、朱文富主编：《外国教育史》，高等教育出版社 2009 年版，第 76 页。

[2] 吴元训选编：《中世纪教育文选》，人民教育出版社 2004 年版，第 9 页。

[3] 吴元训选编：《中世纪教育文选》，人民教育出版社 2004 年版，第 9 页。

第五章　近现代西方教育

一、近现代西方各国的教育目的

（一）英　国

近现代英国教育分为两个时期：17—18 世纪带有浓厚宗教色彩的教育和 19 世纪不断改革的教育。英国于 1688 年成立了资产阶级和贵族联合执政的君主立宪政权，使得英国的教育具有明显的等级和宗教色彩。17—18 世纪的英国教育主要沿袭了文艺复兴和宗教改革时期所形成的传统，国家对教育采取放任政策，教育受教会控制，学制具有明显的双轨制特征，并且通行初等慈善教育 [1]，以此扩大宗教势力的影响，培养有修养的温顺的教民。1870 年颁布《初等教育法》，1902 年设立国立中学，大学以传授“装饰性的”古典学科为主，排斥“实用性的”科学教育，固守经典学科并抵制现代科技教育的革新。英国的教育传统，曾被布赖斯委员会珍视为“自由、多样性和适应性”。但是现实的推演结果却是，“自由”通常意味着特权阶层对精英教育的独享；“多样性”意味着教育阶级和类型结构的阶级分化；而“适应性”则意味着迟缓的国家干预和统一管理的缺失。可以说，这种沿着社会阶级划分而发展起来的学校组织模式是维多利亚时期英国教育最显著的特征。

（二）法　国

17—18 世纪，法国政府对本国教育基本处于放任状态，所有的教育事务几乎都是由教会团体来管理和实施的，因此带有浓重的宗教色彩。各个教会创设学校是为了扩大自己的宗教影响，以及为教会培养神职人员和官吏。教会之间的竞争使得法国的教育得以发展。18 世纪中后期，法国涌现出像伏尔泰、卢梭、爱尔维修、狄德

[1]　朱家存、徐瑞主编：《外国教育史》，山东人民出版社 2008 年版，第 95 页。

罗等一系列具有创新意识的启蒙哲学家、思想家和教育家，他们自觉接受感觉论和人文主义思想，高度重视教育在人格养成和社会改良方面的重大作用。他们认为应该建立世俗化的没有阶级限制的学校教育制度，充分发挥儿童的主导作用，按照他们的天性进行教育。1789 年爆发的法国大革命激发了教育界的改革，一大批教育改革家提出了改革，强调人人都有受教育的权利，国家应该给予保障；强调教育与宗教分离及教育的世俗化；教育教学内容要实现现代化、科学化，加强教育与现实生活之间的联系。[1]

进入 19 世纪，第一帝国时期拿破仑政府决意要实现教育的中央集权，彻底全面控制国民教育，并使得教育服务于国家利益。拿破仑颁布了四部有关教育的法律，分别是《关于公共教育的基本法》、《关于创办帝国大学及其全体成员的专门职责的法令》、《关于帝国大学的政令》以及《关于帝国大学条例的政令》。这个时期的初等教育注重通过基督教教义的传授，向儿童灌输虔诚、服从的态度和基督教的价值观，并刻意压制儿童任何世俗野心的萌生。[2]

拿破仑第一帝国之后，政坛更迭，法国一共经历了包括复辟王朝在内的六大历史时期，最终在 19 世纪末期正式确立法国近代学校教育制度。[3]

（三）德　国

由于长期的封建格局和资产阶级革命，17 世纪德国的教育落后于英、法等国。18 世纪德国的教育在欧洲新思想的影响下有了一定的发展。19 世纪德国的教育发生了重大的变化，以柏林大学的建立为标志的德国古典大学观对欧美各国产生了巨大的影响。新大学提倡积极吸收最新的哲学和科学研究成果，提倡“教自由”和“学自由”，主张学生应该提高修养、尊崇纯科学，将修养、科学、自由、寂寞的理念植根于自己的学业当中。

二、近现代西方的教育实践

（一）英　国

近现代英国教育基本由以兰卡斯特—贝尔制（导生制）为代表的初等教育、以

[1] 贺国庆、于洪波、朱文富主编:《外国教育史》，高等教育出版社 2009 年版，第 153—157 页。
[2] 贺国庆、于洪波、朱文富主编:《外国教育史》，高等教育出版社 2009 年版，第 196—200 页。
[3] 贺国庆、于洪波、朱文富主编：《外国教育史》，高等教育出版社 2009 年版，第 201 页。

文法学校和公学为主要形式的中等教育以及导师制为主的高等教育构成。19 世纪初，受巴西多（J. B. Basedow，1725—1790）“泛爱主义”教育思想的影响，英国慈善教育进一步扩充，进入教育的“慈善事业时期”。在这一时期出现了一些新型的慈善学校，“导生制学校”就是其中的代表。兰卡斯特—贝尔制，又名导生制，就是教师在学生中选择一些年龄较大、学习成绩好的学生充任“导生”（Monitor），教师先对“导生”进行教学，然后再由他们去教其他学生。教学内容主要是阅读、教义问答、书写和计算等初步知识。这种教学形式是由英国非国教派传教士兰卡斯特（J. Lancaster，1778—1838）创立的，创始之初主要是为了解决贫儿学校因经费短缺所导致的师资匮乏问题。由于兰卡斯特—贝尔制既能节省师资、节约教育经费，又具备高效的特点，非常适合对当时的贫儿及童工实施初等教育的需要，因此在英国盛行了 30 年之久，并广泛流行于法、美、意、瑞士等国。[1]

1870 年英国颁布了《初等教育法》（*Elementary Education Act*），又称《福斯特法案》（*Foster Act*）。《初等教育法》的颁布“在英国教育史上具有划时代的意义。它标志着英国初等教育在经过漫长的民间‘自愿捐款办学’和‘民办公助’两个阶段之后，教会失去了对初等教育的垄断权，国民初等教育体系得以初步确立。但是，该法也是一个典型的妥协和折中的产物：原有的自愿捐办学校被原封不动地保留下来；公立小学只是在学校设置不足的地方得以建立；小学仍然属于一种终结性的学校教育，与中学之间没有任何的衔接与沟通；它使日后的英国初等教育形成了公立体制与民办体制并存的格局”[2]。

英国在封建社会就有中等教育的传统。与初等教育的慈善性质不同，中等教育主要是富家子弟的升学预备教育，用以培养贵族和高级僧侣子弟。产业革命以前，英国的中等学校基本上仍是从封建社会流传下来的文法中学（Grammar School）和公学（Public School）。

英国的公学由文法学校演变而来，是一种典型的贵族学府。其中，尤以伊顿、温彻斯特、哈罗、拉格比和威斯敏斯特等 9 所公学最为著名。学生一般在 8 岁左右进入寄宿预备学校（Boarding Prep School），13 岁左右进入公学，毕业生可以通过考试进入牛津大学和剑桥大学，最终进入宗教和政治界的领导阶层。19 世纪初期，

[1] 朱家存、徐瑞主编：《外国教育史》，山东人民出版社 2008 年版，第 97 页。

[2] 贺国庆、于洪波、朱文富主编：《外国教育史》，高等教育出版社 2009 年版，第 187 页。

公学学生大多来自地主和神职人员家庭，古典课程和贵族学风渗透着上层乡绅阶级的文化风尚，任何有关科学和职业等实用知识对这块经典圣地的渗入企图，都会遭到敏感而又强烈的抵抗。19世纪，促使公学改革的主要因素包括：公学本身守旧堕落的学风亟须纠正；中产阶级的崛起及其对实用知识的诉求；来自欧陆和美国经济的竞争以及国家的逐步干预等。但是，由于公学办学主体的独立性和经费的自愿捐助等特征，决定了公学的改革动力主要来自内部的自觉而非外部的施压。[1]

施鲁斯伯里公学率先提出如下改革措施：废止古典语文，改授历史和地理等“实用”知识；倡导学生自由阅读，不拘于课堂听讲；创设记分和考试制度，激励学生竞争上进等。其后，此公学又将法文、数学和体育竞技等引入学校课程。在诸多倡导改革的公学校长中，拉格比公学的校长阿诺德（Thomas Arnold，1795—1842）的影响最为深远，他针对当时学生中懒散和欺负等道德败坏现象进行整治，以改变师生间互相不信任和对立的局面，养成学生自理和自律的能力。他在课程中注入了新人文主义精神，改变了以往对古典语文咬文嚼字的教学方式，采取“能够激发学生自学和自我表达能力的教学方法，并且要照顾到每个学生的需求”[2]。经过他的改革，拉格比公学声誉剧增，并对其他公学产生了广泛的影响。

1864年，政府任命以汤顿为首的学校调查委员会（Taunton School Inquiry Commission），对900余所捐办文法学校进行调查。该委员会在1868年的报告中建议，按照当时不同阶层的需要，分别设立三个层次的中学：第一层次的中学以12—18岁的贵族和资产阶级子弟为教育对象，课程以古典学科为主，以升学为目的；第二层次中学以12—16岁的中产阶级子弟为对象，课程除拉丁语以外，还包括现代语、数学和自然科学等，以培养医务、工程和商务等领域的专业人才；第三层次中学主要以12—14岁的小资产者子弟为对象，如小农场主和小商人等，课程以英语、初等数学、自然科学、历史和地理等实用学科为主。[3]

英国近代高等教育始于1168年牛津大学的设立，1209年剑桥大学从牛津大学中分出。这两所大学“比英国国家还老”，主要教学内容是古典文科和神学。从17世纪末开始，受培根唯物主义哲学和牛顿科学成就的影响，这两所古典大学开始设立

[1] 贺国庆、于洪波、朱文富主编：《外国教育史》，高等教育出版社2009年版，第187页。

[2] H.C.Barnard, *A History of English Education from 1760*, University of London Press Ltd., 1961，p.78。

[3] 贺国庆、于洪波、朱文富主编：《外国教育史》，高等教育出版社2009年版，第189页。

自然科学讲座。19 世纪初，英国工业革命要求大学适应新的要求，在社会有识之士的推动下，英国开始了新大学运动。1828 年，伦敦大学学院应运而生，揭开了大学运动的序幕。在其带动下，19 世纪下半叶，城市学院纷纷成立，改变了英国高等教育的传统，使得科学开始进入高等教育的殿堂。[1] 大学推广运动的奠基人是剑桥大学的斯图尔特。他设想利用大学的师资优势创办一种巡回授课大学，在各地开设课程，扩大普通民众对高等教育的需求。1873 年剑桥大学采纳了他的建议，并在各地开设课程。此后，伦敦大学和牛津大学也先后开设此类课程。到 1890 年，该运动已经覆盖了全英格兰。1890—1891 年，牛津大学、剑桥大学和伦敦大学共开设了 457 门课程，其中 191 门是关于自然科学的，159 门是关于历史和政治经济学的，104 门是关于文学、艺术或建筑学的，3 门是关于哲学的。每门课程的授课时间一般是 6—12 讲，穿插有讨论课和总结课。通常，主讲教师给学生印发课程提纲、阅读资料和书面作业，通过结业考试的学生可以获得结业证书。[2]

（二）法　国

17—18 世纪法国的教育基本上处于教会的统治之下，带有浓重的宗教色彩。

法国的宗教团体为了扩大宗教势力的影响以及培养有教养的虔诚的教民，在法国封建专制政府的支持和默许下，几乎垄断了各地的初等教育。[3] 天主教会建立的“基督教学校兄弟会”是法国从事初等教育的主要力量。宗教教育是教学的主要任务，阅读、书写和简单的数学只是作为辅助学习而被教授。授课方式采用班级教学，并用法语进行教学。中等教育是一些相当于英国文法学校性质的中等教育机构，如胡格诺新教所创办的中级学校被称为学院，后来耶稣会举办的中等学校也被称为学院。学院学制一般为 7 年，开设拉丁文、希腊文、数学、逻辑学、古典文学（希腊文学和拉丁文学）、算术、几何、天文学等课程。学院里经院主义色彩极其浓厚，注重训练学生的语言和理智能力，但不注意学生现代科学文化素养和实际工作能力的培养。[4] 到 18 世纪中期，“耶稣基督圣乐会”取代了“耶稣会”，成为举办中等教育的主要力量。由于该派受笛卡尔理性哲学的思想，特别重视数学、历史、地理知识

[1] 朱家存、徐瑞主编：《外国教育史》，山东人民出版社 2008 年版，第 98—99 页。
[2] 贺国庆、于洪波、朱文富主编：《外国教育史》，高等教育出版社 2009 年版，第 192 页。
[3] 贺国庆、于洪波、朱文富主编：《外国教育史》，高等教育出版社 2009 年版，第 154 页。
[4] 贺国庆、于洪波、朱文富主编：《外国教育史》，高等教育出版社 2009 年版，第 155 页。

的教学，反对死记硬背，注重实物教学，强调学习本民族语言。[1]

而此阶段的高等教育处于教会统治之下，激烈排斥和反对新教徒。异教徒毕业时，不被授予学位。它还排斥和扼杀进步思想，提倡学习亚里士多德的著作，禁止学习和焚烧笛卡尔、卢梭等人的作品。[2]法国创办的最古老的最有声誉的大学之一即巴黎大学，在17世纪以后也由于被操纵在天主教徒的手中，办学思想比较保守陈旧，学校课程设置重视拉丁语、希腊语、拉丁文学、希腊文学等古典课程。17世纪以后法国资本主义经济的发展对高级人才的培养提出了新的要求，高等院校培养的人才既要具有良好的文化素养，还要掌握现代科学知识，具有解决实际问题的能力。一批具有实科性质的新型的高等教育机构应运而生，如法兰西科学院（1666）、巴黎路桥专科学校、皇家军事专科学校（1751）、矿业专科学校（1778）等。这一类专科学校的建立促使了法国传统古典大学缓慢地向实用化的方向进行变革。[3]

进入19世纪，法国的教育开始慢慢摆脱宗教影响，建立了拿破仑中央集权型教育体制，并在该体制的规范和引领下发展法国初等教育、中等教育和高等教育，最终构建起以双轨制为主要特征的近代学校教育制度。[4]

《基佐教育法》和《费里法案》的颁布实施使得初等教育较快地发展起来。1833年，七月王朝颁布实施了《初等教育法》（又名《基佐法》）。根据该法，政府与教会共同承担发展初等教育的任务；法国初等学校教育分两级实施，即初级小学和高级小学。初级小学的教育目的在于向学生传授基本的读、写、算知识，培养其法国国民意识、民族精神和必要的宗教观念，高级小学则在初级小学的基础上向学生提供职业课程的教育。[5]1881年，法国议会通过了《费里法案》（史称《第一费里法案》），确立了基础教育的免费原则，即“公立学校不再收取学费”。1822年议会通过《第二费里法案》，规定“宗教教育不再属于初等义务教育”。两部法案的实施最终确立了法国初等教育的“免费”、“义务”和“世俗化”三大原则。[6]“在有自由派新教徒跟随的朱尔·费里的影响下，一个真正的共和国初等公立教育体系业已确立。

[1] 朱家存、徐瑞主编：《外国教育史》，山东人民出版社2008年版，第106页。
[2] 朱家存、徐瑞主编：《外国教育史》，山东人民出版社2008年版，第107页。
[3] 贺国庆、于洪波、朱文富主编：《外国教育史》，高等教育出版社2009年版，第155—156页。
[4] 贺国庆、于洪波、朱文富主编：《外国教育史》，高等教育出版社2009年版，第196页。
[5] 贺国庆、于洪波、朱文富主编：《外国教育史》，高等教育出版社2009年版，第201页。
[6] 贺国庆、于洪波、朱文富主编：《外国教育史》，高等教育出版社2009年版，第202页。

这是一个经过长年深思熟虑的完整的教育体系。”[1]

19世纪中期，中等教育受到法国政府的高度重视。承担中等教育的主要机构是国立中学和市立中学。国立中学主要学习古典语言、历史、修辞学、数学和物理学基本知识，重视古典语言、文学与数学的教授，以此陶冶学生精神。实行寄宿制，学制6年，学生管理的军事化色彩鲜明。市立中学属于公立教育机构，由地方政府开办和管理，主要向学生提供古典语言基础知识、历史以及其他科目的基本知识教育，课程内容上注重体现世俗特征。[2]

19世纪的高等教育开始由中世纪大学的古典传统向专业化方向改革。“在大革命过程中，法国的大学一度被取缔，部分地为文理结合的中心学校代替了。拿破仑把一些高等学校合并在新的大学里，把它置于行政管理和监督之下，并使之承担国民教育的义务。”[3] 大学由法学院、医学院、神学院、文学院和理学院组成，主要为帝国政府培养领导人才和法学、医学专门人才。其中，文学院和理学院的主要职责在于考试组织、文凭发放、学位授予以及一定程度的补充性教学。法学院、医学院和神学院则为独立的专业性学院，是律师、医生、行政和财政官员的养成所。神学院的主要职责在于培养高级神职人员。[4] 其后，新组建的法国大学普遍设立理学院，重视现代自然科学教学，出现了设有文学院、理学院、法学院和医学院的综合性大学。神学院的地位大大降低，法学取代了神学，文科成为独立的专业。

（三）德　国

和英、法相比，德国的高等教育起步较晚。1694年，哈勒大学的创办标志着德国高等教育的新纪元，该校注重把哲学和自然科学的新成果引入到教学中，注重研究和自由辩论。“哈勒大学最初只有700名学生，但由于它抨击了传统大学的教育目的、教学方法和课程安排，同时又实际验证了这种抨击的正确性，因而学生人数

[1] ［法］让—皮埃尔・里乌、让—弗朗索瓦・西里内利：《法国文化史》，吴模信、潘丽珍译，华东师范大学出版社2006年版，第170页。

[2] 贺国庆、于洪波、朱文富主编：《外国教育史》，高等教育出版社2009年版，第199页。

[3] ［英］威廉・博伊德、埃德蒙・金：《西方教育史》，任宝祥、吴元训主译，人民教育出版社1985年版，第354页。

[4] 贺国庆、于洪波、朱文富主编：《外国教育史》，高等教育出版社2009年版，第200页。

激增。”[1]1737年，哥廷根大学成立了。该大学在继承哈勒大学办学经验的基础上，重视学校的图书资料和实验室建设，注重课程设置和内容的更新，把心理学、物理学、政治学、数学和应用数学等课程引入到大学的教学中，强点教学与实际相联系，教学与研究相结合，注重学生实际能力的培养。[2]1810年，柏林大学成立，“开启了普鲁士和德国，甚至于可以说整个欧洲高等教育的新时代”[3]。

1797年，普鲁士开始推行全面的教育改革。高等教育改革目标主要是取代传统大学，代之于培养医生、神职人员或教师的专业高等学校。[4]主管教育的大臣马索夫说：“学这种源于古代的机构不仅无法满足未来理论型学者在道德、科学和实际教育上的需求，也不适于培养对个人和社会生活均有用处的国家公民。……应当取消大学，只保留人文中学和培养医生、法官等的专业学院。”[5]

但随着1870年普鲁士大败于拿破仑，损失了7所包括哈勒大学在内的大学，国王批准洪堡组织建立柏林大学。洪堡把大学看作是民族文化最崇高的所在，从理想主义和新人文主义思想出发，认为将研究和教学机构分离和强调专业和实用性的教育，不利于人的发展和科学的发展。他主张保留传统大学的组织形式，且大学应脱离国库有独立的经济来源。在组织制度方面，新建的柏林大学与传统的大学并无区别。大学由传统的神学、法学、医学和哲学院组成；教师仍分正教授、编外教授和私人讲师；教授由政府所聘，有义务开设其专业的课程，私授讲师经大学允许可以开设课程；各学院正教授负责讨论决定本院内部事务，院长从他们中间自行选出；全体正教授组成校评议会，共同就全校性事务做出决策。[6]柏林大学赖以建立的这些指导观念和原则成为了著名的德国的古典大学观。

德国古典大学的核心概念包括修养、科学、自由和寂寞。修养是个人天赋完全的发展，是各种潜能最圆满、最协调的发展，最终融合成一个整体。科学，或者说哲学，

---

[1] [美]佛罗斯特：《西方教育的历史和哲学基础》，吴元训等译，华夏出版社1987年版，第334—335页。

[2] 贺国庆、于洪波、朱文富主编：《外国教育史》，高等教育出版社2009年版，第160页。

[3] E.R.Huber,*DeutsheVerfassungsgeschiteseit 1789*（《1789年以来的德国政治制度史》），Stuttgart 1957, Vol.1, p.287.

[4] 陈洪捷：《德国古典大学观及其对中国大学的影响》，北京大学出版社2006年版，第22页。

[5] 陈洪捷：《德国古典大学观及其对中国大学的影响》，北京大学出版社2006年版，第22页。

[6] 陈洪捷：《德国古典大学观及其对中国大学的影响》，北京大学出版社2006年版，第22—26页。

是从理性出发，研究统摄宇宙的法则和概念，高于经验科学，是真正的、绝对的知识。自由即学术自由，包括教学自由和学习自由，“对教师，意味着在其职业范围内有权讲授他所认为正确和好的内容，因为科学的真理非法律所裁决的对象；对大学生，意味着根据自己或得自他人的观点选择课程和选择教师的权利”。寂寞意味着摆脱功名利禄，潜心于不求事功的理性及学术活动。寂寞意味着精神的自由与独立，纷扰的社会生活会使人失去精神的独立性。总而言之，德国的古典大学观是为要构造出一种符合人文主义的修养理想和理想主义科学概念需要的新型高等教育机构，并为这种机构制定出来的一套价值体系。它为大学及其成员提供了极富吸引力、值得争取逼近的目标，并提供了通向这一目标的行为规范体系，因此产生了强大的社会动力。[1] 德国古典大学观对 19 世纪的德国大学产生了巨大而深远的影响。

德国大学中不同的学院受修养的观念的影响是不同的。哲学院是其最坚定的拥护者和实践者，最强调修养功能，而神、法、医三个学院则相对较多一些专业性教育的成分。历史学家艾尔万说：“四个学院中，医学院最先偏离一般性修养的观念，代之以一种宽广的医学、自然科学的基础知识，正如自然科学后来也致力于一种其共同的基础教育……，其结果出现了不同的修养观念，但哲学院的非自然科学部分仍坚定信奉最初的修养观念，法学院也以自己的方式保持着修养观念，其相当一部分课程仍面向非专业的、追求修养的学生。一些大学还要求各学院的学生都应学习有关的修养课程，如波恩大学法学院 1837 年的有关规定要求学生必须具有古希腊语、拉丁语及历史、哲学知识，或哈勒大学神学院 1832 年学生修习古典语文、哲学和历史方面的课程。从这些规定和措施可以看到修养的观念在当时的大学生中具有很强的规范力。”[2]

科学的突出地位，在大学中促成了浓厚的学术研究气氛和共同的学术规范，这对学者的学术工作形成了一种非制度性的控制因素，使得科学研究的成绩和能力成为衡量大学教师的唯一的标准。这种科学研究至上、质量至上的观念在教授的聘任标准上表现得尤为突出：“在选择教授人选时，起决定性作用的不是地区的考虑，不是同事个人的好恶，不是社会交往能力或口才的好坏，也不是笔头或教课的能力，

[1] 陈洪捷：《德国古典大学观及其对中国大学的影响》，北京大学出版社 2006 年版，第 49—67 页。

[2] 陈洪捷：《德国古典大学观及其对中国大学的影响》，北京大学出版社 2006 年版，第 69—73 页。

而是研究工作及其结果的独创性。”在授予大学执教资格时，起决定性作用的是申请人科学研究的水平和能力。包尔生对此做了精辟的描述：“德国大学对其教师的要求，最集中地表现在决定是否接受他们之时，即由各学院授予执教资格之时。接受与否的条件当中，首推科学研究的能力，其余皆为次要。大学执教资格条例不问候选者是否能强闻博记或善于表达，不问教授的技巧，唯看所交论文的学术内涵，以及从中反映出的独立研究的能力，面对全学院的两次与讨论结合的报告仅具附属性质，近来更是如此。此中反映出这样一种观念，只要你通过某项工作能够证明你具有做出原创性研究成果的能力，那你就具备了大学学者所应有的主要条件。广博的知识会随着今后教授整个学科的需要自然而至。能够独立发现新知识的人，自然不会缺少传授知识的能力。科学还意味着对世界的一种整体性把握，从事科学的目的在于将新的、具体的知识纳入到现有的知识体系中，所强调的是知识的整体性。但从 19 世纪 30 年代起，实证主义的科学观念兴起，科学开始日益分化和专业化，研究者在研究中已难以保持其对知识整体的把握。尽管如此，科学整体性观念对德国大学的学术传统影响极大，各个学科均很看重专业知识的广泛程度，所谓专家历来为人所蔑视。”[1]

三、近现代的教育思想家

（一）培　根

弗朗西斯·培根（Francis Bacon，1561—1626）是英国唯物主义哲学家、思想家和科学家，被马克思称为“英国唯物主义和整个现代实验科学的真正始祖”。他提倡近代自然科学和科学教育，认为“知识就是力量”。他强调道德实践活动、习惯、求知、社会环境对培养德性的影响；教师应注重启发、示范、直观演示，根据教材内容采取不同的教学方法，注重发挥学生的个性特长；学习者应当有思有疑，有探索精神，深入了解知识的来龙去脉；游历也应当作为年轻人教育的一种重要方式。培根认为国家应该慎重地选择教师，要通过建筑学术场所、印刷发行学术书籍、提高学者待遇的手段去办教育、办科学，而且要加强学术交流使得学校成为科学成果

[1] 陈洪捷：《德国古典大学观及其对中国大学的影响》，北京大学出版社 2006 年版，第 74—76 页。

的收藏地。[1]

（二）洛　克

约翰·洛克（John Locke，1632—1704）是英国著名哲学家、政治思想家和教育家，是17世纪英国著名的实科教育和绅士教育的提倡者。他的教育学代表作《教育漫话》在西方教育史上第一次将教育分为体育、德育、智育三部，并做了详细论述。它强调环境与教育的巨大作用，强调在体魄与德性方面进行刻苦锻炼。这些思想对西方近代教育思想，特别是对18世纪的法国教育家影响很深。

洛克最著名的教育思想就是其在《人类理解论》中提出的心灵白板说和在《教育漫话》中论述的绅士教育理论。在洛克看来，“知识不是天赋的”[2]，人心犹如一块白板，人的一切理性与知识都从经验中得来。“我们所有的知识都是建立在经验之上，而且最后是导源于经验的。我们因为能观察所知觉到的可感物，能观察所知觉、所反省到的内面的心理活动，所以我们的理解才能得到思想的一切材料。”[3]洛克的心灵白板说驳斥了法国哲学家笛卡尔主张的“天赋观念”，即人类最基本的知识或观念并不借助于感觉、经验而是与生俱来的、先天的或天赋的东西。

洛克在1693年发表了他的教育名著《教育漫话》，提出了有关教育作用、教育目的、教育内容和方法等的绅士教育的理论体系。洛克认为教育对培养人和社会发展起着巨大的作用。人生来就像一张白纸，所以在成长过程中人们的千差万别都是由他们所受的教育决定的。“我们日常所见的人中，他们之所以或好或坏，或有用或无用，十分之九都是他们的教育所决定的。”[4]在谈到教育对社会发展的作用时，洛克指出：“国家的幸福与繁荣也靠儿童具有良好的教育。”[5]

在《教育漫话》一书中，洛克明确提出教育的目的在于培养“绅士”，并详细地阐述了这种绅士所具备的素质和能力。洛克认为一个“有德性、有用、能干的人”必须具有“德性、智慧、礼仪和学问”这四种最基本的素质。这样的青年绅士不应该去学校受教育，而应该在家中由父亲本人或者聘请优良的家庭教师来培养。洛克坚持家庭教育而反对学校教育绅士的主要原因有以下几点：①在家庭中接受良好的

[1]　朱家存、徐瑞主编：《外国教育史》，山东人民出版社2008年版，第99页。
[2]　[英]洛克：《人类理解论》，关文运译，商务印书馆1981年版，第8页。
[3]　[英]洛克：《人类理解论》，关文运译，商务印书馆1981年版，第68页。
[4]　[英]洛克：《教育漫话》，傅任敢译，人民教育出版社1979年版，第4页。
[5]　[英]洛克：《教育漫话》，傅任敢译，人民教育出版社1979年版，第2页。

教育，能够避免受到邪恶社会的玷污，保持儿童的心地纯洁；②当时的文法学校只注重古典知识的教学，不注重道德和礼仪等方面的培养，不利于绅士良好素质的养成；③学校中众多学生的家庭背景、父母的人品与教养参差不齐，不利于青年绅士的德性砥砺、礼仪培养以及智慧和学问的增长；④青年绅士在上学过程中会经常与“下贱的仆人”混在一起，容易学到一些粗俗的言词，养成种种恶习。[1]

在绅士教育内容上，洛克全面提出了一个以实用科目为基础的课程体系，使得受教育者有能力处理公私事物、开拓海外、充实生活。首先，作为德育和智育的基础的体育受到了重视，他认为“只有拥有健康的身体才有健全的精神，这是对于幸福人生的一个简短而充分的描绘”。他说道：“我们要能工作，要有幸有福，必须先有健康；我们要能忍耐劳苦，要能出人头地，也必须先有强健的身体。”其次，智育也很重要，其在洛克的教育体系里的地位仅次于德育。在洛克看来，智育的主要任务是促进学生的心智发展而非传授知识。学习的根本目的在于增进心的活动与能力，而不是扩大心的所有物。后来西方教育理论中所表现的“形式教育目的”（着重发展智力）与“实质教育目的”之争，就是受到了洛克将智力发展与知识掌握割裂观点的影响。[2]在洛克的教育体系里，德育是最重要的。一个有教养的绅士最不可缺少的外在与内在的品质就是要有礼仪，他们必须培养理性、节制、善良、诚实、坦白、公正、智慧等德性，而这些德性是相比知识和强健的体魄更为重要的绅士的素质。

在道德教育方法上，洛克重视道德的“及早实践”，强调早期道德实践对于儿童道德发展的重要作用，反对对儿童进行道德说教和让儿童死记硬背道德规则。此外，他还特别强调榜样在道德教育中的重要地位；反对体罚，认为体罚只能培养儿童的奴性，使儿童养成怯懦的性格。[3]

（三）斯宾塞

赫伯特·斯宾塞（Herbert Spencer，1820—1903）是19世纪英国著名的哲学家、社会学家和教育家，是反对当时英国学校古典主义教育、提倡科学教育的主要代表人物之一。在其教育学代表作《教育论》中，斯宾塞认为要弄清楚各项知识的价值，

[1] 朱家存、徐瑞主编：《外国教育史》，山东人民出版社2008年版，第101页。

[2] 王天一、夏之莲、朱美玉：《外国教育史》，北京师范大学出版社1993年版，第266页。

[3] 朱家存、徐瑞主编：《外国教育史》，山东人民出版社2008年版，第102页。

然后依次制定合理的课程。他认为衡量知识价值高低的唯一标准就是“为完满生活做准备”，并按照重要程度将人类生活的主要活动分为五大类，而且提出学校应依据这五种活动对应地开设如下五种课程。第一类是生理学和解剖学，对应直接自我保全的活动，用于了解生命和健康的规律。第二类是语言、数学、物理、化学、生物学、天文学等，对应间接自我保全的活动，用于学习谋生的手段、发展生产和文明活动。第三类是生理学、心理学和教育学，对应养育子女的活动，用于培养父母的职责并了解儿童的身心发展。第四类是历史，对应维持社会及政治关系的活动，用于调节自我行动、履行公民职责。第五类是文学、艺术，如诗歌、雕塑、音乐等，对应工作之余的休闲活动，用于提高欣赏能力并享受完满的闲暇生活。

对斯宾塞来说，教学应该遵循如下原则和方法：①教学应符合儿童心智发展的自然顺序；②儿童所受的教育必须在方式和安排上同历史上人类文化的发展一致；③教学的每一部分都应该从实验到推理；④引导儿童自己进行探讨和推论；⑤注重学生的学习兴趣；⑥重视实物教学。[1]

（四）卢　梭

让·雅克·卢梭（Jean Jacques Rousseau，1712—1778）是法国伟大的启蒙思想家、哲学家和教育家，代表作为《社会契约论》和《爱弥儿》。他提出了“社会契约论”、“自然状态说”、“人性本善论”、“自然教育理论”等思想。《社会契约论》所表达的主要思想是：人是生而平等的，国家不是用来统治人民的工具。国家的产生是由于全体人民都让渡了自己的权利达成协议的产物，因此，国家的主要功能就是保证人民的自由与平等，维护全体人民的福利。如果人民的自由被国家强制剥夺，那么国家就违背了人民的初衷，在这种情况下，人民有革命的权利，可以通过暴力夺回自己的自由。[2]

人性本善论是卢梭社会发展观和教育思想的基石。在《爱弥儿》的开篇，卢梭说，“出自造物主之手的东西都是好的，而一到了人的手里就全变坏了”，又说“偏见、权威、需要、先例以及压在我们身上的一切社会制度都将扼杀他的天性，而不会给他添加任何东西”。[3] 在这本著作中，卢梭描述了一个尚未进入人类社会状态

[1]　朱家存、徐瑞主编：《外国教育史》，山东人民出版社 2008 年版，第 103 页。

[2]　朱家存、徐瑞主编：《外国教育史》，山东人民出版社 2008 年版，第 151 页。

[3]　[法] 卢梭：《爱弥儿》，李平沤译，商务印书馆 1996 年版，第 5 页。

的人类的自然状态。自然人与生俱来就有爱心和怜悯心。自然心事为了生存而具有的原始的、内在的、先于其他一切的自然欲念。它只涉及自我保存，本身并不邪恶，顺其自然就能发展为高尚的道德。怜悯心则是一种与受苦者产生共鸣的感情，他调节着人的自爱心，看到同类受苦就会有一种厌恶之情，总想帮其摆脱。但是，当社会出现后，私有财产和国家出现后，人性就败坏了。人类再也回不到那个自然状态了，在这样的社会条件下，如何实现人性的恢复从而实现社会的改造呢？这就是卢梭教育思想的起点。卢梭认为要让人具有了强健的体魄、独立的精神和坚定的道德的时候再让他进入社会。

卢梭主张学习的目的不是知识，而是求知能力。知识是一个无边无际的海洋，无法被穷尽，他明确提出："我的目的不是交给他各种各样的知识，而是教他怎样在需要的时候获得知识，是教他准确地估计知识的价值，是教他爱真理胜于一切。采用这个办法，我们的进步很慢，但决不会走一步冤枉路，决不会在前进不了的时候又不得不退回来重新学习起。"[1] 卢梭还强调践行道德的重要性。他反复声明要以行动而不是言词去教育青年，他们在书本上是学不到他们从经验中学到的东西的。正是因为做好事，人才变成了好人。因此，卢梭要求学生做他能理解的一切良好行为，要他把穷人的利益看作他自己的利益；要他不仅用金钱帮助他们，而且对他们表示关心；要他为他们服务，要他保护他们，为他们牺牲他个人的利益和时间；要他把自己看作他们的办事人；要求他终生都要担负这样高尚的道德职务。总之，通过扶弱济贫和扶危济困的行为锻炼坚强的道德意志。[2]

（五）狄德罗

德尼·狄德罗（Denis Diderot，1713—1784）是法国伟大的启蒙思想家、唯物主义哲学家及百科全书派的领袖。他编撰的《百科全书》、《俄国大学计划》以及《对爱尔维修〈论人〉一书的系统反驳》集中体现了他的教育思想。狄德罗认为教育在推动个人和民族发展方面有着重大意义，教育不仅可以提升民族的文明程度，使个性品质得到陶冶，同时还可以促进科学知识和工艺技术的传播。他严肃批驳了爱尔维修所提出的过于偏激的论断，即性格发展完全取决于环境、教育是人民之间差别的唯一根源等论断，他在充分考虑人的自然素质差异基础上所形成的教育功能观，

[1] ［法］卢梭：《爱弥儿》，李平沤译，商务印书馆1996年版，第283页。

[2] 朱家存、徐瑞主编：《外国教育史》，山东人民出版社2008年版，第149—164页。

更接近事物的真实。狄德罗提出教育一定要世俗化，交由国家管理。他呼吁国家广设学校，不分等级，实施强迫教育，使每一个人都学会阅读、书写和计算，同时，中学和大学也要向一切人开放。他呼吁中学应该削减古典教育的内容，大力加强实科教育，使中学生能掌握数学、物理、化学、自然、天文等学科的基础知识；在传统的大学类型之外，设立军事、工程、农业、商业、航海、政治、艺术等类型的高等专门学校，共同推进法国工农业生产的提高和科学知识的进步。在道德教育方面，狄德罗反对宗教神学的原罪说，坚持人性本善，认为良好的教育能够发展人性中善良的因素。学校教育应该注重培养学生积极的情感、自由的意识、正义与勇敢的品质等。[1]

（六）康　德

伊漫努尔·康德（Immanuel Kant，1724—1804）是德国著名哲学家和教育家，主要教育代表作是《论教育》。康德的教育思想主要包括人与教育、“道德人”的培育以及广义的体育。在《论教育》中，康德把全部教育分为体育、管束、训育和道德陶冶四个部分。康德十分关注教育与人的关系问题，认为教育是人类文化发展的结果，是人为的创造性活动。他高度推崇人性、人的尊严，充分肯定人的价值；认为教育必须去恶扬善，用理性抑制人性中的野性，进而发展人的自然天赋；强调只有通过教育人才能获得知识和道德，成为有道德、有理性的文明人。康德认为教育上最大的问题就是既要注意让儿童自然而自由地成长，又要让他们自觉地接受理性的导引。虽然自由是道德教育的最高目的，但学龄前儿童尚无道德意识，因此应加以“管束”和“训导”。管束带有强制性，训导为了使儿童达到“自律”。他认为宗教教育应放在道德教育之后；教师应对十三四岁的孩子适当进行性教育；提倡运用范例、格言、赏罚以及说理、行动等具体方式培养道德修养。康德将道德之外的部分称为广义的体育。强调有益的体育运动对发展儿童体力和感观的重要作用。[2]

（七）洪　堡

威廉·封·洪堡（Wilhelm von Humboldt，1767—1836），是德国新人文主义思想家、学者和政治家，以建立柏林大学而著称于世。洪堡从小接受人文主义的教育，

[1]　朱家存、徐瑞主编：《外国教育史》，山东人民出版社 2008 年版，第 146—147 页。

[2]　朱家存、徐瑞主编：《外国教育史》，山东人民出版社 2008 年版，第 103 页。

是卢梭、康德思想的追随者。成年后与席勒、歌德等人交往甚密，是当时德国人文主义的核心人物之一。[1] 洪堡与当时德国人文主义者一样，“都对思想塑造生活的力量和个人自我修养的能力有着共同的信仰，认为个人可以修养到自己的内心冲突得到克服而与同胞和大自然和谐相处的程度”[2]。

洪堡认为大学兼有双重任务，一是对科学的探求，二是个性与道德的修养，换言之，即“由科学而达至修养”。这里的科学指的是建立在深邃观念之上的纯科学，有别于自然科学，是能够统领一切学科的科学，也就是哲学。纯科学不追求任何自身之外的目标，只进行纯知识、纯学理的探求。[3] 科学的目的不在于满足实际的社会需要，而在于探索真理，洪堡说：“当科学似乎多少忘记生活时，它常常才会为生活带来至善的福祉。”[4] 他指出，大学应视科学为尚未完全解答之问题，因而始终处于探索之中。[5] 大学的立身之本在于把科学看作为尚未穷尽且永远无法穷尽的事物，并不舍地探求。[6] 而洪堡所谓的修养，是新人文主义的重要概念，指一种道德和人格上的境界。[7]

洪堡从新人文主义出发，认为修养，或者说通识性的修养是个性全面发展的结果，是人作为人应具有的素质，它与专门的能力和技艺无关。相反，任何专业性、实用性学习会使人偏离通向修养的正途。[8] 洪堡非常推崇希腊人有关人全面发展的观念，认为真正的教育就是个性的全面和谐的发展。教育不只是基本知识与技能的传授，而应唤醒人的潜力，使人在无法意料的处境中自由地做出决策与行动。这种教育不是有关职业的培训，而是有关“普通教育”的教养，是区别于职业教育的“人性的陶冶”。[9] 那么如何使人获得这种修养呢？洪堡认为唯有探求纯科学活动是达至修

[1] [英] 布洛克：《西方人文主义传统》，董乐山译，生活·读书·新知·三联书店 1997 年版，第 150 页。

[2] [英] 布洛克：《西方人文主义传统》，董乐山译，生活·读书·新知·三联书店 1997 年版，第 150 页。

[3] [德] 洪堡：《洪堡论人类学和修养》，法兰克福出版社 1984 年版，第 93—95 页。

[4] [德] 洪堡：《洪堡论人类学和修养》，法兰克福出版社 1984 年版，第 69 页。

[5] [德] 洪堡：《洪堡论人类学和修养》，法兰克福出版社 1984 年版，第 32 页。

[6] [德] 洪堡：《洪堡论人类学和修养》，法兰克福出版社 1984 年版，第 84 页。

[7] 陈洪捷：《德国古典大学观及其对中国大学的影响》，北京大学出版社 2006 年版，第 30 页。

[8] [德] 洪堡：《洪堡论人类学和修养》，法兰克福出版社 1984 年版，第 77 页。

[9] 贺国庆、于洪波、朱文富主编：《外国教育史》，高等教育出版社 2009 年版，第 228 页。

养的不二门径。洪堡说，纯科学是用于“精神和道德修养……天然合适的材料”[1]。

洪堡认为大学是从事纯科学的机构，其基本组织原则应该是寂寞和自由。洪堡认为对于纯科学活动，自由是必需的，寂寞是有益的；大学全部的外在组织即以这两点为依据。[2] 在大学之中，寂寞和自由……为支配性原则。[3] 大学应独立于国家的政府管理系统，“独立于一切国家的组织形式”[4]。国家有义务为大学提供经济和组织保障，但是不应该介入大学的任何科学的活动，否则，“会产生消极的作用，精神会为物所蔽，高尚会坠于粗俗”[5]。大学的教师和学生应甘于寂寞，不为任何俗物所干扰，不为政治、经济社会利益所左右。同时，大学也应该拥有自己研究与教学的自由，学生有学习和自主研究的自由，不应受到任何外在的干预。

[1]　[德]洪堡：《洪堡论人类学和修养》，法兰克福出版社 1984 年版，第 82 页。
[2]　[德]洪堡：《洪堡论人类学和修养》，法兰克福出版社 1984 年版，第 79 页。
[3]　[德]洪堡：《洪堡论人类学和修养》，法兰克福出版社 1984 年版，第 82 页。
[4]　[德]洪堡：《洪堡论人类学和修养》，法兰克福出版社 1984 年版，第 83 页。
[5]　[德]洪堡：《洪堡论人类学和修养》，法兰克福出版社 1984 年版，第 83 页。

第二部分　西方的通识教育：20 世纪至今

第六章　20 世纪以来的时代状况

通识教育（General Education）的理念在西方教育史上占有重要地位。通识教育的传统开始于古希腊柏拉图、亚里士多德时期“自由人教育”的思想，18 世纪末关于它的概念被提出，19 世纪逐渐成为教育学领域一个通用的术语，经过 20 世纪的研究与发展，通识教育与博雅教育（Liberal Education，亦称作自由教育）成为同义词，二者渊源深厚。20 世纪在罗伯特·M·赫钦斯、科南特、艾德勒、亚历山大·米克尔约翰、司各特·布坎南的推动下，美国率先发起了通识教育运动，倡导文雅教育和古典名著核心课程。1945 年由哈佛委员会编著出版的《哈佛通识教育红皮书》（*General Education in a Free Society*）将通识教育定义为“学生整个教育过程的一部分，该部分旨在培养学生成为一个负责人的人和公民”[1]。它既不是关于一般知识的空泛的教育，也不是针对所有人的普及教育。通识教育的课程应包括人文学科、社会科学和自然科学三大类。通识教育的目标在于培养“完整的人”，这种人具备四种能力，即“有效的思考能力，交流思想的能力，做出恰当判断的能力，辨别价值的能力”[2]。在此影响下，美国的通识教育改革在整个国家普及开来，声势浩大，并迅速引领了西方教育改革的潮流，通识教育理念和通识教育的实践在 20 世纪步入高峰时期。

一、时代背景

20 世纪的历史是整体世界的历史，其主线是现代化。现代化广义上来讲指工业革命以来由现代工业、科学、技术和信息带来的生产力引起社会生产方式的大变革，由传统的农业社会向现代工业社会、信息社会转变，第一次工业革命奠定了现代化

[1]　哈佛委员会：《哈佛通识教育红皮书》，李曼丽译，北京大学出版社 2010 年版，第 40 页。
[2]　哈佛委员会：《哈佛通识教育红皮书》，李曼丽译，北京大学出版社 2010 年版，第 50 页。

的初级阶段。20世纪经历过第二次和第三次工业革命，将现代化推向高潮。第二次工业革命虽开始于19世纪70年代，却延续到20世纪前期，以电力的广泛应用为标志，电力工业和电气制造业迅猛发展，人类进入“电气”时代。其影响是，生产力迅速提高，推动了西方资本主义经济的发展；资本主义世界市场最终形成，主要资本主义国家进入帝国主义阶段并加紧对外侵略扩张、瓜分世界，殖民体系在全球建立，世界各地的联系更加紧密。第三次工业革命于20世纪四五十年代开始至今仍在经历，以计算机、原子能、生物工程和航天技术的发明与应用为标志，是一场关涉信息技术、新能源技术、生物技术、空间技术和海洋技术等众多领域的全球范围内信息控制技术革命。其影响是人类社会生产力空前发展，劳动生产率大幅提高，促进了全球经济结构和生活结构的变化，引起国际经济和政治格局的新调整；同时新科技的普及与运用使人们的生活方式、思维方式、劳动方式和行为方式趋于现代化，其中电子计算机和众多“人—机控制系统”的发明与广泛使用，使生产自动化、办公自动化和家庭生活自动化成为可能。

在现代化的时代背景下，人类社会发生了一系列重大变化，给教育提出新的要求与挑战，教育的现代化在20世纪得到深入发展。新科技突飞猛进并渗透到日常生活的每一个角落，信息社会悄然逼近，人类社会正处于信息爆炸、知识爆炸的年代。生产劳动的智力要素日益显著，生物工程、微电子技术、合成材料等新产业、新工种纷纷出现，对就业者提出更高的要求。传统的就业格局与职业类型逐渐转变，职业的流动性、可变性、精细化特征明显，就业压力也日益成为20世纪各个国家的突出问题。在全球化的趋势之下，文化的多样性既丰富了地域文化，也给传统道德观、价值观、信仰与行为方式带来挑战。20世纪的人口结构发生了历史性变化，人口的绝对数量达到历史最高并步步攀升，目前世界人口已超过70亿，传统受教育对象，青少年的数量随之增加，绝大多数国家人口的文化程度不断提高，城市人口增长快速。物质生活的充裕与富足对精神生活提出更高要求，精神贫乏、失落、失常的现象不断蔓延。资源的枯竭、生态的恶化、环境的污染使得人类生存处于令人担忧的时期。这一切既给教育带来新的机遇，也冲击着传统的教育模式与教育思想，教育的现代化已成为20世纪至今势不可挡的趋势。计算机、电影、电视等多媒体网络技术被广泛运用到教学中，“过去的教学法规则和曾被视为神圣的正统课程似乎已成为一种残存旧物”[1]，曾经在学校奉为经典的教学方法和核心课程受到冷落和漠视，“新的学习项目受到重视，新兴的学科和科目为人们提供了新的见识”[2]。一方面教师已成为一批具有良好组织和专业化的职业教师，另一方面由于服务性职业需求的扩大，“那些曾经被招募到教育行业中的有才干的人和曾经被授予教师职位的人，明显地转向其他职业”[3]，虽然学校对教师的需求较之前任何时候都大，而现代化教育技术的发展实际对教师的要求也越来越高。教育改革紧跟时代的步伐，素质教育、人文教育不断惠及每一位学生。环境优美的校园、现代化设备齐全的教学大楼、条件舒适的校舍等设施为教育提供了坚实基础。

二、主要教育运动及教育思想

（一）欧洲新教育运动

新教育运动是19世纪末20世纪初出现在欧洲各国的教育改革运动，这场教育改革运动主要是针对欧洲原来占统治地位、历史悠久的传统教育思想、理念和方法难以满足快速发展的时代要求这一矛盾。它最早开始于英国，1889年，被称为“新教育之父”的英国教育家雷帝创办了欧洲第一所新学校，即艾伯茨霍姆学校。随后，这种教育运动扩展到欧洲其他国家，如德国、法国、比利时、瑞士、荷兰及奥地利等国家，并成立了“国际新教育协会”，制定了“新教育原则”，全面实行教育改革，以适应当时社会经济和政治发展的需要。新教育承袭了古典自由教育思想，并给予发展。自由教育思想最早是由柏拉图和亚里士多德提出的，文艺复兴时期在人文主义精神的推动下丰富了其意义。到18世纪后，以卢梭为首的启蒙主义者进一步将其发展为自然主义教育观。20世纪初，新教育的倡导者们将卢梭的自然主义教育观与生物学原理相结合，发展了卢梭自然主义教育观里自由主义的部分而形成新教育运动的思想。新教育运动的代表人物有英国的塞西尔·雷迪、德国的舒尔曼·利茨、意大利的玛利娅·蒙台梭利、瑞典的爱伦·凯、法国的德莫林、比利时的德可乐利等。

[1] ［英］威廉·博伊德、埃德蒙·金：《西方教育史》，任宝祥、吴元训译，人民教育出版社1986年版，第405页。

[2] ［英］威廉·博伊德、埃德蒙·金：《西方教育史》，任宝祥、吴元训译，人民教育出版社1986年版，第405页。

[3] ［英］威廉·博伊德、埃德蒙·金：《西方教育史》，任宝祥、吴元训译，人民教育出版社1986年版，第405页。

新教育运动的理论和实践对后来世界的许多国家，特别是欧美的教育理论和实践的发展产生了深远影响。

19世纪末20世纪初，由于第二次工业革命的推进，大大地解放了生产力，使西方资本主义得到快速的发展，并进入垄断时期。新的社会经济和政治状况不仅需要高级的管理人才和技术人才，还需要具有首创精神和有能力开拓资本主义事业的人才。而传统的贵族式学校教育只重视书本知识，不重视个人的特点和自由，培育出来的人才已经不能满足要求。正如"新教育之父"雷迪所说，当时的教育只为过去造人，不为现代造人。

新教育运动的产生不仅有其特定的社会和教育的现实背景，而且有当时科学技术进步的原因，例如新教育运动的倡导者们提出的自由教育观是建立在生物学本能说的基础之上。本能说认为有机体是按遗传确定的规律来发展的，在此基础上，新教育运动的主要代表人物蒙台梭利认为，儿童的生命潜力是通过自发的冲动表现出来的，这种冲动的外在表现就是儿童的自由活动。儿童在身体和精神上存在着各种积极的内在力量，这就要求现代教育必须服从儿童本性的自由发展。

另外，新教育运动是通过继承和发展自由主义的教育传统特别是卢梭的教育思想而产生和发展起来的。卢梭为了培养一种适应资产阶级革命运动所需要的人才，提出了一整套遵循自然的教育原则和方法，并发展了一整套与之相应的教育观和教育理论。他认为，教育要按照儿童的特点发展儿童的个性，而这种个性只有在"自然的环境"中，通过儿童的"自由"活动才能获得。新教育运动的倡导者通过把卢梭的自然主义教育与生物学的原理相结合，并进一步发展了卢梭教育思想中的自由主义的一面，发起了这场新教育运动。

新教育运动对欧洲教育行业产生了巨大的影响，在这次运动中成立了许多革新教育的新学校，并涌现出了一大批革新意识的教育理论和教育实践家，而他们的出现又进一步推动着新教育运动的发展。在批判传统教育的基础上，新教育者们重新认识教育目的，对教育内容、教学原则提出了一系列革新观点。

新教育运动批判了传统教育只重视书本知识，不重视个人的特点和自由，对其批判主要包括三个内容：传统教育中的主智主义；理论与实际、教育与生活相脱离；教育体制僵化。首先，主智主义强调智力、智慧和理性发展，认为知识和智慧可以解决一切问题，对情感、意志等非智力因素的作用不加重视。新教育思想反对把智力和人的其他方面的能力，尤其是情感、意志、态度等非智力因素割裂开来。认为传统教育中过于重视知识的传授和技能的训练，有违于人自身的发展。其次，新教育思想认为，传统学校的教育目的、教学内容、课程设置等已经不能符合现代社会发展的需要，脱离学生的实际生活。最后，新教育思想认为，传统学校中的班级授课制、教学大纲、教师权威等跟不上时代发展的要求，越来越压抑学生的个性和活力，阻碍其自然、和谐、健康成长。

在教育目的上，新教育运动十分重视学生的主体地位，提出学校教育目的在于促进个体的自由发展、身体和心灵健全发展以满足现代社会和时代的要求。蒙台梭利就指出："真正的、科学的、教育学的基本原则是给学生自由。教师应遵循儿童身心发展规律，给儿童创造良好的环境……在自由活动中，儿童体验到自己的力量，这正是激励儿童发展的最大动力。"[1] 爱伦·凯主张用卢梭的自然主义教育观改造传统教育，倡导培养"身心健全、自由独立和富有创造精神的新人"[2]。

在教育内容上，针对传统学校教育内容不符合现代社会发展的需要，新教育思想主要强调了四点：①学校应开设为现代社会所需要的科学知识课程，取代近代教育中盛行的形式训练。②应注重手工和劳动的教育，新教育思想认为，在机器化的工业时代进行手工、劳动有助于使学生通过手工劳动和体力劳动，获得全面的发展。③学校应重视职业、技术经验，不应过于理论化，开设部分课程提高学生对未来所从事职业的认识。④学校应陶冶学生的秉性，重视德性培养。阿伯茨霍尔姆学校是实践这种教育内容的典型代表。该学校由雷迪创办，其作息时间安排为：上午学习功课；下午进行户外实践和体育活动；晚上安排娱乐和艺术鉴赏。学校课程包括智力课程、社会教育、手工劳动和体育课程、文学和艺术课程、道德和宗教教育。

就教学原则而言，自由是新教育思想的基本原则。新教育运动强调在教学过程中应充分尊重学生，重视学生的个性自由，以培养学生健全的自由意志和人格。新教育运动倡导者们对传统学校束缚学生个性和兴趣十分不满，主张要为其创造一个自由活动的环境，使学生能根据自己的内在需要自由活动。他们还鼓励学生积极参加丰富多彩的实践活动，锻炼自我，在活动中主动学习，改变被动学习的状态。同时，他们主张教育与生活相联系，学校应开设一些反映现代社会的课程。因而，在教学

[1] 黄志成主编：《西方教育思想的轨迹》，华东师范大学出版社2008年版，第25页。

[2] 朱家存、徐瑞主编：《外国教育史》，山东人民出版社2008年版，第219页。

的组织形式上，新教育思想更加重视个别化或者个性化的教学组织形式。教师应从传统教育中的权威主体转变为学生学习和生活的指导者，引导他们身心健康的自由发展。

新教育运动是一场教育革新运动，对欧洲乃至世界教育的发展都产生了巨大而深远的影响。在对传统教育的批判和反思的基础上，废除了古典的传统教育体系，并创办了各种类型的“新学校”，提出了一系列新的教育主张、思想和理论，推行了一些新做法。如要求学校根据社会的变化，为学生的个性自由、完善和发展创造条件；学校课程应更多地反应现代社会的实际；开设了近代语、农艺、手工劳动等课程，全面地实行教育改革等。各国新学校的创办者以极大的勇气和魄力进行了广泛而有深入的教育实验，为现代教育的发展提供了一种实践模式。

（二）进步主义教育思潮

进步主义教育思潮是19世纪末20世纪上半叶在美国流行的一股强劲的教育思潮，其规模和影响对推动美国20世纪的教育改革乃至整个西方的教育革新具有不可替代的作用。进步主义教育思想来自于四个方面：①经验主义教育思想。经验主义是17—18世纪发源于英国的一种哲学，代表人物有约翰·洛克、乔治·贝克莱和大卫·休谟等。他们认为知识来源于经验，提倡实验、观察和归纳的科学方法。进步主义教育思想吸收了该观点，认为“知识起源于经验，经验是人与外界的交往和行动相互作用形成的”[1]，从实际经验中收获的知识才是有效、真正的知识。因而进步主义教育思潮鼓励学生在教育中参加各种社会实践和活动，在此之中发现问题、解决问题从而获得经验。②卢梭的自然主义教育思想。卢梭对专制主义和封建主义深恶痛绝，追求独立与自由。他反对“原罪说”，认为人性本善，人的自由和平等在自然状态中才能实现，自然的东西才是合理的、美好的。而不合理的社会制度、教育制度、传统教条和人为破坏有违人的天性，禁锢了人的自然和自由发展。在此基础上进步主义教育思想主张教育要根据学生的自然生长阶段和个性特点，顺应学生的自然心理，采用启发式、问答辩证式的教育方法。给学生充分的自由和空间，培养学生的独立精神和自主能力。③达尔文的进化论思想。进化论的主张之一是“物竞天择，适者生存”，认为生物之间存在竞争，能适应环境变化的才能生存下来。

[1] 徐辉、辛治洋：《现代外国教育思潮研究》，人民教育出版社2007年版，第3页。

因而，进步主义教育思想强调教育要与社会生活一致，紧跟时代的变化与要求，根据学生的发展水平，培养学生的技能和生存本领，使其能适应不断变化的社会。同时，倡导学生积极参加社会实践活动，在社会的舞台中学习知识、运用知识、锻炼自我从而提高个人竞争力。④实用主义教育思想。其代表人物是约翰·杜威，他将实用主义教育哲学的教育本质观归纳为三个方面：A. 教育即生活，指教育要与社会生活、学生的生活相联系。传统教育脱离社会生活与学生的现实生活，实用主义倡导教育本身是一种社会生活，而不是谋生的手段，其目标在于启发学生更好地理解生活，寻求过上美好生活的知识与技能。B. 教育即生长，教育伴随儿童成长，满足不同儿童不同阶段的需求，因而教育必然是一种持续不断的过程。教育的目的在于教育过程本身，面向儿童生长的教育，是对儿童身体、知识、能力、技能和德性等全面素质的教育，针对人本身的发展而言。C. 教育即经验的改造，杜威认为真正的教育在经验中进行，以获取经验为目的。教育是“个体经验的积累、发展与改造”[1]，经验的改造包括知识的积累和学生综合素质的全面发展。经验不是抽象的理性经验，而是立足于当下的生存经验、生活本领和生活智慧等。

进步主义教育思想 19 世纪末 20 世纪初在美国出现，到 20 世纪 50 年代才渐渐衰退。随着西进运动的结束，到 19 世纪末 20 世纪初美国的疆土扩大了两倍半，人口迅速上升，对教育提出新的要求，亟须一种本土化的教育思潮。其次，20 世纪初美国城市化进程推动了大量农业人口向城市转移，而当时社会生产力的发展使劳动者的生产活动由体力型劳动转向技术型生产劳动，对劳动者的要求大大增高，教育处于变革的紧急关头。同时外国移民大批涌入，既给美国社会注入了生机，也引发了许多政治、宗教、文化、就业等社会问题，能否使教育平衡这些矛盾成为大家关注的重点。最后，19 世纪末 20 世纪初美国教育状况令人担忧，教育体制僵硬、学生入学难、师资水平差、教学方法陈旧日益引起人们的关注，进步主义教育思潮在此背景之下产生。从一定程度上讲，进步主义教育思想的出现和发展，标志着美国教育摆脱欧洲传统教育模式开始形成自己的教育特色。

进步主义教育思潮的发展是曲折的，并非一帆风顺。首先，进步主义阵营内部人才很多，百家争鸣，观点不一，没有一个稳定的行动纲领与理论体系；其次，它又受到不同思想流派的攻击。

[1] 唐爱民：《当代西方教育思潮》，山东大学出版社 2010 年版，第 165 页。

一般来说，进步主义教育思潮经历了如下四个发展阶段。

（1）形成阶段。1875年帕克以昆西市督学名义进行的昆西教学法实验和1919年进步教育协会的创办标志着进步主义教育思潮的形成。昆西教育法确立了“儿童中心”的教育核心理念，重视学校与社会的联系等进步教育观念；进步教育协会的创办则使进步教育思潮转变成了一种制度化、专业化和组织化的思潮。这一时期，各种理论思潮如雨后春笋般涌现，颇为壮观。

（2）挫折阶段。1932年康茨发表的著名文章《学校敢于建设一个新的社会秩序吗？》，主张教育应该在建立一个新的社会秩序上有所作为。因而，社会分析和社会改造就理应成为教育重要的任务，但是这与进步主义所提倡的立场是有冲击的。尽管如此，这个时期的道尔顿制、文纳卡特制等教学法成为当时具有世界影响力的教学模式，在一定程度上也拓展了进步思潮。

（3）高峰阶段。在经济危机、罗斯福新政和社会主义思潮的冲击下，“社会改良主义”这一进步主义教育思潮的灵魂得到了确认，从而对社会的重建发挥了教育独有的建设作用。1933—1938年，一系列进步教育实验达到高潮，进步教育协会的人数也创下高峰，进步主义教育思潮迎来顶峰时代。

（4）衰退阶段。1938年博德发表《进步教育在十字路口》，该文章揭示了进步主义教育所面临的一个两难问题：教育是民主社会的建设还是以儿童的个性自由发展为根本目标？进步教育阵营内的分歧使其走向了分裂。1944年，进步教育协会更名为“美国教育联谊会”，1957年《进步教育》杂志停办，至此进步主义教育思潮已风光不再！

进步主义教育思潮作为一种影响时间长、范围广的思潮，有着相对一致的行动纲领。从进步主义教育运动的整个历史脉动中，可以大致提取其共同的核心观点。在教育目的上，进步主义将教育看作是社会改良的工具。进步主义教育的改革家试图使教育成为服务社会的最有力工具，将教育的社会性放在首要位置。以社会改良为目的的进步主义教育，将社会合作、社区精神、国家意识作为教育的题中应有之意，使教育变成社会诸多因素中最有效的改良手段。从这个意义上来说，进步主义教育运动对美国社会发挥了不可替代的历史作用。

在教学原则上，儿童中心论是进步主义教育原则的核心。进步主义教育认为，学校教育过程的一切活动都应该以儿童为中心。它所推行的诸多教育改革与学校实验，例如约翰逊的有机教育、梅里安的儿童生活课、克伯屈的设计教学法、沃特的分团学制等，都是以儿童为中心的一些实践探索，对美国乃至世界的教育都产生了深远的影响。由此不难发现，以儿童为中心的进步主义教育对实用主义、改造主义的教育都产生了深刻的历史影响，成为美国教育传统中最有表征的核心观点之一。

进步主义教育价值观是实用主义。进步主义教育直面现实社会本身的各种现象和问题，并且解决社会问题，所以深受民众欢迎。进步主义教育的各种改革和实验都要求与社会相联系，这种实用的教育态度使进步主义教育思潮能够吸纳许多欧美优秀的社会进步的思想、文化以及教育模式。而这正好与美国官方的实用主义相一致，从而使二者在美国的教育实践领域相辅相成。

在教育内容上，进步主义教育主张用综合课程观取代传统单一的课程观。综合课程观要求教学内容与实际相统一、与未来学术科目或职业训练相联系、与发展学生的个性和社会责任感相呼应。这种课程强调儿童的自然学习，无意识、自发的学习，坚持根据儿童的需要和兴趣来订制学习计划。它认为，只有在学校教育中实施综合课程观，才能从根本上扭转教育与社会脱节的弊端，才能与工业社会的大发展局面相契合。

进步主义教育是以现代化进程为推动力发生在教育领域里的一场变革，是美国社会进步的反映，对西方的教育产生了深远影响。20 世纪 20 年代美国出现了大批私立进步主义学校，增加了学生受教育的机会，越来越多的人进入学校。其次，进步主义教育重新确立了学生在教学中的重要地位和作用，提出了教育必须适应学生的身心发展特征的主张。传统教育过分依赖教师、教材和课堂，而忽视学生的个性和创造力，进步主义教育提出尊重学生、重视学生并且通过研究学生的身心发展特征因材施教。再次，进步主义教育以培养具备民主精神、开拓精神和富有人性的现代化公民为目标，强调教育与社会的发展变化相适应，促进了教育与社会的契合。它倡导的职业技术教育，加强了教育与社会生产的联系。最后，教育体制逐渐完善，中小学实行 6—3—3 制为主的多样化学制，注重学生的个性特征和就业要求。教学内容大大拓宽，在中学阶段就重视学生在商业、贸易、工业、体育和文艺方面的学习。课程逐渐丰富，进步主义教育提倡的“辅助课程”，例如课外活动、学生社团、兴趣团体在学校广为流行。

（三）终身教育思潮

终身教育思潮是“顺应时代的发展、社会的变革之于教育的必然要求”[1]，以终身学习为理念，将学校教育、社会教育与家庭教育融为一体，并积极发展成人教育等多种形式的教育形式，“对满足个体人生各个阶段发展的需要和社会发展的需要，对改革传统学校教育的弊端具有划时代的理论与实践意义”[2]。“终身教育”概念的首次正式提出是在 1965 年法国巴黎召开的第二届国际成人教育促进会议上，法国教育家保罗·朗格朗（Paul Lengrand）率先对终身教育的概念、意义和体系做出论述和说明。1970 年，联合国科教文组织大会提议把终身教育作为对整个教育过程的一种解释，视其为未来教育改革和实施的方向，建议各成员国实行。1972 年埃德加·富尔发表了报告书《学会生存》，利用大量事实和数据进一步论述了终身教育的背景、意义和原则，终身教育的原则从此在国际上完全确立。

终身教育思潮产生于 20 世纪 60 年代，是顺应时代需求和针对现代社会教育所面临的问题发展出来的。第二次世界大战后，和平与发展成为世界的主题，经济、政治、科技、文化和人口的飞速发展，日益改变着人们的生活方式和生存处境，驱动着人们终身学习以适应不断变化的世界。新科技的更新与广泛使用，“促进了产业结构的转变，产业结构的变革引起就业结构的变化和职位的更替”[3]。新技术、制造和服务业的变化要求就业者不断提高自身技能，而传统职业的缩减导致大量人员失去工作，就业者的压力与日俱增，想要生存必须终身不断学习，提高个人竞争力，寻求新的发展机遇。其次，新的价值观念和思想改变着人们对自己的认识。传统观念强调人要勤奋、节制和忍受苦难，接受一定的教育适应社会即可，并且限制女性接受教育。“而现代社会的人们注重社会进步和自我发展的统一，推崇符合人性的、有助于人格和谐发展的生活，追求更为完善、更为崇高的人生目标。”[4]一个人不能再凭借固定和某一阶段的知识和技能度过一生，不能被动地等待时机和安逸度日，而要积极乐观、不断学习、不断改变、紧跟时代和社会的步伐，以适应日益加速的社会。再次，第二次世界大战后学校学生剧增、成人教育与社区教育的等教育形式

[1]　唐爱民：《当代西方教育思潮》，山东大学出版社 2010 年版，第 210 页。

[2]　唐爱民：《当代西方教育思潮》，山东大学出版社 2010 年版，第 237 页。

[3]　黄志成主编：《西方教育思想的轨迹》，华东师范大学出版社 2007 年版，第 498 页。

[4]　黄志成主编：《西方教育思想的轨迹》，华东师范大学出版社 2007 年版，第 498 页。

的实践，是倡导教育终身化的直接推动力。第二次世界大战后迎来新生儿高潮时期，能够就学的青少年数量与日俱增，加之受第三次工业革命的影响，职业更替频繁、民主呼声增高和传统文化危机四起，整个世界都在兴办学校，扩大教育规模，导致入学人数激增。然而，扩大教育规模的策略并没有解决教育所面临的问题，反而造成后期资源浪费，根据联合国科教文组织《1975 年统计年鉴》所示：错误教育的代价达到每年教育经费的50%—60%，就全世界来说，每年的教育费用约为2 753亿美元，其中大约1 000 亿美元可以视为错误教育的代价。落后陈旧的教育体制、课程内容、教学方法和管理手段无法满足个体的需求反而造成一些错误教育和引导，学校教育日益受到大众的批判和指责。这些压力促使人们重新思考整个教育体系，反思学校是唯一受教育的场所的理念，以及如何将学校所学与未来实际工作所需的知识相结合。同时灵活多变的校外教育，例如成人教育、社区大学、企业内教育、老年大学、幼儿教育、广播电视学校及远程教育的成功实践激励着人们终身学习，拓展人生各个阶段的视野与知识。最后，联合国科教文组织的大力推行和学者的倡导也是终身教育形成的动力。联合国科教文组织分别于 1949 年、1960 年、1972 年、1985 年和 1997 年在丹麦艾尔西诺、加拿大蒙特利尔、日本东京、法国巴黎和德国汉堡召开了五次国际成人教育会议，并于 1965 年在法国巴黎召开了第二届国际成人教育促进会议，提出了终身教育的概念、体系和意义，对终身教育进行了深入探讨，对终身教育在全球范围内的推行做出了贡献。

终身教育是由法国教育家保罗·朗格朗首先提出的，1965 年 12 月联合国科教文组织在巴黎召开第二届国际成人教育促进会议，朗格朗做了以“终身教育”（Education Permanente）为题的报告。联合国科教文组织将其翻译为“Lifelong Education”，20 世纪 70 年代有人使用“终身学习”（Lifelong Learning），1997 年第五次国际成人教育大会表示“Learning Throughout Life”也是表达终身学习的词汇。终身教育首先从生命的长度，倡导人不断学习和进步，将自我发展和提升贯穿一生；其次从生命的广度，提倡在生活的各个场所例如家庭、社会、工作和学校等地方学习不同的知识和做人、做事的道理与原则，而不仅局限在校园范围内；最后从生命的深度充分挖掘身体、认知、情感和技能等方面的潜能，不断充实自我，追求更完善和美好的生活。终身教育的体系如图 6-1 所示。

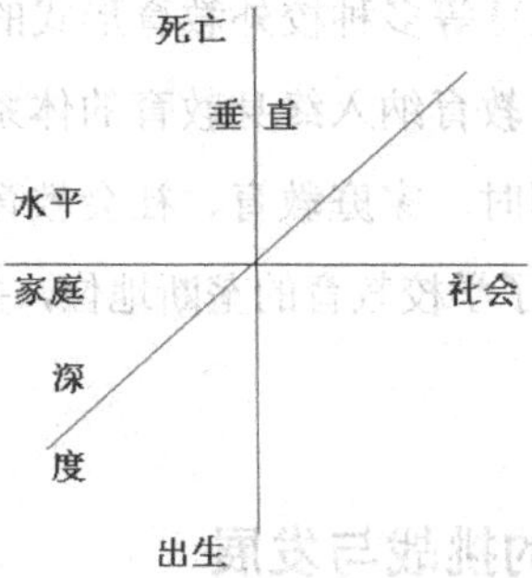

图 6-1　终审教育的体系 [1]

如图 6-1 所示，垂直的竖线表示生命的长度，在该维度上人从出生到死亡的长度构成教育时间；水平的横线表示生命的广度，人可以活动在各个场所，如学校、工作、家庭等地方；斜线表示生命的深度，可以从认知、情感、思想、意志等各个方面拓展个体的技能与知识。朗格朗认为终身教育的策略侧重三个方面：①面向成人；②针对儿童和青少年；③扫盲教育。无论是对待哪一类人，生命长度、广度与深度践行终身教育具有重要意义。

终身教育在三个方面对教育产生了不可小觑的意义与影响。首先促进了全球性的学校进行教育改革和转变教育观念。学校教育的目标转变为培养学生具备综合素质、善于学习和拥有多种能力与技能，而不再是仅仅传授知识，培养掌握一定知识技能的人。它强调从小培养学生自主学习的能力和自我评价的能力，加强对学生兴趣爱好、情感和思想的培养，注重对独立个体个性与潜能的开发，调动学生学习的积极性，改变以往紧张单一的学校生活。同时，在教育过程中，拉近课堂知识与生活的距离，提倡学生走出校园开展实践活动和调查，让其在社会中学会学习。其次，终身教育对构建学习化社会、充分利用社会中的教育资源、加强教育与社会生活和生产的联系具有重要作用。终身教育突破了传统教育在时间与空间中的限制，主张把接受教育、学习知识置于一生，把教育的途径和过程扩展至整个社会。传统教育的状态是学校教育与家庭、社会、工作处于隔离之中，人生只是在某一阶段接受一定的教育，终身教育将这些限制一一打破，强调不断刺激人们的内在学习动机和自我开发意识，把整个社会都视为学习的场所，满足了人生各个阶段的教育需要。最

[1]　黄志成主编：《西方教育思想的轨迹》，华东师范大学出版社 2007 年版，第 507 页。

后，终身教育促进了成人教育等多种校外教育形式的发展。在联合国科教文组织的倡导之下，各国纷纷将成人教育纳入终身教育的体系之中，通过制定教育法律、法规保障成人教育的发展。同时，家庭教育、社会教育、学前教育、老年教育、企业教育等形式纷纷发展，打破了学校教育的垄断地位，并推动了学校教育体制多元化、向整个社会开放。

三、通识教育面对的挑战与发展

（一）通识教育概念的现代内涵

通识教育发源于西方古典博雅教育、人文精神教育、民主科学教育等，19 世纪末后通识教育与博雅教育（Liberal Education，自由教育）成为同义词，但是关于“自由教育”的语义已经发生了变化，重点转移到“自由”（Liberal）上。通识教育以前指适合于自由人的教育或绅士的教育，20 世纪通识教育倡导者们例如安德鲁•韦斯特、查尔斯•斯文、罗伯特•M•赫钦斯、约翰•杜威等将“自由”理解为“使人自由的教育”或“培养自由人的教育”[1]，称通识教育是公民的权利，该教育旨在解放自由公民的心智，使其具备一般的文化修养并履行公民职责。在通识教育运动的推动下，通识教育的概念在 20 世纪逐渐完成现代意义上的转型。《哈佛通识教育红皮书》在西方通识教育史上具有里程碑式的意义，该红皮书由哈佛委员会经过两年研究发表于 1945 年，明确提出通识教育不是关于一般知识的空泛的教育，也不是针对所有人的普及教育，而是“学生整个教育过程的一部分，该部分旨在培养学生成为一个负责任的人和公民”[2]。通识教育的目标在于培养学生的四种能力，即“有效的思考能力；交流思想的能力；做出恰当判断的能力；辨别价值的能力”[3]。《培养人性：从古典学角度为通识教育改革辩护》将通识教育定义为：“高等教育对人总体的培养，使之可以发挥公民权以及学会如何生活。”[4] 其目标在于培养公民的人性，使其具备三方面的能力：批判性审视自己和自己的传统的能力；与周围的世界、他人等实现

[1] 沈文钦：《西方博雅教育思想的起源、发展和现代转型：概念史的角度》，广东高等教育出版社 2011 年版，第 291 页。

[2] 哈佛委员会：《哈佛通识教育红皮书》，李曼丽译，北京大学出版社 2010 年版，第 40 页。

[3] 哈佛委员会：《哈佛通识教育红皮书》，李曼丽译，北京大学出版社 2010 年版，第 50 页。

[4] [美]纳斯鲍姆：《培养人性：从古典学角度为通识教育改革辩护》，李艳译，上海三联书店 2013 年版，第 8 页。

共同的需要和目标的能力；想象能力。[1]这两种对通识教育的定义，比较常用且广为人所接受。无论哪种解释，比较发现，首先通识教育与实用、功利和职业需求无关，其针对是对人总体的培养，服从于个人心智塑造和德性训练。人之为人并不在于某一方面的知识、技能与才干，而是做整全人，具有全局眼光、关怀和深刻见识的人。其次，通识教育强调对公民意识和责任的培养。20世纪是现代化蓬勃发展的时期，现代民主的观念深入人心，公民作为一个国家的主体，如何培养合格的公民成为各国重要大事。20世纪二三十年代美国率先发起通识教育改革运动，将通识教育与公民心智的解放和责任结合起来，通识教育的概念逐渐脱离适合于自由人的教育和绅士教育，完成现代意义上的转型。

（二）通识教育面对的挑战

通识教育的理念起源于古希腊柏拉图、亚里士多德时期，亚里士多德在其著作《政治学》最后两卷中探讨了最佳政体中的教育问题，提出了“适合于自由人的科学”的概念。“自由人科学”指“公民的科学或公民的技艺，与奴隶或工匠等非自由公民阶层的技艺相对”[2]，亚里士多德认为“自由人科学”的教育目的在于培养公民高贵的德性和对美好、幸福生活的追求，积极参与政治或从事哲学活动，而不是为了社会生产或谋生。在他看来，工匠的技艺和奴隶的技术性技艺是粗鄙的，是实现某种目的的手段，停留在满足人类必需品的层面。而“自由人科学”是一种逻各斯和德性的教育，它不以实用为目的，是在满足了人类必需品的需要之后出现的。“自由人”与奴隶、工匠等普通平民的区别在于逻各斯和德性，亚里士多德将“自由人的科学”教育视为自由高尚的教育，倡导希腊城邦公民接受这种教育。中世纪通识教育的传统在艺学院、神学院、法学院、医学院中继续发展。直到19世纪现代化大学建立之前，英国、法国、德国等西方国家的绅士教育、贵族教育、精英教育、公民教育等都是以通识教育为基础。19世纪之后英国、德国、美国等世界各国的大学逐步开始了现代化，进入20世纪，在第二次和第三次工业革命的推动之下，在全球化和世界经济政治一体化的浪潮之中，大学教育的现代化势不可挡。为顺应时代

[1] [美]纳斯鲍姆：《培养人性：从古典学角度为通识教育改革辩护》，李艳译，上海三联书店2013年版，第10—11页。

[2] 沈文钦：《西方博雅教育思想的起源、发展和现代转型：概念史的角度》，广东高等教育出版社2011年版，第46页。

的需要，现代化大学教育的内容之一就是大力发展专业化教育，给通识教育带来巨大冲击。

实用或专业化教育被纳入教育体系之中在全球范围内普及和推广，高等教育走上了高度职业化的道路，通识教育的发展面临挑战。英国、法国、德国等国家纷纷削弱通识教育在高度教育系统中的比重，提高技术和商业课程的比重，扩大学习此类相关专业的学生人数并扩展高等教育的社会职能。“在许多国家中，包括西欧各国在内，更明显的是在北美、苏联和日本，西方教育古老的美德和优点都在受到批判性的检查。什么应该改革？什么应该保留？可以保留的又如何更好地加以阐述和精炼？阐述的和精炼的又有多少人能够体验并在他们生活中加以体现呢？”[1]20世纪教育革新成为西方各国教育领域的潮流，文理分科、专业细化、职业训练等，传统的文雅教育因脱离实用而受到广泛批评。“无须多言，每个国家都在加强和扩大低于大学水平的技术和专业训练，而它的重要性并不因对这个项目的空间限制而降低。如果当局不供给这类训练，厂商们就提供了，不管规模大小。”[2]对实用学科的过多投入，使部分大学沦为职业教育的场所，“关于‘古典文学’的见解也没有市场和显得孤立了，新形势要求他们注重实效和分担义务”[3]，大学教育的目的变成了职业预备训练，注重提高学生的技能、技巧和专业知识，而忽视了对“整全人”的培养，20世纪40年代之前通识教育一直处于受压制的阶段。雅斯贝尔斯在《论时代的精神状况》中谈道：“我们的时代在教育问题上的不安以下述情形为征兆：教师们在缺乏任何统一的教育思想的情况下强化着自身的努力；论教育的新书层出不穷；教学技巧持续扩充。今天，单个的教师比以往任何时候都更是一个自我牺牲的人，但是由于缺乏一个整体的支撑，他实际上仍是软弱无力的。而且我们的状况所独具的特征似乎是，具有实质内容的教育正在瓦解而变成无休止的教学法实验，这个教育的解体所形成的是种种无关宏旨的可能性。人们为自身努力争得的自由正在消散而成空洞无效的自由。一种尝试迅速地为另一种尝试所取代。教育的内容、目标和

[1] ［英］威廉·博伊德、埃德蒙·金：《西方教育史》，任宝祥、吴元训译，人民教育出版社1986年版，第3页。

[2] ［英］威廉·博伊德、埃德蒙·金：《西方教育史》，任宝祥、吴元训译，人民教育出版社1986年版，第405页。

[3] ［英］威廉·博伊德、埃德蒙·金：《西方教育史》，任宝祥、吴元训译，人民教育出版社1986年版，第441页。

方法不时地被改变。这是一个对自身没有信心的时代，它焦虑的关注教育，仿佛在这个领域中有可能再次从虚无中创造出某种事物来。”

雅斯贝尔斯所阐述的教育焦虑，跟时代状况紧密相关。20世纪，尤其是第一次世界大战后，各国愈来愈认识到科技与技术的重要性。西方各国纷纷加大对科学知识与技术的教育比重，新建了一大批技术学院和应用型大学。同时战争推动了大学与工业界的合作，工业界对高等教育机构的资助大幅提高，而大学也在人才培养、教学内容、原则和方法方面不断改革，为其输送源源不断的技术型人员。在传统的西方教育中，以培养整全人为目标，非功利性、非职业性的通识教育一直占据着主导地位。然而随着时代节奏的加快，工业化的深入推进，对教育提出了更高的要求，各国都在大力改革以寻求某种满意的方案。然而就在这种新旧交替、新事物、新观念层出不穷的时代，改革并没有解决现有的困境，反而让人对教育产生更多的担忧。

（三）通识教育的发展

日益细密的专业化教育为现代化社会培养了大量专业人才，推动了社会进步，然而随着时代的演变，人们愈来愈意识到专业化教育的问题，开始重新思考教育的本质、目标和大学的理念，20世纪二三十年代开始通识教育被重新提上教育改革的日程，通识教育运动在全球渐渐兴起。纳斯鲍姆在《培养人性：从古典学角度为通识教育改革辩护》一书中提出，过分专业化或职业教育对个体生命构成了压制，忽视了对“人”的关怀和人性的培养。他认为，实用教育侧重培养能解决实际问题的人，而不是培养传承和创造纯粹知识的人，个人视野和知识被限定在某一专业领域，一定程度上限制了人的全面发展，同时造成了不同行业者之间的疏离。其次，当今社会与人的功力利化倾向，崇尚成功、追名逐利的价值观也日益引起人们对专业化教育的反思。在此背景之下，回归西方人文精神传统，以培养完整的人为旨趣的通识教育日益紧迫。

20世纪至当今，通识教育在西方各国以不同形式的兴起和发展起来。美国通识教育的发展最为醒目。20世纪20—50年代，美国高校率先发起通识教育运动，代表人物有罗伯特·M·赫钦斯、艾德勒、亚历山大·米克尔约翰、司各特·布坎南。赫钦斯在1929—1951年担任芝加哥大学校长期间，致力于振兴古典自由教育和文雅教育的传统，推行芝加哥大学通识教育改革。他所倡导的理想常经主义通识教育思想和践行的经典名著课程使通识教育形成一场遍及全美的教育运动。1945年在哈佛校长科南特的组织下哈佛委员会经过两年研究发表了《哈佛通识教育红皮书》，对通识教育的概念、目标、内容和实施明细做出了系统的说明，该书在西方通识教育史上具有里程碑式的意义。哈佛通识教育改革，成为美国通识教育变革的典范，推动美国通识教育运动不断发展。20世纪五六十年代，通识教育研究在美国成为热点，代表性学者有厄尔·J·麦格拉斯与丹尼尔·贝尔等。20世纪70年代后，在罗索夫斯基等人的推动下，哈佛大学再次掀起哈佛核心课程通识教育改革的浪潮，如今哈佛大学的核心课程已经成为哈佛大学的一大特色，其成功案例也纷纷为各国大学所效仿。总之，20世纪美国通识教育的发展最令人瞩目，一大批大学如哈佛大学、耶鲁大学、哥伦比亚大学、普林斯顿大学、芝加哥大学、斯坦福大学、布朗大学、圣约翰学院、伯克利大学、印第安纳大学等都设立了专门的通识课程，致力于为美国培养精英人才。

相比与美国，20世纪英国和德国的通识教育可能并没那么耀眼，但也各自有所发展。英国的通识教育是在其传统的自由教育或文雅教育基础之上发展而来的。长期以来英国大学以培养举止优雅、通晓世故、精明能干和富于开拓进取精神的绅士为目标，形成典型的绅士文化。虽然到现在英国大学都没有像美国大学一样开设专门的通识课程，那是因为对英国来说，通识教育是一种自由教育的理念。通识教育的实现不是依靠为学生开设专门的通识课程来完成，而是将通识教育的理念融入到整个大学的教育当中。1963年英国政府公布了《高等教育委员会报告》（又称《罗宾斯报告》），指出英国高等教育的目标是向学生传授工作技能，发展学生综合思维能力，增加学问知识和传递共同的文化和公民准则四个方面。其指向的就是对学生总体的培养而非某一方面的技能或知识，充分体现了通识教育的思想。20世纪德国的通识教育的发展与长期以来德国形成的学术自由的传统和哲学思辨有着不可分割的联系。同英国一样，德国没有像美国那样为通识教育建立一系列原则和目标，在大学里设立专门的通识教育课程、管理部门等。在德国的教育传统中，通识教育占有一席之地。德国中世纪的大学模式一直延续到19世纪洪堡的大学改革。洪堡的大学观主导了19世纪德国大学教育理念，它有力地体现了通识教育的思想，该教育理念直到现在还深深影响着德国的大学。尽管德国的教育经受过两次世界大战的破坏和国家分裂的痛楚，20世纪90年代德国统一后通识教育具有新的发展。当今德国通识教育的理解可分为三个方面：传授关键能力和学术工作技术、导向性知识、培养语言能力。

第七章　英国大学通识教育

一、英国的大学教育

20世纪是英国大学高度发展的时期。英国的大学虽历史悠久，但发展集中，直到20世纪之前英国只有9所大学：牛津大学（创建于1168年）、剑桥大学（1209）、圣安德鲁斯大学（1411）、格拉斯哥大学（1451）、阿伯丁大学（1495）、爱丁堡大学（1582）、伦敦大学（1828）、杜伦大学（1833）和达勒姆大学（1893）。19世纪后在工业革命的影响下，英国社会发生了深刻变化，19世纪二三十年代伦敦大学、杜伦大学的建立标志着英国大学教育现代化的开始。进入20世纪，大学的现代化继续演进，尤其是第二次世界大战之后，战争使人们认识到科技教育的重要性，英国大学加强了实用科学和科研的发展，大学教育的变化表现在四个方面，20世纪英国通识教育正是在这样的新状况之下发展的。

（1）新的高等院校纷纷建立，英国现代高等教育体系形成。20世纪初城市学院得到社会广泛认可，逐渐升格为有学位授予权的城市大学。例如伯明翰大学、曼彻斯特大学、利物浦大学、利兹大学、谢菲尔德大学等。1907年英国将皇家科学院、皇家矿冶院、中央技术学院合并组建为帝国理工学院，成为英国著名的高等教育机构，致力于在石油、航空、地质、内燃机等专业领域发展研究。20世纪60年代，英国政府又创办了一批新大学，如苏塞克大学、基尔大学、东英吉利大学、约克大学、埃塞克斯大学等，这些大学在教学方式、课程设置和管理方面有许多创新之处。从1966年起，高级技术学院被升格为大学，如萨里大学、巴斯大学、布拉德福大学、伦敦城市大学、威尔士大学理工学院等。1969年开放大学成为独立自治的教学机构，具有授予各种学位的权力，是英国高等教育办学模式的创举。1976年白金汉大学成立，成为英国唯一的私立大学。至此，英国高等教育形成以古典大学（如牛津大学、剑桥大学）、城市大学（如伦敦大学和达勒姆大学等）、新大学（如苏塞克大学、基尔大学）、升格大学（如萨里大学、巴斯大学）和开放大学为主要类型的大学体系。

（2）实用教育和科技教育日益受到重视。长期以来，英国社会重人文轻理工，20世纪之前英国大学攻读理工科的学生所占比例远远低于德国、美国、法国等国家。随着时代和社会的发展，英国大学日益认识到实用教育和科技教育的重要性。1938—1939年度，英国大学文、理、工科学生占全部大学生比例为46.5%、16.3%和9.7%。[1]1944年英国成立了特别委员会，研究发展高等科技教育和大学与技术学院之间的合作。1945年该委员会发布《高等技术教育报告》，指出英国在技术训练方面的不足，并提出改革方案。同年，英国政府发表了《巴洛报告》，指出英国工业的发展需要更多受过高级训练的科学和技术人才，主张创办高层次技术学院，设立全日制学位课程，加大大学工科教育和研究工作，提升技术教育的地位。1957—1958年英国大学理工科学生人数占总人数的37.2%，比1938—1939年度增加了11.2%。1956年英国政府颁布《技术教育》报告书，再次强调发展技术教育，并指出技术教育不应局限于培养学生的一种技能，范畴不应限制在材料、电力、机械等方面而应扩展到经济、管理、销售、语言等科目，技术教育的同时也应重视人文教育。1961—1962年英国大学的理工科学生占学生总人数的54.1%。

（3）大学教育从精英型教育转变为大众型教育。精英教育是英国教育的传统，招收的学生多来自于上层社会或富人阶层，旨在培养政治领袖、学术人才和教士。然而在工业革命的推动下，社会各行各业对人才的需求日益紧迫。同时由于两次世界大战给英国大学教育造成重创，战后大学教育亟待复兴。为满足时代和社会的需要，英国政府颁布了一系列教育报告书，如《巴洛报告》、《罗宾斯报告》、《教育：一个扩展的框架》、《高等教育的框架》、《扩大高等教育的参与》等，提出扩大高等教育规模，扩充高等教育人数。仅从英国全日制大学生人数来看，1946—1947年度，英国全日制大学生人数为68 452，到1980—1981年度就有297 200人，增加了3倍多。从18—21岁适龄青年的入学率来看，1962—1963年度大学教育入学率为7.2%，1972—1973年度为14.2%，2003年已经增加到43%。美国著名教育家马丁·特罗认为高等教育入学率低下，15%为精英型高等教育，15%以上为大众型教育阶段，

[1] 易红郡：《战后英国高等教育政策研究》，湖南师范大学出版社2012年版，第31页。

超过 50% 为普及型高等教育。按照此观点，英国大学教育已经处于大众化教育阶段。

（4）大学教育的目标逐渐转变为对人总体的培养。长期以来英国大学以培养举止优雅、通晓世故、精明能干和富于开拓进取精神的绅士为目标，大学教育注重文雅教育。1963 年英国政府发表了《高等教育委员会报告》（也称《罗宾斯报告》），报告指出英国高等教育的目的是向学生传授工作技能、发展学生综合思维能力、增加学问知识和传递共同的文化和公民准则四个方面。20 世纪 70 年代英国高等教育界就“高等教育的核心问题是什么”展开激烈讨论，最后提出高等教育的目标不是为了满足科技及职业训练方面的需求，而是培养能适应科技社会的公民，既具备专业知识也具有文雅气息。1985 年英国教育和科学部、苏格兰、威尔士及北爱尔兰国务大臣联盟向议会提交《20 世纪 90 年代英国高等教育的发展》报告书，报告指出高等教育未来旨在培养国家需要的合格人才。1987 年他们再次联盟发表《高等教育——应付新的挑战》，白皮书指出高等教育应具有多方面目标，同意《罗宾斯报告》提出的目标。政府既认识到科学教育和实用教育的重要性，也强调文学艺术、人文学科和社会科学教育的必要性。从这些报告中发现，英国大学教育逐渐转变为对人总体的培养，既重视新兴的科技和实用教育，也强调传统的文雅教育。

二、英国通识教育的内涵

英国的“通识教育”概念建立在其传统的自由教育或文雅教育基础之上。“通识教育”的提法在美国最为流行，对它的解释也有多种，多数美国大学还设立了专门的通识教育课程，如哈佛大学的核心课程、哥伦比亚大学的经典通识课程等。然而在英国，“通识教育”的提法比较少见，英国的大学也没有开设独立的通识课程，但这不表明英国没有通识教育。对英国来说，通识教育是一种自由教育的理念，通识教育的实现不是依靠为学生开设专门的通识课程来完成，而是将通识教育的理念融入到整个大学的教育当中，这与美国对通识教育的理解不同。在西方，英国大学教育是一种注重西方自由教育传统的教育。长期以来英国大学以培养举止优雅、通晓世故、精明能干和富于开拓进取精神的绅士为目标，形成典型的绅士文化。19—20 世纪英国虽经历了许多激进的教育改革，从其他国家借鉴了许多教育思想和经验，但是仍在很大程度上保留了传统自由教育的理念。20 世纪英国大学教育的特点之一是加大了对实用教育和科技教育的重视，在1945年《高等技术教育报告》、《巴洛报告》和1956《技术教育》的推动下，英国大幅增加对实用教育和科技教育的投入，一方面成立了许多技术学院，加强大学教育与企业的配合，向广大民众提供职业教育，培养实用人才；另一方面将高级技术学院升格为大学，并加大大学在理工科专业领域课程的比重，尤其在尖端专业上。即使是在实用教育蓬勃发展时期，英国大学也一直在强调人文教育。《巴洛报告》就提出，将人文教育与实用教育置于平等的地位。“我们将特别反对任何以减少其他学科学生数量来满足对科学家和技术专家的需求的企图，也将反对在服兵役诸如此类事情上让学科学的学生处于优于人文学科学生的特殊地位。”[1]《技术教育》指出技术教育不应过于狭窄，只强调技能的训练，而应同时注重人文精神教育，培养具有开阔视野的人。“在技术教育上可用的时间常常限制了我们在课程中加入历史、文学、艺术等学科；但无论如何，如果要使那些将在工业领域占据要职的学生带着开阔的视野完成技术教育，那么科学技术学科的广泛传授是必要的。我们既承受不起在技术成就上的落后，也承受不起在精神和人的价值上的忽视。”[2]这些均表明英国对其传统的自由教育理念的坚持。目前英国虽没有像美国那样设立独立的通识课程，通识教育却是贯穿在大学教育之中的。《罗宾斯报告》指出英国高等教育的目的是传授工作技能、发展综合思维能力、增加学问知识以及传递共同的文化和公民准则四个方面，其针对的就是对人整体的培养和要求。近代以后，英国的通识教育理念融合了斯宾塞、赫胥黎、纽曼、怀特海、罗素等人的自由教育思想。英国秉承自由教育传统，将通识教育融入到教育的过程中。

三、英国的通识教育思想家

（一）纽　曼

纽曼（Newman，1801—1890），毕业于牛津大学，19岁取得硕士学位，21岁成为牛津大学奥列尔学院的特别研究员，参加过以维护英国教育传统为已任的“牛津运动”。1824—1828年被授予英国国教会圣职，后担任牛津大学教会圣玛丽教区的牧师直至1843年。1851年担任都柏林罗马天主教大学校长。1878年回到牛津，

[1] 瞿葆奎主编，金含芬选编：《英国教育改革》，人民教育出版社1993年版，第235页。
[2] 瞿葆奎主编，金含芬选编：《英国教育改革》，人民教育出版社1993年版，第238页。

次年教皇利奥十三世任命他为罗马天主教会枢机主教，直到1890年在伯明翰去世。纽曼的一生起伏多变，写了很多关于教育和宗教的书籍，其著作《大学的理念》是纽曼自由或博雅教育思想的核心体现，该书明确阐明了自由教育的概念、标准、目的和内容，并深入探讨了大学与教会、自由教育与职业教育的关系。纽曼的自由教育思想开创和奠定了英国现代高等教育理论体系的基础。即便是谈及20世纪英国的通识教育，我们也不得不提到纽曼。英国20世纪的通识教育深受纽曼教育理念的影响。

纽曼的自由教育思想开始于他对大学本质和目的的认识。纽曼认为大学是一个传授普遍知识的场所，通过实施自由教育，达成发展心智、调教性情和培养道德的教育目的。“普遍的知识”指的是反映西方传统文化的自由知识，他主张普遍意义的知识体系应包括人类的艺术、文学、哲学、科学和历史等方面的知识，大学应重视不同的学科知识，大学教育是一种自由教育。他在《大学的理念》一书的开篇谈道：“我是这样看大学的：大学是教授全面知识的地方。这说明它的宗旨，一方面，是心智性的，而非精神性的；另一方面，是对知识的普及和扩展，而非提高。如果大学的宗旨在于科学发现和哲学探索，我就看不出它为何需要学生；如果意在宗教训练，则它又如何能够成为文学和科学的中心呢？”[1] 在纽曼看来，大学不同于科学院类的研究机构，其功能主要是教学而不是促进哲学或科学研究，大学的教学职能是一种主导力量。[2] 大学致力于通过自由教育扩展学生的知识以发展他们的心智、陶冶性情和培养道德。

自由教育是一种从事心智、理智和反思的操作活动，而非专业训练，其目的在于通过普遍意义的真理知识的传授，培养有理性、有教养和高尚德性的绅士。“博雅教育从其本身来看，只不过是对心智的培养，它的目标不多不少，正是追求心智上的卓越。”[3] 纽曼将自由教育理解为理智的教育，强调对心智的训练而非技艺的训练。心智训练不是简单地获取知识、经验和信息，而是形成哲学的心智习惯，用辩证和批判的眼观看待知识。心智的培养也不是才艺的或技术的训练，“我再重复一次，简而言之，它们就是对心智的培养……结束这种精神无能的时候到了，我们所急需

[1]　[英]纽曼：《大学的理念》，高师宁等译，贵州教育出版社2003年版，第21页。

[2]　[美]罗斯布莱特：《现代大学及其图新——纽曼遗产在英国和美国的命运》，别敦荣译，北京大学出版社2013年版，第19页。

[3]　[英]纽曼：《大学的理念》，高师宁等译，贵州教育出版社2003年版，第120页。

的不是绅士的言行举止——那些能通过其他途径获取”[1]。传统的绅士教育所提倡的击剑、音乐、绘画、骑马等，技工学校提供的职业训练也不是自由教育。自由教育通过为学生传授古典文学、哲学、语言学、逻辑学、修辞学等普遍意义的真理知识达到心智训练和理智培养的目的，造就有理性、有教养、有德性的绅士。

但同时，纽曼的自由教育思想表现出实用性特征。虽然纽曼是在反思专业化教育基础上提出心智的培养是自由教育的实质，但他并不认为自由教育与实用教育相互对立，他所倡导的是一种“别致的实用性自由教育”[2]。在《大学的理念》中，纽曼指出：“先生们，让我告诉你们一种自由教育是怎样具有真实和充分的实用性，虽然它并非是一种专业教育。诚然，‘好的’是一回事，‘实用的’是另一回事，但是我确定的原则，这原则可以使我们愁云顿消——是，虽然实用的未必总是好的，好的总是实用的。好的不只是好的，而是能够生产出更好的；这是好的事物的属性之一……因此如果自由教育是好的，它也必定是有用的。”[3] 也就是说，纽曼主张的以训练人的理智为目的的自由教育本身具有效用。他在《大学的理念》中也多次强调理智是一种才能，也是一种能力，它能使知识产生实际的效用。

（二）怀特海

怀特海（Whiltehead，1861—1947）是20世纪西方著名的数学家、哲学家、逻辑学家和教育理论家，是近代自由教育思想的代表人物之一。怀特海出生于英国东南部的拉姆斯盖特，祖父是当地知名的教育家，父亲也一直从事教育和宗教事业，因此怀特海早年就对教育感兴趣。后就读于剑桥大学，1885年毕业后在剑桥大学从事教学、著述和一些政治活动直到1910年，期间他取得剑桥博士学位。之后历任伦敦大学、肯辛顿皇家科技学院和哈佛大学的教授。其教育思想主要体现在他的著作《教育的目的》之中。《教育的目的》发表于1929年，包括6篇论文和2篇附录，该书围绕教育目的、内容及其实现方式，在批判旧有教育弊端之上，阐明了他的自由教育主张。

怀特海主张，教育是为了五彩缤纷的生活，而非仅是为了获取知识或信息。他在《教育的目的》中指出：“教育需要解决的问题就是使学生通过树木看见森林。

[1] [英]纽曼：《大学的理念》，高师宁等译，贵州教育出版社2003年版，第120页。

[2] 王保星：《西方教育十二讲》，重庆出版社2008年版，第159页。

[3] 转引自徐辉、郑继伟编著：《英国教育史》，吉林人民出版社1993年版，第232页。

我极力主张的解决方法是，要根除各科目之间那种致命的分离状况，因为它扼杀了现代课程的生命力。教育只有一个主题，那就是五彩缤纷的生活。”当时人们普遍将教育视为用来传授支离破碎的信息或知识的手段，学校为学生设置了庞杂科目，造成各科目间彼此割离、互不关联和学生学习的僵化。怀特海认为教育只能围绕“生活”这一主题，而不是单纯地让学生掌握大量机械、零碎、不连贯和空泛的知识。学生不是机械接受知识的容器，将纯粹的知识“填充”到大脑中没有任何益处。“教育是教人们掌握如何运用知识的艺术。”[1] 教育是用来教授人们如何运用知识以理解生活，教育只有与生活世界相联结，才会富有生机与活力。

大学教育的目的是培养既有文化又具有专门知识的人才，使人具有活跃的智慧。在怀特海看来，文化知识和专门知识是学习的两个部分，不存在“一种课程仅仅传授普通的文化知识，而另一种课程传授特殊的专业知识”[2]。他认为：“我们要造就的是既有文化又掌握专门知识的人才。专门知识为他们奠定起步的基础，而文化则像哲学和艺术一样将他们引向深奥的高远之境。”[3] 普通文化专注于智力和思想的发展，而专门知识的学习关注于生活能力的培养，其共同的目的都是为了培养人的智慧。“知识的重要意义在于它的应用，在于人们对它的积极的掌握，即存在于智慧之中。”[4] 对怀特海来说，仅掌握文化知识和专门知识是不够的，知识的旨趣存在于应用中，也即体现在智慧里。而何谓智慧呢，怀特海说：“智慧是握知识的方式。它涉及知识的处理，确定有关问题时知识的选择，以及运用知识使我们的直觉经验更有价值。这种对知识的掌握便是智慧，是可以获得的最本质的自由。”智慧的实践性使得其高于知识，而通过专业教育与普通教育的平衡是实践其目的的手段。

怀特海主张大学教育的课程应包括文科课程、科学课程和技术课程。“在一个国家的教育系统中需有三种主要的方式，即文科课程、科学课程和技术课程。但其中的每一种课程都应该包括其他两种课程的内容。我的意思是，每种形式的教育都应该向学生传授技术、科学、各种一般的知识概念以及审美鉴赏力；学生在每一方面所受的训练，都应该由其他两方面的训练补充而相得益彰。”[5] 怀特海认为文科教育、

[1]　[英]怀特海：《教育的目的》，徐汝舟译，生活·读书·新知三联书店2002年版，第8页。
[2]　[英]怀特海：《教育的目的》，徐汝舟译，生活·读书·新知三联书店2002年版，第21页。
[3]　[英]怀特海：《教育的目的》，徐汝舟译，生活·读书·新知三联书店2002年版，第1页。
[4]　[英]怀特海：《教育的目的》，徐汝舟译，生活·读书·新知三联书店2002年版，第57页。
[5]　[英]怀特海：《教育的目的》，徐汝舟译，生活·读书·新知三联书店2002年版，第85页。

技术教育与科学教育不存在对立。文科教育通过文学、哲学、艺术课程培养的是学生的思维能力、智力和美学鉴赏力，同时他主张选择精华部分作为授课内容，没有必要穷尽从亚洲到欧洲、非洲、美洲，从古希腊到近代的所有经典。科学教育是一种训练观察自然现象的艺术并对自然现象法则进行演绎推理，怀特海主张不应泛泛学习科学课程，选择两到三门密切相关的课程比较现实。技术教育专注于技能的训练，运用知识生产商品，满足国家实际的需要。对怀特海来说，这三方面的教育都是必要的，并且在学习每一个领域的知识里都会或多或少地用到其他领域的知识，三者致力于理想人完美发展的需要。

（三）罗　素

罗素（Russell，1872—1970）是20世纪英国著名的哲学家、数学家、教育思想家和教育活动家，是近代自由教育思想的代表人物之一。罗素出生于英国蒙茅斯郡的拉文斯克洛夫特的一个贵族世家，青少年时在家接受教育。1890考入剑桥大学学习数学、哲学和经济学，毕业后，罗素从事学术研究和讲学，发表了很多论文、著作，同时他也积极投身于社会政治活动和教育实践活动。1950年诺贝尔奖评选委员会授予罗素诺贝尔文学奖，称他是“西欧思想言论自由最勇敢的斗士”。其自由教育思想主要表现在作品《教育论》、《教育与美好生活》、《教育与社会秩序》、《自由和组织》、《人类的知识——其范围和界限》中。

罗素强调以人为本的教育观，提倡在教学活动中尊重学生、考虑学生自身需求。在《教育论》中他指出：“完善个人和完善社会必须同步进行，但笔者在论述教育问题时更为关注的是个人。”[1] 同样，在《自由之路》中也强调类似的观点：“在每一个社会问题中，尤其在教育中，尊重人的个性是智慧的开端。”[2] 在罗素看来，英国当前实行的教育总是想用某种形式维系现存的秩序，以社会为本位的思想浓重，缺少对人的尊重精神。在教育领域中遍布着政府部门发布的规章制度、教学方法、一成不变的课程、僵化的管理模式，以及一定要生产出符合社会需要的人，其结果是教育越来越僵化。因而罗素强调尊重学生的个性自由，关注学生的人格发展。教育应当培养孩子思维能力和独立能力，而不是培养他们按照老师所想的那样去想问题，更不应该机械地向学生灌输知识和观念。现在社会是民主社会，由公民构成，

[1]　[英]罗素：《教育论》，靳建国译，东方出版社，1990年版，第79页。

[2]　[英]罗素：《自由之路》，李国山等译，文化艺术出版社1998年版，第236页。

每一个公民的个人价值都该被考虑。回归以人为本，重视学生的需求，尊重其个性发展，是教育改革的必有之路。

罗素认为教育的目的是培养和发展人类普遍需要的素质或普遍价值来实现理想的社会，这种普遍的素质包括活力、勇气、敏感和智力。在罗素看来，这四种美好的品性是理性人格所需要的，是健全心智所必需的。活力促使人对丰富多彩的外在世界产生兴趣，使人勤奋工作，活力还可以克服嫉妒和忧愁的心理，使人享受生活的乐趣。勇气使人在在内心深处自觉地去克服恐惧情绪，而非在外部压力下压抑恐惧。因此罗素十分重视内在勇气的培养，它是积极的、本能的，坚决反对采取压制性的方法培养表面的勇气。而要达到这种勇气，就应该扩大与发展学生自由而积极的本能与理智，培养其对客观世界的广泛兴趣和对人类、对知识与真理的普遍热爱。罗素将敏感视为对纯粹勇气的一种矫正，仅有勇气而缺乏对困难和危险的敏感是不够的。敏感会使人受到感染，对事物产生正确的反应。罗素认为，通过有效地培养荣誉感和同情心是实现敏感素质的重要途径。荣誉感可以引起愉悦，遏制贪婪，同情心可以引起与他人情感的共鸣。智力包括观察能力、思维能力和获取知识的能力。观察能力通过训练学生对现象的观察提供把握事物本质的能力；思维能力关注的是学生对事物的逻辑分析、归纳和批判思维的发展；罗素指出“知识”不是指道德的知识，而是指科学的知识和特定事实的知识，幸福的人生来源于爱与知识的有机结合，获取知识的能力是发展智力的重要内容。

四、英国大学通识教育实践

在英国的大学里，通识教育是一种理念和精神。各个大学并没有像美国众多大学所做的那样设立专门的通识课程，通识教育是作为一种理念和精神融合在大学教育之中。秉承着传统的自由教育思想，20 世纪英国采取了将专业教育与通识教育相互融合的方式，大学教育的目标也转变为对人总体的培养，既重视新兴的科技和实用教育，也强调传统的文雅教育。英国的大学教育是一种广泛意义上的通识教育，通识教育的精神贯穿在大学的课程目标、课程结构、课程内容和课程实施等方面。英国大学普遍重视基础知识教育，以确保文理工科学生具有深厚广博的知识基础。大学课程的设计强调以专业教育的形式实现通识教育，加强文理科之间的沟通。一些大学设立了许多跨学科课程，以拓宽学生的基础知识，避免过早和过分专业化所带来的弊端。同时一些大学还采取设置联合专业的方式，如双科专业、三科专业和主辅修专业等，解决不同学科和专业间的隔阂和分离状态。总之，通过种种方式大学教育为学生提供了综合广博而深厚的知识，旨在为人整体的发展而服务。下面将以牛津大学、剑桥大学和伦敦大学为例探讨英国大学20世纪及当今通识教育的实践状况。

（一）牛津大学

牛津大学自1168年成立开始就一直传承和践行着自由教育思想的传统，并延续至今。它是西方国家中最古老的大学之一，享有800多年的历史。在这800多年的发展中始终处于世界一流大学之列，在政治、经济、文化和科学领域做出了卓越的贡献，培养了众多社会精英，其辉煌的学术成就、社会功能和显赫的历史地位举世瞩目。牛津大学以传统的人文学科起家，视自由教育思想为其办学理念。尽管随着时代的发展和科技的进步，牛津不断做出改革，第二次世界大战后其学科范围拓展到现代人文学科和科学领域，牛津成为文理并重的现代化研究型大学，但是牛津大学始终坚守着自由教育的思想，保持着传统学科发展的连续性，并不断丰富其内涵。虽然牛津大学没有设立独立的通识课程，但是通识教育却是其执着坚守的理念，通识教育体现在培养目标、课程设置、学院制、导师制等方方面面。

自由教育思想对牛津大学的影响表现在“心智的训练、德性的养成和精英式的培养上”[1]。进入20世纪，尤其是第二次世界大战之后，牛津大学的传统人才培养目标转变为对政治和知识精英人才的培养。时代的发展和科技的进步使牛津大学意识到仅培养有教养的绅士是不行的，还应培养国家所需要的专业技术人才。第二次世界大战后，牛津大学开始重视自然科学领域的发展，开设理科课程和实验室。与此同时，继续保持人文领域的发展和研究。在文理学科并重的策略下，牛津大学将其大学的目标设立为培养政治和知识精英人才。2005年牛津大学发布了《2005—2006学年至2009—2010学年综合规划》，将其目标做出明细说明：①使牛津大学各学科和跨学科研究走在世界前列；②为本科生和研究生提供优质的教育，其特色体现在通过营造学院和系部范围内的共同体，让学生与知名学者之间有密切的交流；

[1] 周常明：《牛津大学史》，上海交通大学出版社2012年版，第7页。

③通过科研成果、学生的技能、创业活动、政策引领以及继续教育等方面，为区域、国家和全球做出重要贡献；④吸引、培养和留住全球顶级学术人才，并使大学和学院能在区域、国家和全球范围内招聘所需的各种人才；⑤通过公平的方式招收英国和全世界具有优异成绩和发展潜力的、最优秀的学生；⑥为学生和教师提供有效的服务和管理。[1] 从该规划中中发现牛津大学的目标呈现多元化趋势，但其本质都是为了培养政治和知识精英人才。这种人才培养目标是在自由教育思想的理念主导之下确立形成的。

1914 年前牛津大学重视的是古典学科和文科课程，此后牛津大学逐渐从一所文科大学转型为文理学科并重的现代化研究型大学，其学科模式也转变为文理并重。文理并重的学科模式既专注于心智的训练、德性的培养又注重生活实用能力的提高。其目的是通过建构完整的知识体系，达到对人总体的培养。牛津大学现有四个学科部，包括：人文学科部，社会科学学科部，数学、物理和生命科学学科部及医学学科部。在牛津大学现有 50 个本科生专业，除去医科和极个别工科专业之外，文科和理科专业不多各占一半。人文学科作为牛津大学的传统学科，也是其优势学科，是 19 世纪中期改革后建立起来的世俗的、非古典的及非自然科学的学科，有现代历史学、英语语言文学、哲学、政治学、经济学和艺术等。自然学科是牛津大学的后起之秀，18—19 世纪才逐渐列入牛津大学的学科体系中，两次世界大战期间和 20 世纪 60 年代后，牛津大学的自然科学学科发展迅速，形成目前牛津大学的文理并重的学科模式。

同时牛津大学不断进行学科调整和创新，一方面开发联合专业课程，一方面引入双学科专业选修课，形成文理学科交叉和渗透的格局。自 1969 年后，牛津大学开设了 14 个联合专业课程，其中有 5 个属于跨文科和理科专业的课程。在牛津大学现有 50 个本科生专业中，有 24 个双学科专业课程和 4 个三学科专业课程。这些课程既符合现代知识既分化又融合的规律，又有利于培养社会需求的不同规格的人才，其最终的目的都是针对人总体的培养而不是某一方面能力的训练。由此可见，牛津大学的学科模式是基于通识教育理念下的实践。

学院制作为人才培养模式和管理模式，是牛津大学实践其通识教育理念的重要途径。牛津大学是一所学院制大学，在牛津大学几百年的历史发展中，学院制传承至今，成为牛津大学最具魅力和特色的地方之一，也是其赖以生存的基础。牛津大

[1] 周常明：《牛津大学史》，上海交通大学出版社 2012 年版，第 131—132 页。

学前副校长布洛克指出："牛津大学能保持其吸引力的原因之一，在于它的学院结构。"[1]学院制从13世纪开始在牛津大学酝酿试行，创办的初衷是为了培养人才和营造精神家园。20世纪后学院制面临挑战，但牛津大学坚持其运作，并进行调整和创新。目前它是牛津大学最古老的制度之一，在保持其通识教育传统中起了重要作用。在牛津大学，学院是一个独立的自治组织，拥有自己的管理机构，教师和学生大部分的教学、学习、生活和学术都在这里进行。牛津大学现有38所学院和6所永久性私立学堂，每个学院都有自己的建筑群体，承载着深厚的历史和文化内涵。学院是一个有序的场所，是学生物质生活和精神生活的家园。学院为学生们提供文学、哲学、社会学、古典学科及基础的自然科学教育，致力于塑造学生的心智，培养其德性和生活能力。

导师制以通识教育为理念，在塑造学生的品格、训练其心智和培养其兴趣上做出了重要贡献。导师制发源于学院制，是在学院制的环境之下实行的教学模式，是牛津大学人才培养的传统之一。它初创于中世纪，17世纪确立，经过19世纪改革，进入20世纪这种教学模式也基本没有改变。牛津大学对导师要求非常高，那些评学兼优的教师才能担任导师，他们不仅要在自己的专业领域造诣深厚，而且需知识渊博、品行端正，能够激发学生求知的愿望，塑造他们的灵魂。新生入学后，学院会指派相关专业的教师做他们的导师。导师要为学生选定书目、指导学习和关心他们的生活。导师的教学灵活、充满人性，采取师生互动的方式而非授课的形式。牛津大学要求导师定期与学生会面，导师会给他们阅读书目清单和讨论题目，并指导他们如何操作或就学生学习过程中遇到的问题进行讨论，导师注重传授学习和研究的方法，而不会为学生提供直截了当的答案。导师制教学中主要活动是讨论、辩论和师生间的交流，归根结底是一种让人去追问、探寻、审视和质疑的方法，旨在培养学生的独立思考的能力和理性的思辨能力。由此可见，牛津大学的导师制是基于通识教育的理念下的人才培养方式。

（二）剑桥大学

同牛津大学一样，剑桥大学以传统的古典人文学科起家，深受自由教育思想的影响。在800多年的历史发展中，剑桥大学不断探索和改革，在创新的基础上坚守着传统，以对学术自由的信仰和对真理的追求为根本理念。秉承着自由教育传统，

---

[1] 裘克安：《牛津大学》，湖南教育出版社1986年版，第2页。

剑桥大学成立初期，以“三艺”、“四科”和拉丁文为主要学习内容；文艺复兴后开始开设数学、化学、几何学等学科课程，以传授百科全书式的知识为己任；1856年改革之后，推动了自然学科的建设，现代大学的课程体系逐渐形成；两次世界大战之后，剑桥大学进一步加强自然学科的建设，与此同时丝毫不放松对人文学科的重视。尽管经过多次改革，但剑桥大学始终坚持着自由教育的传统，保持其学科特色，并发挥其优势。剑桥大学前校长亚力克·布罗厄斯曾说过：剑桥在艺术和人文方面的成就并不比科技方面的成就逊色。正因如此，剑桥大学走在了世界一流大学之列，培养了数以万计的社会精英，创下了引人注目的学术成就，积攒了丰富而卓越的教学经验和管理经验。迄今为止，剑桥大学共培养了88位诺贝尔奖获得者，是世界高等学府中获得诺贝尔奖人数最多的大学。毋庸置疑，通识教育在推动剑桥大学成为世界一流大学的过程中起着无可估量的作用。在剑桥大学学生被鼓励去质问、批判和求索，以此来培养他们的创新能力和终身学习能力。“此乃启智与求知之地”的校训就充分表明，剑桥大学致力于在塑造学生心智、培养其智慧和传授知识等方面做出努力。通识教育体现在学术自由、人文学科、选课制度、学院制和导师制等方面。

剑桥大学的使命和核心价值观体现了通识教育理念。根据剑桥大学的官网，剑桥大学将其使命阐述为：致力于将教育、学习和研究推向国际最高水平，努力为社会做出贡献（The mission of the University of Cambridge is to contribute to society through the pursuit of education，learning，and research at the highest international levels of excellence）。核心价值观包括两点：自由思考和表达；没有歧视（freedom of thought and expression；freedom from discrimination）。教学原则：鼓励学生质疑；学术课题广泛，不受专业限制；研究课题具备相当质量和深度；分享教学经验和教学成果；支持个人和团体的学术研究；每个剑桥人都可自由上课；提高学生的学习能力等。

坚持学术自由的原则，创造良好的人才培养学术氛围是剑桥大学的传统。这种学术理念源自于古希腊强调理性训练和德性培养的自由教育思想。剑桥大学强调教育目的的内在性，反对教育的功利目的，十分重视知识本身的价值。其教育目的不在于培养某一领域的专业人才，而是培养具有广博和深厚学识的知识人才。此外，剑桥大学还注重发展学生的智力，鼓励学生独立思索、大胆质疑，并鼓励他们勇于尝试学习新的东西和吸收新的观念以此来培养学生的批判性思维和创新能力。因此剑桥大学能包容和吸收各种学术思想流派，致力于建构以追求真理和自由的学术机构。这种学术自由精神不是被规定的，而是其历史长期发展而形成的一种理念，体现了通识教育思想。

目前剑桥大学实行的是文理并重的学科模式，实用学科与古典学科相结合，人文学科作为践行通识教育的主要方式在剑桥大学的学科发展和改革中发挥重要作用。剑桥大学共设有6个大的系部，其中人文学科部（Arts and Humanities）与人文和社会科学部（Humanities and Social Sciences）主管培养人文领域的专业人才并承担全校性人文学科类的课程。人文学科部旗下设有8个学院，包括古典文学学院、神学学院、英语学院、哲学学院、音乐学院、建筑和艺术历史学院、亚洲和中东研究系学院、现代和中世纪语言学院；另设有3个研究中心，包括语言中心、英语和英语语言学研究中心以及人文科学和社会科学研究中心。人文和社会科学部下同样设置了8个学院，包括：历史学院，法律学院，人类、社会和政治科学学院，教育学院，历史和科学哲学学院，经济学院，刑事学院，土地经济学院。在剑桥大学31个独立学院中，人文领域设置的学院达到16个，可见剑桥大学对人文学科的重视。同时，语言学、法学、历史、神学和汉学是剑桥大学人文学科领域内发展最具学术前沿和权威的学科。

在通识教育的理念指导下，剑桥大学的课程分为公共必修课和选修课，其目的是一方面为学生传授普遍的科学和人文知识，达到训练心智的目的；另一方面赋予学生自由，使其根据个人的兴趣选择课程，实现在某一领域具备深厚的专业知识的目的。剑桥大学的公共必修课由两部分构成——自然学科和人文学科，如数学、外语教学、物理学、人文科学、社会科学、化学、生物学等。课程内容广泛，其目的都是为了奠定学生扎实的知识基础和宽广的知识领域。英国大学的本科制普遍为三年，剑桥大学要求学生一般在大学的头两年修完公共必修课，为大三阶段的学习做好准备，进入大三后，学生们可以就自己所感兴趣的领域和课题进行深层次研究。选修课体制赋予了学生很高的自由，其课程比较专业化，学生们根据自己确立的专业和课题自由选课，这些课程旨在培养学生独立探究的精神，深入理解所学专业的基础知识、研究方法和学术前沿。同时，剑桥大学非常重视培养学生的兴趣爱好和发展个性，认为它们有助于激发学生的学习热情和创新潜能。因此，每个学年结束后，剑桥大学允许学生根据所学课程的成效和兴趣重新选择课程。而选修制度的推行，对于推动教师教学方法和教学内容的创新也起到一定作用。由于学生自由选课，各个学科为争取更多的学生而相互竞争，这使得教师们放弃过去枯燥乏味的教学方式，采取自由讨论、辩论、实验演示等活泼的教学方式，极大地调动了学生学习的积极性，丰富了教学内容。

同牛津大学一样，学院制和导师制也是剑桥大学在悠久的发展历程中形成的办学特色，对于通识教育具有重要意义。剑桥大学的学院制形成于16世纪，此后经过多次改革和调整，到20世纪20年代形成现在的具有联邦性质的独立学院。学院具有独立自治的权力，院长为学院的最高领导人，管理学院的运行、监管学院理事会和主管团体。院长从学院的教授选举中产生或由王室和名门望族担任。学院制在通识教育中发挥的作用与牛津大学相似，这里将不再赘述。不过其不同点就在于牛津大学的学院以教学为中心，而剑桥大学的学院倡导学术研究的重要性，积极促进学院的学术发展，这使得剑桥大学的师生在知识体系、思维模式、理论基础、学术素养和学术造诣等方面非常出色。由此，剑桥大学才培养了这么多的社会精英并成为世界高等学府中获得诺贝尔奖人数最多的大学。

导师制对于通识教育具有重要作用。剑桥大学的导师制形成于16世纪，现在仍保持着这一传统。新生在入学时，学院会给每位学生安排一位导师。每位导师负责3—10名学生，指导学生的学业和品行并关心他们的生活。剑桥大学要求导师定期为学生开展“个人辅导”，内容包括：开展讲座和讨论，协助安排学生的学习计划，传授学习和做研究的方法，对学生的汇报做出评论和提出建议等。因此师生间的关系和谐而友爱。导师的教学方式是一种灵活和人性的方式，旨在培养学生独立思考的能力和创新思维。在剑桥大学，导师十分注重挖掘学生的潜能，鼓励学生质疑和探索，促进他们独立钻研、开拓创新。同时在导师的长期熏陶下，品性也会得到训练。总之，剑桥大学的导师制以发展学生的智力、塑造其德性和培养其创新能力为重任是通识教育的体现。

（三）伦敦大学

伦敦大学是一所由独立、自治的学院和研究机构组成的联合制大学，成立于1836年，实行专业教育与通识教育相结合的教学模式。其办学的初衷是为了打破英国教育的宗教束缚，使高等教育走向民主化、平民化和专业化。在伦敦大学的历史发展中，其教育专注于两个方向：针对社会和经济发展需要进行自然科学教育，培养高层次的专业技术人才；同时保留古典大学自由教育的特色，开设大量的语言、文学、哲学与历史等科目。19世纪30年代，伦敦大学课程体系就包含三个部分：构成自由教育的基本课程、专业教育的课程和实用性课程。进入 20 世纪，伦敦大学依然保持着专业教育与自由教育相结合的传统，体现出智性、科学和实用的特点。根据《2009—2014 年伦敦大学战略规划》显示，伦敦大学将其办学目标明细阐述为五点：维护和强化高水平学术；为学院提供有效保障；为大学运行确保经济支持；承担地区、国家及国际作用；创造和保持学校的工作力量，为学校的方针政策提供实践与能力的保证。

伦敦大学是如何实践其通识教育理念的呢？首先，从伦敦大学的组织机构上看，在 18 个独立学院中，有 4 所完全属于人文社科领域，包括中央演讲和戏剧学院（Central School of Speech and Drama）、考陶尔德艺术学院（Courtauld Institute of Art）、伦敦大学教育学院（Institute of Education）、皇家音乐学院（Royal Academy of Music）；5 所综合性学院，如伦敦大学学院（University College London）、伦敦英王学院（King's College London）、伦敦经济学与政治科学学院（The London School of Economics and Political Science），皇家霍洛威学院（Royal Holloway，University of London）、戈德史密斯学院（Goldsmiths，University of London）。其中伦敦大学学院，旗下设立 8 个系，其中在文学与人文科学、法律、社会科学与历史学 3 个系为人文社科专业学生服务，并承担一部分全校性的人文社科类课程. 如伦敦英王学院，下设 7 个系，艺术与音乐系、教育系、法律系、神学与宗教研究系为人文社科专业学生服务，并承担一部分全校性的人文社科类课程；而在其十几个研究所中，70% 的研究所专注于人文社科领域的研究，如古典研究所、英语研究所、日耳曼语言研究所、罗曼语研究所、历史研究所、高级法律研究、拉丁美洲研究所、美国研究所等。其次，从伦敦大学设置的专业来看，目前伦敦大学开设了 706 个专业，文科专业占有很大的比重。仅从 2013 年伦敦大学学院排名靠前的 10 个专业来看，其中有 7 个为人文社科类专业，如艺术（Art and Design）、考古学（Archaeology）、心理学（Psychology）、语言学（Linguistics）、法律（Law）、人类学（Anthropology）、英语（English）。从这些数据中可以发现，伦敦大学是非常重视通识教育的。它同牛津大学和剑桥大学一样采取学院制的方式，保障其通识教育理念的实施。同时，伦敦大学的导师制在塑造学生的品格、训练学生的心智和培养学生的兴趣上也起到不可小觑的作用。伦敦大学虽然是应 19 世纪社会对科技教育和实用教育的要求而产生，但是伦敦大学并没有一味地强调专业教育，而是与通识教育齐头并进，在专业教育中有机地融合通识教育，如此而成就了伦敦大学现在的成就与荣耀。

第八章　20世纪及当今德国大学通识教育

一、德国的大学教育

德国的大学历史悠久，成就辉煌。1386年建立了德国最古老的大学鲁帕雷希特卡尔斯大学，具有深厚的古典人文主义气息。18世纪经过两次大学改革德国大学逐渐具备了现代大学的特征，强调学术自由、现代科学和哲学研究。19世纪在洪堡高校改革的推动下，建立起以教学与研究相统一为原则的新型大学，一度成为19世纪西方高校纷纷仿效的典范，此阶段德国大学发展迅速，学术成就举世瞩目。进入20世纪后，由于受政治、社会、经济和文化等影响，德国大学发展经历了以下四个时期的变化发展。

（1）20世纪初到第一次世界大战前，是德国大学高度发展的时期。在工业化的推动之下，德国高等教育办学规模不断扩大、新的院校越来越多、专业结构趋于丰富和合理化。[1] 在办学规模上，大学生人数增长迅速。1872年，德国大学生的人数为17 954，到1912年已经增至71 720人，增加了近3倍。同时，1908年德国确立了妇女接受高等教育的权力，到第一次世界大战前，女大学生人数已超过4 000。这一时期德国产生了许多高等技术学校和商业学校，致力于培养专门性工业人才。另一方面，为了适应社会对人才需求的变化，德国综合性大学调整各学科的规模，加大对自然学科的投入。1870年学习神学学科的人数占学生总数的16.4%，到1914年已下降到9%，而人文和自然学科社会需求比较大，从35.7%增至49.6%。

（2）两次世界大战期间，受战争和政治影响，德国大学发展缓慢。第一次世界大战爆发后，德国大学被卷入其中，很多大学师生放下学习狂热地投入到战争中，

[1]　张帆：《德国高等学校的兴衰与等级形成》，北京师范大学出版社2012年版，第24页。

一部分学校还遭到战争的破坏。战争结束后，国际学术界普遍敌视德国的大学，禁止德国学者参加国际学术会议和学术组织。大学的经济状况也十分糟糕，德国大学的地位迅速下降。魏玛时期，为改变大学的困境，德国高等教育主要从三个方面实行了改革，包括：开放高等教育，扩大教育规模；恢复和落实洪堡倡导的办学原则；发展高等师范教育。对德国大学的发展有一定的促进作用，但也隐藏了许多隐患。到纳粹时期，德国大学遭遇巨大灾难。纳粹政权在大学中推行一体化政策，灌输纳粹的意识形态。大学成为维护政权的工具，大力清除政治异己和犹太人，大学的管理和教学被纳粹思想笼罩，传统的学术自由荡然无存，许多曾经的一流大学渐渐衰落，大学生的数量也迅速下降。

（3）联邦德国和民主德国期间，是德国大学的复兴和发展阶段。第二次世界大战后，德国被分为联邦德国（西德）和民主德国（东德）。受不同的社会制度和意识形态影响，两德高校发展存在不同，西德教育水平普遍高于东德，但大体上都经历了恢复和上升两个阶段。在这一时期，联邦德国首先恢复魏玛时期德国大学的传统，倡导学术与教学的统一；其次创办大量校外科研机构，高水平科研逐渐从大学向校外机构转移；20世纪60年代后，开始扩大教育规模，主张高等教育的民主化和机会均等，大学的教育逐渐进入大众化阶段。一大批新大学被创立，同时原有的高等技术学院和师范学院大多被升为大学。到20世纪80年代末，西德一大半的大学是在1965年后建立的。1970年后为满足社会需求，建立了一批应用科学大学，强调学科和课程的实用性，截至1990年西德创办了122所应用大学。就民主德国而言，1945—1949年，也是大学教育的恢复阶段，清除法西斯影响。1949—1961年实行全盘苏化，采取社会主义教育原则，马列主义为必修内容并提倡工农业的学习。1961—1972年，属于扩张时期，民主德国新建了一批大学，并注重大学的科学研究。1972—1990年，民主德国大学的发展处于停滞阶段。大学教育不受重视，知识分子地位普遍下降，大学的录取率远远低于联邦德国。1970—1990年联邦德国高校总人数约为150万，而同期民主德国仅保存在11万—13万人。到1990年西德高校总数为248所，高校类型丰富、层次分明，而东德仅有54所，高校类型单一。这些数据均表明，在两德时期，尤其从1970年后开始，西德的大学教育水平普遍高于东德。

（4）从1990年两德统一起至今，随着两股力量的融合，德国大学发展迅速，高等教育体系不断扩大和完善。德国东部高校变化最为巨大，采取全面效仿西部大学的模式和理念，倡导科学研究、学术自由和教学自治。具体包括：去政治化，取消党校、军校、马列主义相关专业等；重建与政治相关的人文学科领域的科系和专业；重建大学的科研队伍和力量；调整课程大纲和专业设置，避免过分专业化的学习；创办应用科学大学等。目前德国东西部高校差距缩小，形成由大学、应用科学大学、艺术和音乐学院构成的高等教育体系。

综观以上内容克制，20世纪德国大学发展道路坎坷。相对于美国、英国、法国等西方主要资本主义国家，德国由于受政治和战争影响严重，大学的发展在20世纪远不如从前且情况复杂。第一次世界大战的爆发标志着德国大学衰落的开始。从此德国大学开始走下坡路，学术研究、国际声望和人才培养再也不能与18、19世纪相比。第二次世界大战后，尽管德国试图重建高校体系，并有一定发展，但相对于同时期的美国、英国和法国的大学，还有一段距离。2005年以来，德国出台并逐渐实施“卓越计划”，以美国大学为榜样，试图建立德国的精英大学。当前，德国正在为致力于重建德国大学昔日的辉煌而努力奋斗。

二、德国通识教育的内涵

在德国的教育传统中，通识教育占有一席之地。现代意义上的通识教育概念在德国并不存在，同英国一样德国没有像美国那样为通识教育建立一系列原则和目标，没有在大学里设立专门的通识教育课程、管理部门，但是这并不表明德国没有通识教育。德国比勒费尔德大学教授路德维希·胡贝尔在《通识教育与跨专业学习》一文中谈到，德国的通识教育在中世纪时期的大学里就已存在。中世纪的大学旨在培养神学、法学和医学人士，学生在基础阶段时，学校要求他们必须学习哲学、语言和数学等基础性课程，即“七艺”，以便不同背景和基础的学生在研读法学或神学专业之前具备统一的基础。而近代以来，“统一普及教育”一直在欧洲中学，尤其是文理中学中实行。这种普及性教育在美国得到极大的发展，为日后通识教育在美国的普及奠定了基础。就德国而言，“中世纪的大学模式一直沿袭到19世纪初德国大学改革运动时期”[1]，因此在德国的教育传统中，通识教育占有一席之地。19世纪初洪堡领导了德国教育史上有名的大学改革，他以新人文主义为基础，提出大学

[1]　周丽华：《德国大学与国家的关系》，北京师范大学出版社2008年版，第23页。

是通过科学而完成教养的场所[1]，教育就是全面和谐地发展人的个性。洪堡的大学观主导了19世纪德国大学教育理念，并有力地体现了通识教育的思想。20世纪以来，两次世界大战对德国的大学造成了巨大破坏，第二次世界大战以后，大学的恢复和发展使“通识教育”的概念重新回到高校中。在联邦德国，受英国和美国的影响，西德也试图建立通识教育体制，主张“学校不仅仅应把大学生培养成为某个行业的专家，更应把他们教育为合格的、有用的人”[2]。在民主德国，全国统一开设的必修部分“马列主义基础教育”就是一种通识教育。当然，随着两德的统一，教育的重新整合成为一种必然。从20世纪90年代开始，重振通识教育又在一些大学兴起，例如赫德克大学的基础性课程和布伦瑞克工业大学的综合课，其目标是为了缓和大学教育过度专业化。而当今，根据路德维希·胡贝尔教授《通识教育与跨专业学习》一文所示，通识教育可以分为三个层面，即传授关键能力和学术工作技术、导向性知识、培养语言能力。截至2004年，德国约有75%的本科专业以各种形式实践着关键技能和导向性知识的教育。

从历史的梳理中发现，德国对通识教育的理解是与学术自由的传统和哲学思辨相联系的。通识教育当今的三个层面——关键技能和学术工作技术、导向性知识、语言能力，具有明显的指向性，即科学研究和哲学思辨。这些都注重学生心智的培养、思辨能力的训练和严谨品格的塑造。在洪堡大学改革的推动下，19世纪是德国大学最辉煌的时期。20世纪之后，魏玛时期和第二次世界大战后，在大学的重建和改革中，德国人都选择了回归传统，恢复洪堡的大学传统而没有选择效仿美国或英国。这是因为，德国人始终坚信他们的学术自由传统和哲学思辨是好的。几个世纪以来德国人追寻着真理之光，以日耳曼民族所特有的理性、严谨、深邃、思辨特质在人类思想领域攀登着一个又一个的山峰，不断刷新着人类对世界、知识、真理和人本身的认识。康德、叔本华、尼采、黑格尔、狄尔泰、马克思、费希特、洪堡、海德格尔、胡塞尔等一大批人类思想史上里程碑似的人物都来自于德国。德国近代以来的学术成就，令世人瞩目。在这样一个盛产哲学家和学术高度发达的国度，德国的通识教育与科学研究和哲学思辨紧密相连。

---

[1] 周丽华：《德国大学与国家的关系》，北京师范大学出版社2008年版，第61页。

[2] 胡贝尔：《通识教育与跨专业学习》，载《北京大学教育评论》2007年第4期，第93页。

三、德国的通识教育思想家

（一）洪　堡

洪堡（Humboldt，1769—1859）的教育思想对20世纪及当今德国的大学教育具有重要意义。在洪堡的大学改革推动下，19世纪是德国大学最发达的时期。20世纪以来，在魏玛时期和第二次世界大战后的大学重建和改革中，德国人都选择了回到传统中，恢复洪堡的大学传统而没有选择效仿美国或英国，可见洪堡教育理念的重要性。

洪堡的教育观是德国当今通识教育的理论来源之一。从教育目的上看，洪堡主张"所有学校必须只是培养一般人为目的"[1]，教育不是有关职业的培训，而是有关"普通教育"的教养，是个性的全面与和谐发展。洪堡深受希腊自由教育观念和新人文主义的影响，十分推崇有关人全面发展的观念。他在《论国家的作用》一书中谈道："人的真正目的，是把他的力量最充分地和最均匀地为一个整体。"[2]他认为，教育不应该是训练学生对社会的适应或传授基本知识和技能，而应发展其完整的个性，培养判断能力、独立能力、思维能力等以便学生能在充满变化和不确定的处境中做出合理的决策和行动。"每个人显然只有当他本身不是着眼于其特殊的职业，而是努力成为一个良好和高尚且按照他的状况受到教育的任何公民时，他才是一个好的手艺人、商人、士兵和经纪人。"[3]因此，这样的教育是以人自身为目的的活动而非职业训练，是一种人性的陶冶、个性自由的彰显。

在此目标指导下，洪堡提出他的大学观。洪堡认为，大学要想培养个性、全面和谐发展，就必须与科学研究相结合。科学研究作为一种无功利、探索真理的活动，有助于培养人的思维能力、判断能力和独立能力，发展和谐而全面的个性。因此，洪堡提出大学是通过科学而完成教养的场所而非岗前训练的工具，大学需要突出学术研究的功能，让学生沉浸于科学研究中，训练和塑造完满的个性。"大学只有通过开展学术研究活动，通过对世界真理的探索过程才能培养出优秀人才。大学向学生传授的不应该仅是材料本身，而应该是对材料的理解；不仅仅是知识，而应该是

[1]　[德]贝格拉：《威廉·冯·洪堡传》，袁杰译，商务印书馆1994年版，第7页。

[2]　[德]洪堡：《论国家的作用》，林荣远、冯兴元译，中国社会科学院出版社1998年版，第30页。

[3]　[德]贝格拉：《威廉·冯·洪堡传》，袁杰译，商务印书馆1994年版，第73页。

研究知识的能力。”[1] 同时，他还强调“寂寞与自由”是大学最重要的组织原则。自由是科学与大学生存的条件，大学需要有学习的自由、教学的自由和学术自由。大学应当摆脱功利性目的，以科学与理智为主要活动，将教学和学术统一起来。

（二）雅斯贝尔斯

存在主义哲学对 20 世纪的德国有深远影响，而将存在主义哲学发展为德国的存在主义教育思潮，雅斯贝尔斯起了很大的作用。雅斯贝尔斯（Jaspers，1883—1969）在其生存哲学之上对教育的本质、目的、大学的理念等做出了深刻阐述。体现他教育思想的代表作有《什么是教育》、《大学的观念》、《时代的精神状况》等。

雅斯贝尔斯基于对完整人的培养这一存在主义教育理念，是形成当今德国通识教育的理论来源之一。在《什么是教育》一书中，雅斯贝尔斯把教育的本质阐释为：“教育是人对人的主体间灵肉交流活动（尤其是老一代对年青一代），包括知识内容的传授、生命内涵的领悟、意志行为的规范，并通过文化传递功能，将文化遗产教给年青一代，使他们自由地生成，并启迪其自由天性。”[2] 他把教育视为人与人之间精神相契合的一种文化传递活动，强调教育对人的重视、教育者和受教育者之间平等的关系，以确保受教育者的自由发展。“在我看来，全部教育的关键在于选择完美的教育内容和尽可能使学生之‘思’不误入歧途，而是导向事物的本源。教育活动关注的是，人的潜力如何最大限度地调动起来并加以实现，以及人的内部灵性和可能性如何充分生成，质言之，教育是人的灵魂的教育，而非理智知识和认识的堆集。”[3] 雅斯贝尔斯认为，教育内容应该选择那些能让受教育者在实践中自我练习、自我学习和成长的东西，以培养学生认识事物本质的能力。教育针对的是人的灵魂，致力于挖掘人的潜力，充分发挥其可能性。

由此，雅斯贝尔斯提出培养全人的教育目的和课程体系。“所谓有教养的人，即按一定时代的理想所陶冶的人，在他那里，观念形态、活动、价值、说话方式和能力等构成了一个整体，并成为他的第二天性。”[4] 在他看来，真正的教育不是培养人某一方面的知识或技能，而是回归到人之所以为人的教育上，培养整体的人，也

[1] 王保星：《西方教育十二讲》，重庆出版社 2008 年版，第 214 页。

[2] ［德］雅斯贝尔斯：《什么是教育》，邹进译，生活•读书•新知三联书店 1991 年版，第 3 页。

[3] ［德］雅斯贝尔斯：《什么是教育》，邹进译，生活•读书•新知三联书店 1991 年版，第 4 页。

[4] ［德］雅斯贝尔斯：《什么是教育》，邹进译，生活•读书•新知三联书店 1991 年版，第 107 页。

即他提出的“有教养的人”。而如何在教育内容上反映这种整全人的培养目标呢？他提出以手工课、体育课、哲理课、文学课、历史课和自然科学课的课程体系对于训练人的灵魂、潜力、灵性和可能性具有重要作用。“手工课以劳作方式发展学生的灵巧性；体育课则以学生身体素质的锻炼，以及身体的健美来表现自我生命。哲理课发展思想和精神的敏锐和透明，培养说话的清晰与简明、表达的严格与简洁、把握事物的形式、特征，以及了解思想论争双方的焦点所在，以及如何运用‘思’使问题得以澄清。通过接触伟大作品而对人类本真精神内涵进行把握（伟大作品包括：荷马史诗、圣经、希腊悲剧家的作品、莎士比亚和歌德的作品）；而历史课的教学则是发展学生对古代文化的虔诚爱戴之心，启发他们为了人类更高的目标而奋斗，并形成对现实批判的清醒历史观。自然科学课的开始，则是掌握自然科学认识的基本方法论（包括形态学、数学观和实验）。”[1] 雅斯贝尔斯所提出的这一课程体系针对的是对全人的培养，体现了通识教育的思想。

关于大学，雅斯贝尔斯指出“大学必须包含三个任务：专业训练、对全人的教育和研究”[2]，三者需有机融合。在他看来，大学既是职业训练的场所，也是一个研究机构。专业训练的重要性，这里不做赘述。而对全人的教育和研究是雅斯贝尔斯所要突出表现的。他追求的是一种“本真的教育”，这种教育是站在人作为人的基础之上的一种培养理性和陶冶心灵的教育。专业知识和技能是生活所必需的，但是同时“专门技术训练将人训练成最有用的工具，但即使完全以自然科学来教育人，就未必能培养出具有自然科学素质的人”[3]。因此，他认为大学教育的特色在于研究，以此启发学生形成基本的科学态度。“这种科学态度表现在，为了客观地认识和分析事物，能够暂时撇开自我的价值评价，超越某一学派的一孔之见，以及自己目前意愿的局限去进行工作。科学性具有实事求是、反复推敲、对相反的可能性不断斟酌和自我批判的特性……科学最大的特性是怀疑和质问一切的精神，对事物进行谨慎而有保留的判断，并对这一判断的界限和适用范围进行检验。”[4] 学术研究使学生总处于开阔的视域中，不断去质疑、追求和探索，反复论证、检验，在此之中学生

[1] [德]雅斯贝尔斯：《什么是教育》，邹进译，生活·读书·新知三联书店1991年版，第4页。

[2] Jaspers，*The Ideals of the University*, H.A.T.Reiche and H.F.Vanderschmidt translate，Beacon Press,1959,p.40.

[3] [德]雅斯贝尔斯：《什么是教育》，邹进译，生活·读书·新知三联书店1991年版，第52页。

[4] [德]雅斯贝尔斯：《什么是教育》，邹进译，生活·读书·新知三联书店1991年版，第112页。

的灵魂、潜力、灵性和可能性都将被训练。

关于大学的基本原则，雅斯贝尔斯提出：“经过思考去运用一切工具和全面发展人的所有潜能，让学生在一切行动和信仰上做出自己的抉择并通过认知让他们完全清楚地意识到自己所负责任的意义。”[1]雅斯贝尔斯的教育思想与其“生存哲学”紧密相关，人的存在即是自由的存在，自由是人存在的本体论前提，指导着人的活动。这就要求教育要立足于学生的生命存在和自由本性，使他们学会自我决定和自我筹划并为自己的行为负责。

（三）哈贝马斯的教育思想

批判理论是当代西方具有广泛影响的思潮，哈贝马斯（1929—　）是法兰克福学派第二代批判理论主要代表人物，在将批判理论发展为批判教育学的过程中起了重要作用。尽管哈贝马斯没有像洪堡和雅斯贝尔斯那样撰写专门针对教育或大学的著作，但其后现代理论，尤其是“批判反思理论”和“社会交往理论”对德国现代教育产生了深远影响，当今德国通识教育也从他的理论中汲取了养分。

哈贝马斯批判了启蒙运动以来以“工具理性”为基础的教育目的，提出目的合理性和交往合理性相平衡的以人际和谐与个性解放为目标的教育目的观。哈贝马斯认为工具理性的教育目的会造成一些问题。首先，人类征服自然，结果并没有成为自然的主人，反而破坏了人与自然的和谐关系，遭到自然的报复。其次，在完全被技术理性统治之下，理性和技术没有实现人的解放和普遍自由，反而导致人的异化，人的全面发展的能力也愈加受到限制和削弱，扼杀了人的自由。人与人、人与自然之间相互异化，以致损害了主体间合理的相互作用，即交往行为。依据哈贝马斯的解释，交往行为指：“两个以上具有语言和行为能力的主体，以语言为媒介通过对话，达到相互间的理解和协商一致的行为。交往行为最基本的特征是主体间的交互性（主体间性），这种相互作用是按照必须遵循的规范进行的。其中，语言在主体间的相互作用中具有特殊地位。”[2]通过批判和反思工具理性的教育目的，哈贝马斯指出他提倡的教育目的在于一方面使学生获得进行语言理解的交往性资质，包括“选择陈

[1]　[德]雅斯贝尔斯：《什么是教育》，邹进译，生活·读书·新知三联书店1991年版，第113页。

[2]　陈琦：《批判·反思·交往：哈贝马斯与战后德国的教学论》，载《理论界》2010年12期，第199—200页。

述性语句的能力”、“表达言说者本人的意向的能力”、“实施议事日程行为的能力”[1]；另一方面培养学生的学习、思辨、批判和反思的能力，“建立主体的学习机制和自我同一性”[2]。他认为，认知与技术学习、道德和实践学习都是主体发展自我同一性的要求。依靠建立平等、合理的主体际性，行为主体才能在实践中获得学习、思辨、批判和反思的能力，实现自我与个性解放。

关于课程，哈贝马斯认为应以交往模式的解放的知识为中心，建立课程体系。他指出以西方逻辑中心主义和理性主义传统为导向的课程观和知识观都是唯科学主义的，主张以科学技术知识为中心建立课程体系，其维护的是现存的社会秩序。知识学习是为国家、社会、工商业服务而非学生本身的自我解放和发展，科学技术在很大程度上异化为意识形态。同时，在《知识与人的旨趣》一书中，哈贝马斯将知识分为三个类型：技术的知识、实践的知识和解放的知识。其中解放的知识以摆脱意识形态而使人获得自由解放的目标为指导，为着眼于批判现实社会生活中的宰制和扭曲现象，为创造公正、平等的社会而服务。解放的知识协调平衡着技术知识与实践知识间的对立，倡导用交往理性和批判理性取代工具理性。因此，哈贝马斯主张课程应以交往模式的解放的知识为中心，取代唯科学技术的课程观。

在交往行为理论的指引下，哈贝马斯倡导建立和谐、对话式的师生关系。他十分提倡理性沟通，并且认为语言是实现这种沟通的有效媒介。通过师生之间的民主对话，创造“理想的情境”可以重建师生之间的相互主体性。教师不是传授和灌输知识，而是通过对话，在双方的反思与商谈中达到对某个问题的共同理解和解决。教师和学生各自的身份将不断变化，他们时而是师生、时而是一样的求知者、时而是朋友，在“教”与“学”的过程中相互尊重、分享、倾听、质疑，促成视域融合。

四、德国大学通识教育实践

（一）柏林大学

柏林大学创办于1810年，在洪堡、费希特、施莱尔马赫等人的教育理念指导下完成组建。柏林大学为研究型大学，拓展了大学的职能，实现了教学和科研的统一。它的创办改变了德国落后的大学制度，并迅速成为德国高等教育的旗帜，莱比锡大

[1]　[德]哈贝马斯：《交往与社会进化》，张博树译，重庆出版社1989年版，第30页。
[2]　徐辉、辛治洋：《现代外国教育思潮研究》，人民教育出版社2008年版，第151页。

学、海德堡大学、布雷斯劳大学、波恩大学、慕尼黑大学等纷纷效仿柏林大学的模式。1871年德意志统一后，德国推行全国范围内的学科调整，要求所有大学以柏林大学模式为典范，建立由哲学院、法学院、医学院和神学院的规范化大学学院制。柏林大学的模式成为德国大学的共同传统，20世纪之前，柏林大学就为世界培养了二十几位诺贝尔奖得主。进入20世纪，两次世界大战给柏林大学造成巨大灾难。

第二次世界大战后，受英美主导的资本主义国家和苏联对峙的影响，德国分裂为联邦德国和民主德国，柏林大学也因此受到影响。联邦德国创办了柏林自由大学，民主德国创办了柏林洪堡大学，两所学校都秉承着柏林大学的传统，两德统一后更是加紧了合作，使柏林大学曾经创造的辉煌得以在新的时代发扬光大。虽然这两所学校没有开设专门的通识课程，但其建校理念和院系设置继承了洪堡的教育思想。

（二）柏林自由大学

柏林自由大学自1948年成立以来，秉承着学术自由和大学自治的“洪堡原则”，将自由视为柏林大学的灵魂，以追求“真理、正义和自由”为价值导向。受两德分裂的影响，原柏林大学的部分师生为了追求学术自由，在英、美等西方国家的支持下建立了柏林自由大学。2007年柏林自由大学成为德国九所精英大学之一。根据柏林自由大学的官网显示，真理是柏林自由大学教学与研究的最高目的，正是对真理的执着追求为其提供了源源不断的动力，成就了柏林自由大学的辉煌。柏林自由大学明确表示其不分性别、种族、国别、宗教等向所有人开放，将弘扬正义视为个人和社会的责任。而自由是达到良好教学效果和实现学术成果的前提条件。真理、正义和自由三者缺一不可，共同组成柏林自由大学的理念。这一理念充分体现了通识教育的思想。对真理的追求，使得柏林自由大学注重训练学生的思维和理性，培养其质疑、思考、批判、独立的能力而非局限于掌握知识和技能。柏林自由大学不执着于将学生训练成某一方面的专业人才，而是十分注重基础科目的学习和对学生基本素质的培养。理工科的学生需要选修一定的人文和社会科学方面的课程，文科类的学生也需具备一定的自然科学素养。对正义的弘扬，旨在塑造学生的道德价值观，培养其德性。无论理工科生还是文科生，在基础阶段都要学习相关的课程。而对自由的提倡，表明柏林自由大学重视学生的需求和个性发展，以发扬学生的活力和潜力。学生可以自由选择自己想学习的课程，制订自己的选课计划，在课堂上可以跟教师自由交流自己的观点。同时它能够容纳不同的观念、价值、信仰等，允许其碰撞交流，进而产生出新的思想和成果。真理、正义和自由其最终指向的都是对人总体的培养。

柏林自由大学现有12个学院和3个研究机构，其中有5个属于文科学院，包括教育和心理学院（Education and Psychology）、历史和文化科学学院（History and Cultural Sciences）、法学院（Law）、哲学和人文学院（Philosophy and Humanities）、政治和社会科学学院（Political and Social Sciences）；3个研究机构为：东欧研究中心（Institute for Eastern European Studies）、拉美研究中心（Institute for Latin American Studies）和肯尼迪北美研究中心（John F. Kennedy Institute for North American Studies），其余为理工科学院。人文社科类专业由这5个文科学院开设，专业有：教育学、体育学、历史、史前史学、古代史、古代美洲学、北美研究、东方学/古东方学、东欧研究、拜占庭学、埃及学、巴尔干学、土耳其学、史前、古代文化研究、文献汇编学、法学、哲学、希腊语文学、日耳曼文学、普通/比较文学研究、英国语言和文学研究/英语、法语、阿拉伯语文学、印度日耳曼语系的比较语言学、印度语言文学研究、意大利语、日本语文学、拉美语言文学研究、拉丁语语文学、中古拉丁语语文学、荷兰语文学、闪米特语言及文学研究、汉学、斯拉夫语文学、西班牙语、语言学、戏剧学、艺术史/艺术科学、音乐学、印度美术史、比较音乐学、政治经济学、考古学、新教神学、犹太教研究、天主教神学、新闻学、（比较）宗教学、民族学/人种学等。理工科专业有：生物化学、生物学、化学、地理学、地质学/古生物学、地球物理学、信息学、数学、气象学、矿物学、物理学、心理学、社会学、（资产阶级）政治经济学、经济教育学、企业经济学原理、政治学、教育学、特别教育学、社会教育学、成人教育。从这些材料中发现，柏林自由大学的学科体系广泛，在柏林自由大学不论你学习文科专业还是理工科专业，在基础阶段时学校都要求学习基本的课程，这些课程既有来自文科类学院也有来自理工科学院，其目的都是为了向学生传授关键技能和导向性知识，培养他们一种普遍的能力，为以后的深入学习奠定基础。同时，我们还可以发现一点，柏林自由大学的专业不仅门类多，且具有精细化和跨学科特征，有利于学术研究和学术创新，体现了其学术之上的办学理念。

（三）柏林洪堡大学

柏林洪堡大学以洪堡的教育观为理念，首先大学是有关“普通教育”的教养，是个性的全面与和谐发展；其次大学是通过科学而完成教养的场所，强调教学与研究的统一。第二次世界大战后，德国分裂，原柏林大学划归到东柏林，受以苏联为首的社会主义国家管辖，1949 年改名为柏林洪堡大学，以纪念其创始人洪堡。国际上一般将洪堡大学视为原柏林大学的继承者。柏林洪堡大学十分重视培养学生的个性与道德修养，教育不应该是训练学生对社会的适应或传授基本知识和技能，而是发展其完整的个性和陶冶品性，培养判断能力、独立能力、思维能力和良好的品质等，以便学生能在充满变化和不确定的处境中做出合理的决策和行动。同时，柏林洪堡大学强调研究与教学的统一，通过科学研究完成人的教育和教养。采取的具体措施有：从大学基础阶段起就开始引导学生进入科研的状态；组织学生参加科研团体的工作，为其提供参加青年科研项目的机会；每年授予那些在科研方面取得卓越成果的大学生洪堡奖学金。根据洪堡大学的官方网站显示，当前洪堡大学将其办学目标和原则归纳为六个方面：人文和自然科学共同发展（Humanity and the Sciences）；继续推进改革为建设精英大学而奋斗（Continuing Reform Impetus and the Striving for Excellence）；增进社会责任感和文化使命感（Social Responsibility and Cultural Presence）；研究与教学相互统一（The Unity of Research and Teaching）；发挥道德职责（Ethical Obligations）；教学与课程结构不断创新（Innovation in Teaching and in Course Structures）。

建校初期的洪堡大学设有 4 个经典学院——哲学院、神学院、法学院和医学院，此后经过逐步改革，发展成现在的 11 个学院，学院下设相关专业，其中 6 个学院属于人文社科领域，11 个学院包括第一哲学院（专业有：哲学、历史学、图书馆与信息科学、欧洲民族学）、第二哲学院（专业有：德语文学、德语语言文化、北欧研究所、英语语言学、罗马语言学、斯拉夫语学、古典语言学）、第三哲学院（专业有：考古学、亚洲与非洲学、文化学、艺术与绘画史、音乐与媒体学、社会学、跨学科两性学）、第四哲学院（专业有：教育学、康复学、体育、教育质量发展研究）、法律学院、神学院、第一数学与自然科学院（包括物理学、生物学、化学）、第二数学与自然科学院（包括数学、信息学、心理学、地理学）、医学院、农业与园艺学院、经济学院。各学院均设有本科、硕士、博士等专业，其中 59 个专业设有文科硕士专业，19 个专业设有理科硕士专业。从这些资料中可以发现，洪堡大学学科包含了人文、社会、文化、人类医学、农业、医学和自然科学等领域的所有基础学科，并格外重视人文社科类学科建设。其学院和专业设置符合柏林洪堡大学的教育理念，致力于培养和谐完整的个性和发展科学研究，体现了通识教育的思想。

第九章　美国大学通识教育

一、美国的大学教育

20 世纪的美国综合国力全面上升，实力超过英国，工业化进程基本完成，成为资本主义世界第一国家。与此同时，美国的大学教育继续了其本土化进程，越来越反映和适应美国经济社会发展的实现需求。大学教育的蓬勃发展，为美国全球霸权和超级大国地位形成及美国文化的全球流行奠定了最坚实的智力和知识基础。

表 9-1　美国 20 世纪大学教育的情况 [1]

年份	1870 年	1945 年	1975 年	1995 年
人口	39 818 449	139 924 000	215 465 000	262 755 000
高等教育入学人数	63 000	1 677 000	11 185 000	14 262 000
教师人数	5 553	150 000	628 000	915 000
学院数量（包括分校区）	250	1 768	3 026	3 706
授予学位数（副硕士，学士，硕士，初级专业学位，博士）	9 372	157 349	1 665 553	2 246 300
流动资金（千现值美元）		1 169 394	39 703 166	189 120 570

从表 9-1 中可以看出，1870—1995 年的 125 年中，学生数量从 63 000 人增长到 14 262 000 人，增长了 2 200 多倍。19 世纪末叶，18 岁青年入学率只有 3%，到 1900 年达到 4%，1940 年达到 16%，1962 年之后的 20 年中一直徘徊在 50% 左右，到了 1995 年则达到了 62%。1870—1995 年，美国高校学院数量扩大了 13 倍，教师人数增长了 160 多倍。在此期间美国拥有学位的人数也处于高速发展状态，授予学位被

[1]　该数据参见 [美] 科恩：《美国高等教育通史》，李子江译，北京大学出版社 2010 年版，第 158、260 页。

细分为副硕士、学士、硕士、初级专业学位和博士等多个等级，科研人才不断增多。据悉仅从1900—1940年数据来分析，“1900年美国全国招收的研究生不超过6 000人，获得博士学位的只有250人左右；但是到了1940年美国研究生人数增加到10万，获得博士学位的有3 000人左右”[1]。所有这些数据都表明20世纪美国高等教育的蓬勃发展。这种情况的发生源于人口的增长，但最主要的原因是大学教育和中等教育扩大了招生、开设了新的课程，吸引了更多的学生接受大学教育。

在各种力量的推动下，美国大学教育的课程体系向几个方面发展。其中，最引人注目的推力之一是新学院的组建。康奈尔大学以将抽象知识转化成学生在实际生活中能够运用的知识为重要目标。不但致力于推动学生向专业化发展，而且拓展了专业的概念，使之囊括了农业、社会服务、教学等专业群体。同时它仍然保留了哲学和历史等学科，认为学习这些知识对进入政治和社会服务领域的学生受益匪浅。老式学院也改变他们的课程体系。耶鲁大学的自由教育除了古典学科以外，也包括了科学、文学和其他现代科学。耶鲁大学的谢菲德科学学院通过职前教育来改变课程，特别是增加了医学预科课程。哈佛大学开始全面实行选修课程体系，并使之合理化，因为选修课能使年轻人追寻自己的兴趣爱好，学习他们认为有用的东西。此外，选修课程体系能够使教授按照自己的研究兴趣开设课程。

专业化教育成为美国大学教育的趋势。第二次世界大战结束后，经济和科学技术迅猛发展，美国需要大量的专业人才。这时期美国从国外招募了许多专家，大大提高了高校教师的素质和科研实力。在此期间，高等院校实行了革命性的变化，高等院校从单一的本科教育发展到包括研究生院（硕士、博士）在内的综合高等教育体系。“综合大学除了传统的文学院、神学院、法学院外，又大幅增设了商学院、理学院、经济学院、教育学院、工学院、农学院、继续教育学院等新型二级教育机构，拓展了学生学习新知识和应用知识的途径和范围。”[2]而在高等教育的专业领域中，最显著的转变发生在科技和应用专业的课程设置上，例如化学、生物、电子、信息、环保、航空航天技术和民用建筑工程等。市场经济、私人经济、法治社会和公民社会的发展急需有专业知识和技能，受过全面教育的公民参与和促进。

就大学教育总体培养目标而言，也已经发生了转变。20世纪的美国，大学教育

[1] 李亚江等编：《走进美国常青藤》，机械工业出版社2010年版，第13页。

[2] 张晓立：《解析美国高等教育》，中央编译出版社2012年版，第36页。

的重点转向更加世俗、实用和职业的方向。北美殖民时代的大学和学院毕业生大多从事宗教事务，当时的学院主要是神学性质的。在19世纪末期，当时的大学生都必须严格遵守信仰方面的纪律。“在1850年，耶鲁每天有两场必须参加的礼拜，其中一场是在用完早餐之后举行的。除此之外，学生必须在星期天去听两场冗长的布道，其作用相当于一门名副其实的神学课程。”[1]而在美国最古老的哈佛大学，17世纪有70%的毕业生从事宗教事务，到了19世纪下半叶仅有10%的毕业生还在从事宗教活动。但是这不是美国高等教育的失败和衰退，恰恰相反，这是高等教育进步的标志。20世纪的美国大学教育的重点转向更加世俗、实用和职业的方向。这个时期，大学的培养目标主要是为大公司、大律师行、大企业和各级政府培养文、理、工、商、农、医等专业技术人才和职业人士。传统的文科课程比重越来越低，理科和职业教育的课程比重上升。大学与企业的关系越来越紧密。两者之间建立了一个共赢的合作关系，具体表现形式是人才培养和智力开发的双向交流。企业向高校提供各种类型的研究基金，资助基础科研并帮助大学和科研机构将高科技转化为实际应用。而大学和研究机构则源源不断地向企业输送各类专业人才。高等教育的本质已经从少数精英的特权专利发展成一个培养职业精神和促进就业的渠道。这种大学教育培养目标的改变既深刻地反映了美国社会经济和人文结构的历史变迁，也展示了美国高等教育自身为适应社会变革和改革需要所走过的历史进程。这种社会经济结构的变革基调和速度为美国的大学教育不断注入新的活力和发展动力。

与此同时，美国的通识教育改革和实践成为20世纪及当今美国大学教育的新特征，通识教育受到重视。大学教育的目标转变为对人总体的培养，使学生成为一个负责人的人和公民。日益细密的专业化教育为美国现代化社会培养了大量专业人才，推动了社会进步，然而随着时代的演变，人们愈来愈意识到专业化教育的问题，开始重新思考教育的本质、目标和大学的理念。20世纪20—50年代，在罗伯特·M·赫钦斯、艾德勒、亚历山大·米克尔约翰、司各特·布坎南的领导下，美国大学发起通识教育运动。赫钦斯在1929—1951年担任芝加哥大学校长期间，致力于振兴古典自由教育和文雅教育的传统，推行芝加哥大学通识教育改革。他所倡导的理想常经主义通识教育思想和践行的经典名著课程使通识教育形成一场遍及全美的教育运动。

[1]　[美]马斯登：《美国大学之魂》，徐弢、程悦、张离海译，北京大学出版社2009年版，第19页。

1945年在哈佛大学校长科南特的组织下哈佛委员会经过两年研究发表了《哈佛通识教育红皮书》，对通识教育的概念、目标、内容和实施明细做出了系统的说明，该书在西方通识教育史上具有里程碑式的意义。哈佛通识教育改革成为美国通识教育变革的典范，推动美国通识教育运动走向高潮。耶鲁大学、圣约翰学院、伯克利加州大学、布朗大学、斯坦福大学、哥伦比亚大学等一批高校在大学的课程体系中设立专门的通识教育课程，并设立专门机构管理通识教育的实施。20世纪80年代后，美国大学的通识教育改革成为各国教育学习的楷模。

美国大学教育的巨大发展，为其培养了一大批优秀的人才。在此仅以获得诺贝尔奖的人数为例来讲，来自维基百科的数据显示，截至2013年10月9日，全世界大约有845人获得诺贝尔奖，其中美国科学家或者美国籍的科学家人数最多，达到了344人，占到了全体的40.7%。而据统计，早在20世纪前10年（1901—1910），美国只有一位诺贝尔奖获得者，其余35位获奖者都在欧洲；第二次世界大战前（1910—1939），美国有12人获得诺贝尔奖，不到全部获奖人数（129人）的10%；1943—1997年，美国有170人获得诺贝尔奖。美国高等院校的研究能力更是获得了广泛的国际认同和声望。根据2013年的TIMES世界大学排名，在全球排名前10所大学里，美国就占了7所；在全球排名前200所的大学里，美国占了差不多40%。

从这些数据中可以看出美国大学制度的成功和美国大学科技研究的雄厚实力，而这些成功与美国20世纪对大学教育的重视是密不可分的。美国重视高等教育，历届总统都宣称要成为“教育总统”，尤其是自20世纪90年代以来，美国教育投资从1989年的3 530亿美元增加到1999年的6 350亿美元。美国政府十分重视引进和争夺人才，并为他们从事科学研究和创新提供良好的条件和环境。第二次世界大战以来，美国原子弹的成功研发、计算机的开发应用、航天和空间技术的突破、基因工程和生物工程领域的进步等，都与移居美国的科学家密不可分。

20世纪美国大学教育的发展，不仅为其培养了大量人才，促进了美国在经济、政治、文化等领域的腾飞，同时为其教育改革铺平了道路，美国通识教育运动及实践就在此背景下拉开序幕并成为20世纪西方通识教育变革的新标杆。

二、美国的通识教育思想

（一）杜威的进步实用主义通识教育

约翰·杜威（John Dewey，1859—1952）是20世纪美国进步实用主义通识教育的代表人物。杜威出生于美国佛蒙特一个偏僻的小村庄，青年时代在新开发的中部地区度过，南北战争后当地发展迅猛，杜威看到了开拓者的积极生活。1875—1879年他就读于佛蒙特大学，1879—1881年在南方石油城担任中学教师，教授拉丁语、代数和自然科学。在教学之余，杜威潜心研究哲学著作，1885年获得约翰·霍普金斯大学的哲学博士，之后历任密执安大学、明尼苏达大学、芝加哥大学和哥伦比亚大学教授。杜威的生活经历和教学经历推动了其进步实用主义通识教育思想的形成。该思想受到美国教育家及教育工作者的重视并被广泛推行。通过他的著作《我的教育信念》、《学校与社会》、《民主与教育》、《思维术》、《确实性的探求》、《经验与教育》等，杜威的进步实用主义通识教育对美国乃至世界许多国家的教育理论和活动产生了深远影响。

杜威的进步实用主义通识教育开始于他对教育本质的认识。他将教育的本质归结为三点：①教育即生活。教育是生活的一个历程，生活为教育提供了具体内容，从生活中学习具有重要意义。杜威所强调的生活是指与社会生活、学生的生活相联系的生活。传统教育脱离社会生活与学生的现实生活，而杜威倡导教育本身是一种生活，而不是谋生的手段为成人阶段做准备。教育应符合社会生活需要，同时必须满足儿童需要，启发他们更好地理解生活，寻求过上美好生活的知识与技能。②教育即生长，教育伴随儿童成长，将儿童本性的发展作为教育的重点，有助于改变教学中学生被动和受压抑的状态。教育是人的一生持续不断地生长和发展的过程，其目的就在于教育过程本身，教育有必要面向儿童生长，满足不同阶段不同儿童的学习需求。这种教育是对儿童身体、知识、能力、技能和德性等全面素质的教育，针对人本身的发展而言。③教育即经验的改造，杜威认为真正的教育在经验中进行，以获取经验为目的。教育是“个体经验的积累、发展与改造”[1]，经验的改造包括知识的积累和学生综合素质的全面发展。经验不是抽象的理性经验，而是立足于当下的生存经验、生活本领和生活智慧等。

---

[1] 唐爱民：《当代西方教育思潮》，山东大学出版社2010年版，第165页。

就通识教育目的而言，杜威倡导实用主义教育目的观。其内涵包括三个方面：①教育应紧跟时代和社会的变化。受达尔文进化论的影响，杜威十分重视变化，反对一般的、永恒的、终极的教育目的。进化论的主张之一是“物竞天择，适者生存”，环境时刻在变，生物间的竞争迫使只有适应环境变化者才能生存下来。因而，杜威强调教育要与社会生活一致，紧跟时代的变化与要求，及时修正教育目的和手段，培养学生的技能和生存本领，使其能适应不断变化的社会。②教育应将个人与社会的需求统一起来。传统的二元思维教育模式使个人与社会形成对立状态，教育要么为个人服务（如古典人本主义），要么为社会服务（如19世纪下半叶出现的社会学派）。杜威提出个人与社会相结合的教育目的论，个人是社会中的个人，社会由个人组成，强调任何一个，培养出来的人才都是不完整的。因此，进步实用主义通识教育既重视学生个人的自由发展和独立精神的蕴育，又注重学生社会责任感的培养。③教育应强调实效和实用。杜威实用主义教育目的观是工具主义的，概念、思想和原理等是人们为达到某种目的而设计的工具，能解决生活问题或被实验所证实的就具有重要意义。因而，杜威主张教育应与生活、职业和工作息息相关，培养学生生存和生活的知识与能力，促进个人与社会的共同进步。

就通识教育的施教而言，杜威强调以生活为内容的课程观和以解决问题为方法的教学观。教育的本质是生活、生长和经验的改造，表明教育既要为现实生活、眼前生活服务，又必须根据学生的本性建立授课内容，以获取生活经验、知识与技能。人的一生要不断地与物质环境、社会环境和自身的内在环境接触与碰撞，生活问题来源于方方面面。人在生活中遇到的问题都可以成为通识教育的内容，文雅课程和职业课程，凡是能解决学生的现实问题、对学生有效用就具有价值。因而通识课程不应该倡导基本的核心科目和共同的必修，生活总在不断变化，学生各有特性，具有永恒普遍价值的授课内容并不一定能解决现实的困难，依据学生的生活经验，由学生和教师共同设计的课程更有价值。其次，杜威认为教学的过程在于思维的训练与培养，人们遇到问题时便会开始思维活动，首先观察环境，发现具体问题，接着寻求解决问题的方法，在试用方法时做出合理的逻辑安排，然后进行判断，择取能解决问题的最终方法。因此，教学法应根据思维的顺序，教师设置能引起学生的兴趣的情景，使学生观察问题，积极思考解决问题的途径。

（二）赫钦斯的永恒主义通识教育

罗伯特·M·赫钦斯（1899—1977）是20世纪美国理想永恒主义通识教育最具代表性的人物。作为美国著名高等教育思想家和改革家，赫钦斯长期从事大学教学、领导和研究工作。1925—1929年赫钦斯在耶鲁法学院任教，期间担任过法学院院长，1929—1951年担任芝加哥大学校长，期间主持了影响深远的芝加哥大学通识教育改革，发起“名著阅读”运动，并编著了54卷本的西方名著丛书，推动了美国通识教育革新的步伐。赫钦斯的思想深受亚里士多德、圣多玛斯以及人文主义思想的影响，一生致力于教育改革和研究，最终形成自己的永恒主义通识教育观点，对美国大学课程设置产生了重要影响，为其他国家的通识教育改革提供了借鉴。赫钦斯的代表作主要有《美国高等教育》（1936）、《民主社会中的教育冲突》（1953）、《学习化社会》（1968）等，其中《美国高等教育》通过考察20世纪美国高等教育存在的问题，指出了通识教育改革的出路，影响最为深远。

就大学的本质而言，赫钦斯认为大学是独立思想的中心，不受任何政治党派、团体、财团和特殊阶层所左右，具有批判社会的功能。它寻求的是对社会的超越，而不是简单地适应社会，以便更好地为社会服务；大学是实施通识教育的机构，而不是职业训练的场所。因此，大学教育的科目应以人文学科为主，以知识本身为目的，寻求人本身的精神依托，而不是以职业科目为主；大学是高深学术研究的机构，而不仅仅是培养学生能力和训练技能的场所，大学应以文雅教育孕育独立创新的智性工作者。

就通识教育目的而言，赫钦斯主张大学教育的目的在于发展人的本性，培养学生的智性和智慧，以达到普遍的善。他认为人是一个道德、理性、自由和精神的存在体，人的本性是相同的、永恒不变的。“教育的目的之一使发掘我们人性中的共同点，这些共同点在任何时期都是一样的。”[1]教育的目的在于发掘人性共同点，通过智慧和善行，教给学生某种永恒的价值，如真理、智慧、德性等。“睿智及至善是高等教育的目的，不可能有其他目的，因为睿智及至善是人类生命的终极目的。”[2]赫钦斯深受亚里士多德思想的影响，亚里士多德主张目的论，认为善是所有事情和生活的目标，人类的生活基于追求共同的善，而不是有限的物质财富或权力。善是普遍

[1] ［美］赫钦斯：《美国高等教育》，王利兵译，浙江教育出版社2001年版，第39页。

[2] R.M. Hutchins，*Education For Freedom*，Louisiana State University Press,1943,pp.23-24.

而永恒的，其观念与德性、幸福的观念密不可分，善自身包含着德性，至善是一种合乎德性的活动；幸福是善的最终目的，至善就是幸福。在此基础上，赫钦斯认为，教育要解决的问题是通过善的教育，使人们领会人类社会永恒的基本原理和观念，认识和改造变化中的社会，追求德性和幸福，而不是教人如何适应变化的社会，追求外在的物质或权力。因此，教育的目标就在于智性和智慧的培养，而比训练技能和专业教育更为重要。通识教育是非专业性、非职业性的教育，贯穿于人的一生各个不同阶段的持续的过程。

就大学的施教而言，赫钦斯认为文雅教育是通识教育的必由之路。人的本性既然是理性的、道德的、自由的和精神的，就需要不断地去扩展理性、陶冶心智和个性品质，以经典名著为施教内容的文雅教育成为最佳选择。而当前职业主义和专业主义的极端发展，既限制了学生的视野和本性的发展，又使高校课程支离破碎，造成了学科界限，导致大学缺乏共同的基本思想。在赫钦斯看来，经典名著不是某一领域的知识，而是一部广博的思想总集。它通过伟大心灵的统整酝酿，历经时代的考验，反映人类内心深处的共同理念和经验。经典名著使人沉浸于与伟大人物的对话之中，是对人心灵的刺激与扩展，在任何时代都能启发心智，具有永恒普遍的价值，正契合了通识教育改革的需要。因此，赫钦斯指出大学的课程应包括哲学、科学及社会科学三个领域的学科，课程内容的选择遵守三个标准，具有永恒普遍的价值、统整连贯的功能和基本的、共同的观念。经过长期训练，使学生掌握经典著作、语法、修辞、逻辑和数学等学科，学会阅读、写作、思考、演说，达到了解、判断、批评、推理和评鉴五种思辨的能力。

（三）精粹主义通识教育思想

精粹主义通识教育思想因不满杜威等人的进步实用主义教育思想和赫钦斯等人的永恒主义教育思想而在20世纪30年代兴起，在50年代获得极大发展。1935年德米阿什克维奇（Demiashkevich）提出精粹主义的概念，1938年与巴格莱（Bagley）在新泽西州大西洋城组织了“精粹主义者促进美国教育委员会”，阐明了精粹主义者的纲领。精粹主义虽然反对进步实用主义教育思想和永恒主义教育思想，但与二者有共同之处，既强调学生个人的需求，承认教育与个人和社会的统一，又注重恢复学校教育在传统文化知识方面的投入，重视民主社会中全体公民的共同知识和福祉。但是精粹主义不是简单地复古传统文化，也不是完全以学生为中心，放任学生自由，它取二者精华，文雅与实用并用。精粹主义的代表人物还有康德尔（Kandel）、乌立许（Ulich）、哈佛校长科南特及哈佛文理学院院长罗索夫斯基。

其中，科南特1943年组织哈佛通识教育委员会编著完成《哈佛通识教育红皮书》，主持了20世纪哈佛大学第一次通识教育改革；罗索夫斯基1978年提出《核心课程报告书》，推动了20世纪哈佛大学第二次通识教育改革，两人对美国通识教育产生深远影响。精粹主义通识教育思想是他们改革的指导思想。

科南特（Conant，1893—1978）1910年就读于哈佛大学攻读化学，仅用3年就取得学士学位。1916年获得哈佛大学化学博士学位，随后留校执教，在教学之余曾去德国柏林、汉堡、哥延根、马堡等知名大学考察学术研究和教学方法。1931年担任哈佛大学化学系主任，两年后被任命为哈佛大学第二十三任校长，直到1953年。在其任期内，科南特致力于推行哈佛通识教育改革。科南特的任期历经第二次世界大战前、大战中和大战后，第二次世界大战给人们带来前所未有的灾难、恐惧和怀疑，战后大学教育的目的、大学的角色和功能该如何定位，成为美国高等教育人士思考的难题。1943年科南特组织成立“通识教育的目标”委员会，由科南特、乌立许、巴克在内的多名哈佛教授和校外学界知名人士组成。经过两年的研究，1945年该委员会发表《哈佛通识教育红皮书》，对通识教育的概念、目标、内容和实施明细做出了系统的说明，该书在西方通识教育史上具有里程碑式的意义。科南特的著作主要有《分裂世界中的教育》、《教育与自由》、《学术的城堡》、《德国与自由》、《美国今日的中学》、《杰斐逊与美国公立教育的演进》、《制定教育政策》、《两类思想的方式等》。科南特给美国的教育政策、学校制度和课程设置提出了许多改革建议，其精粹主义通识教育思想对美国教育改革具有重要作用。

关于大学的理念，科南特提出大学是学者们高度独立的自治区，是专业化教育与文雅教育相统一的场所。大学是知识、教育和道德的领导者，拥有独立的思想，并允许各种见解与思潮的自由发展、交汇碰撞。他认为一所大学只有满足四个条件才能称其为大学：知识研究、专业教育、文雅教育和学生活动。若只进行知识研究，大学就是研究机构而非大学；只注重专业化教育大学，便是职业训练工厂；仅有文雅教育那只是学院；学生活动太多，只会产生社团。只有保持四者的均衡发展，大学才是健全的、有生命力的。大学的功能主要在于教学和研究，教学依据教育目的制定，通过传授知识、经验、方法、技能等使学生获得知识、提高能力、完善德性和发展个性，为社会培养人才，是大学实用性价值的体现。而研究以追求真理、探索知识为目标，大学发挥研究的功能能够对教学进行及时补充和更新，同时为大学注入新的观念和动力。

关于教育的目的，科南特认为教育目的包含三个方面：公民教育、生活教育和职业教育。公民教育旨在实现美国民主社会的理想，培养有效公民；生活教育旨在培养未来民主的公民，使其过上美好幸福的生活；职业教育旨在培养学生将来从事某种职业所需的能力与技能。

关于通识教育的目的，《哈佛通识教育红皮书》明确提出通识教育的目的在于个人整体健全的发展，这种人具备四种能力，即“有效的思考能力，交流思想的能力，做出恰当判断的能力，辨别价值的能力”[1]。“有效的思考能力”指的是作为一个普通的公民在实际生活中所需要的逻辑思考能力。逻辑思维是从殊相中总结出共相，从共相推理到殊相的一种能力。这并不要求学生具有数学家、逻辑家的能力，而注重培养学生将来无论从事什么工作，作为一个普通公民在面对问题时不要仅是满足观察和发现问题，而要能够运用逻辑思维探究事情背后的缘由，进行关联性思考并发挥想象力，最终解决问题。“交流思想的能力”指的是表达自己并使他人理解的能力。语言是人类特有的能力，人在语言中出生、成长和生活，语言构成了人的存在。现代社会对人的语言表达能力提出更高的要求。语言首先是思想本身，能否清晰地表达自己的思想并使他人理解，是促成交流的前提。公民之间的交流、国家之间的交涉往来、各行各业间的沟通等都离不开清晰、有力的表达。“做出恰当判断的能力”指的是学生能将现有抽象的知识、经验和原理运用到实际具体的事务中所展现出的一种判断力和洞察力。通识教育的目的就是要提升学生们将理论转化为实践，从一般到具体，再从具体到一般的能力。“辨别价值的能力”指的是学生能够意识不同种类的价值，并理解各种价值间的相互关系，在面对问题时，做出合理正确的取舍。教育的目的不只是教会学生关于价值的知识，而要使他们把价值观念内化到行为、情感、思想和道德之中。

关于大学通识教育课程，科南特认为应包括人文、社会和自然三大学科。对通识课程的分类起源于科南特对知识的分类。他将知识分为累积的知识，包括自然科

[1] 哈佛委员会：《哈佛通识教育红皮书》，李曼丽译，北京大学出版社2010年版，第50页。

学（如物理、化学、生物等）；社会科学（如语言学、考古学、人类学等）和非累积的知识（包括哲学和诗与艺术）。科南特视自然科学和社会科学为广义的科学，十分推崇科学的研究，认为科学活动是人类的一种事业。因此，他主张科学应该成为大学和中学通识教育的组成部分。但并不是要求学生钻研每门科学知识，而重在分析科学的个案历史，探讨该门科学产生的原因、发展历程、采用的方法和带给人类的启示等。在通识教育课程中，科南特认为人文学科比科学更为重要。《哈佛通识教育红皮书》提出要求大学本科阶段至少修满16门课程，其中6门为通识课程。6门课程必须在人文、社会和自然科学三大领域选择，在这三者之间至少选择一科，再从这三个领域中各选一门或跨学科的课程。其中人文领域中必须要读“文学经典名著”，社会科学中必须读“西方思想与制度”，自然科学领域可以选择生物学、物理学、自然科学概论等科目。

罗索夫斯基（1927— ）作为精粹主义通识教育思想的代表人物之一，倡导了哈佛核心课程通识教育改革。罗索夫斯基原是俄国人，1927年在德国出生，为躲避纳粹的迫害于1940年举家移民美国。1949年在威廉—玛丽学院取得学士学位，于当年加入美国国籍，随后进入哈佛大学学习经济和历史，1959年获得博士学位。罗索夫斯基先后在加州伯克利大学、哈佛大学执教。1973年罗索夫斯基担任哈佛文理学院院长后经过多年规划和研究，于1978年提出《核心课程报告书》，建议设置一些独立于系的通识课程，即核心课程，对本科生实施通识教育。报告提出后很快被通过，哈佛大学历史上第一个“核心课程”方案逐渐出台，哈佛大学开始了20世纪第二次通识教育改革。罗索夫斯基的精粹主义通识教育思想也因此被认识和推广。他的主要作品有《核心课程报告书》、《大学：所有者的手册》等。

罗索夫斯基的精粹主义通识教育思想，基于他对美国大学实际的考察和分析。他认识到美国是地方分权的社会，联邦政府仅行使有限的协调和服务的行政职能，各个州教育的具体权力掌握在地方上，因此，美国基础阶段的教育内容、方式和水平各不相同，进入大学阶段必须寻求某种共同性的课程。同时美国的大学是一个多元化社会，来自不同国家、地区、种族的学生在这里汇聚，也要求一些共同性的课程。但是要求一种共同课程而服务于所有学生，这只是永恒主义教育的理念。罗索夫斯基承认学生的差异性，只有根据不同学生的不同需求因材施教才能达到教育的目的。他认为有些学生上大学是为了获取职业训练，有些是为了成为文雅学士，有些是为了专业性科学研究。因此，罗索夫斯基将大学的功能总结为职业教育、通识教育和专业教育三个方面，其中研究所阶段才是专业教育。大学本科阶段的教育就不仅仅是教会学生养家糊口，还应包含通识教育以实现个人整体健全地发展。

关于通识教育的目标，罗索夫斯基在规划哈佛核心课程时提出其目标是培养有教养的人，他为此制定了五项准则。[1]①一个有教养的人，必须能够清晰而明白地书写。具体来说，在学生完成本科教育时具有批判性思维，能够清楚有力地表达自己的观点、意见，与他人进行有力、精准的交流。②一个有教养的人，应该对自然、宇宙、社会和人类自身具有判断鉴别的能力。这就要求学生具有一定的综合知识和能力，他们要懂得自然科学知识，了解物理、化学、生物等基本原理、实验方法和科学范式，要懂得社会科学知识，了解人类社会的演变、风俗、文化，要懂得过去重要的思想经典，要懂得关于人自身的知识、观念和行为方式、思维模式等。③一个有教养的美国人，应该能用开阔的眼光和胸襟看待世界、他人和自己。这样的人绝对不是狭隘无知的人，他不仅仅关注自己，而将视野置放在他人、社会、国家甚至世界之中，他也不会只看到现在，而是不顾一切地去探索从过去到现在直至未来。④一个有教养的人必须懂得和思考道德和伦理问题。道德和伦理问题由来已久，总叫人难以抉择。一个有教养的人在面对这些问题时，应该懂得如何做出恰当、智慧的判断。⑤一个有教养的人应该在某一知识领域具有较高的成就。罗索夫斯基认为，这种水平处于专业水平与广博知识之间。

关于通识教育课程，根据1978年《核心课程报告书》罗索夫斯基将通识课程分为五个领域：①文学和艺术，内容包括著名文学作品、视听艺术和探讨某一时期文学艺术和社会文化的背景；②科学与数学，核心课程的科学与数学并不是为专业学生设置，而面向所有学生为他们提供一般性和普遍性的科学知识；③历史研究，该核心课程旨在让学生熟悉两种历史研究的方法，将历史视为宏观视域下整体社会发展的历史必然性的方法和从微观、个人、特殊的时机和事件的独特性视域下研究历史的方法；④社会与哲学分析，使学生了解社会科学与哲学领域的基本理论、思想观点和方法；⑤外国语文和文化，使学生了解外国和世界，而能用开阔的眼光和胸襟看待世界、他人和自己。

---

[1] [美]罗索夫斯基：《美国校园文化——学生·教授·管理》，谢宗仙、周灵芝、马宝兰译，山东人民出版社1996年版，第90—92页。

三、美国大学通识教育实践

（一）哈佛大学

哈佛大学是人尽皆知的名牌大学，更是一所伟大的高等学府，位于充满艺术气息的美国海港城市波士顿剑桥区。它创建于 1636 年，至今有 370 多年的历史，它是美国历史最悠久、声望最高的大学。该校的校训是“与柏拉图为友，与亚里士多德为友，更要与真理为友”。哈佛大学的通识教育改革开始于 1943 年，基于科南特的精粹主义通识教育思想而进行。时任哈佛大学校长的科南特组织乌立许、巴克在内的多名哈佛大学教授和校外学界知名人士成立“通识教育的目标”委员会，经过两年研究，1945 年委员会发表报告《哈佛通识教育红皮书》。在其指导和计划下，哈佛大学开始了轰轰烈烈的通识教育革新。

哈佛大学通识课程体系由人文学科、社会科学和自然科学组成，属于导论性和指定性通识教育类课程。哈佛大学要求在完成学士学位期间至少修满 16 门课程，其中 6 门属于通识教育类课程。这 6 门课程必须至少有一门属于人文学科、一门属于社会学科、一门属于自然科学。在人文学科和社会科学中，各有一门课程是学生必须修的。这类必修课“能提供共同的核心，即那些构成了所有哈佛学生共同经验以及导入了西方文化传统研究和普遍关系思考的学问与思想”[1]。在自然科学领域可以选择生物学、物理学、自然科学概论等科目。

人文学科领域中必须要修“文学经典名著”课程，要求学生不要仅停留在对经典名著内容、人物关系、写作背景和技巧的了解，而是深入理解经典，挖掘其内涵价值。不过文学经典名著所提供的通识教育性的知识与文学专业教育性知识有所不同。这种通识性的知识来源于对文学的关注，是一种贯通的知识。要求学生充分而仔细地阅读名著并进行思考，达到对作品一定程度的熟悉。人文学科中其他通识教育课程包括文学、哲学、美术和音乐等。哈佛大学提供了两种不同的文学课程，为文学专业的学生设置、为通识教育设计的。在哲学方面，有一门课程提供给那些想在大学一年级或二年级学习哲学方面的通识教育课程的学生，一门安排给大学三年级或四年级的学生。实际上，哈佛大学并没有规定这些哲学课程的结构或内容，而是对学习这类通识教育课程目标做出明确说明。哈佛大学认为这些哲学课程旨在培养学生

[1]　哈佛委员会：《哈佛通识教育红皮书》，李曼丽译，北京大学出版社 2010 年版，第 155 页。

自我批评的习惯，审查自己的基本思想，培养他们能够从历时、宏阔的视野中把握真理的能力。[1] 在美术方面，美术技能的训练并不是通识教育所要达到的目标而是提高学生的感知和理解视角艺术的能力以及想象力的培养。在音乐方面，音乐技能训练也不是通识教育的目的，而是强调体验音乐表现形式对学生的价值。哈佛大学的合唱团和管弦乐队为众多学生提供了亲身体验音乐的机会。

在社会科学领域内必须学习“西方的思想与制度”课程，旨在考查西方制度与理论方面的遗产，既培养学生的责任感，继承和发扬文化传统的核心思想，又培养他们的思辨能力和洞察能力，使其认识到现有思想和制度的不完善之处。这门课程包括历史性地分析西方社会中重大运动和变革，并评价和思考由西方社会变革引起的政治、经济、文化和思想等变化。但是这门课程并不是要对西方社会制度从古希腊到现今的演变做出介绍性说明，侧重于对西方制度的演进，如对代议制政府、法治、宗教改革的历史根源、过程和影响做出分析和讨论。社会科学中其他课程还有“美国民主”和“人际关系”。“美国民主”作为“西方的思想与制度”课程的后续课程，包括若干主题，如美国民主制度的历史发展、制度特征、哲学范式、价值取向以及对这些制度的评价等，其目的在于培养学生的公民责任感。这门课由社会科学领域的教师担任，并且只需一个教师，不需要几个教师分别主讲几节，所使用的教材为托克维尔的《论美国的民主》、布莱斯的《美利坚联邦》和米尔达尔的《美国的两难处境》。《哈佛通识教育红皮书》建议在社会学科领域开设“人际关系”课程，使学生学会处理人际关系，更好地生活。

在自然科学领域，开设导论性的通识教育课程而非专业教育。在自然科学领域各个大学和学院通常开设的都是专业领域的课程，旨在培养未来的专家。哈佛通识教育改革委员们认为他们狭隘地理解了自然科学知识，自然科学本身包括专业知识和技能，包括概念间的相互关系、对事物的认识方式、对知识和人性的观念等由此而形成的科学哲学，还包括科学史及科学经典等。后三者都是通识教育的范畴，既有益于将来的科学家和技术家，也能惠及将来不从事科学事业的普通学生。哈佛大学了开设了两门自然科学导论性的通识课程——物理学基本原理和生物学基本原理。这两门课程不涉及具体而系统的事实概述，而是通过事例说明科学知识发展的轨迹、方式以及它们如何成为可能。物理学原理课程为大一和大二学生设计，关注物理学

[1] 哈佛委员会：《哈佛通识教育红皮书》，李曼丽译，北京大学出版社 2010 年版，第 165 页。

领域基本的原理、规律和物理学发展史，而不向学生教授大量的物理学知识。生物学基本原理旨在为学生提供关于有机体、动物和植物的整体观念，其重点在于教授生物学领域普遍的概念、研究方法和对人类的影响。同时在课程上，教师引导学生接触生物学经典文学，如达尔文的《物种起源》、《人的由来》及哈维的《论血液循环》等。

为保障通识教育原则的执行，哈佛大学成立了通识教育常务委员会，作为监督各个学院执行通识教育课程的情况。委员会负责提供通识教育类课程名录，供学部和系参考。通识教育常务委员会还需发行小册子阐明管理通识教育的规则、制定该规则的原则、各种通识教育类课程的内容、目标、课时、学分、教学方法和评估标准等。通识教育常务委员会成员由校长任命，任期为3年，在这三年中每年更换三分之一的人员。委员会大约由9人组成，是来自各个学院的教师。他们既可以是教授通识类课程的教师，也可以是教授其他课程的教师。

哈佛核心课程通识教育改革是基于罗索夫斯基的精粹主义通识教育思想进行的，以他1978年提出的《核心课程报告书》为先导。一方面，20世纪60年代后，《哈佛通识教育红皮书》通识课程的践行逐渐暴露出问题，通识教育课程在学校流于形式，学生与教师也没有认识到通识教育的重要性。另一方面，20世纪60年代以来校园学生运动和骚乱不断，美国社会处于变动时期，教育改革迅速推进。这一切都令通识教育倡导者们感到十分不安。在伯克校长的领导下，1973年罗索夫斯基担任哈佛文理学院院长后经过多年规划和研究，于1978年提出《核心课程报告书》，建议设置一些独立于系的通识课程，即核心课程，对本科生实施通识教育。报告提出后很快被通过，并设置了“大学部教育委员会”，哈佛大学第一个“核心课程”方案逐渐出台，哈佛大学开始了20世纪第二次通识教育改革。此后随着时代和社会的发展，哈佛大学对其核心课程做出了多次修善，侧重于课程内容的更新，《核心课程报告书》将通识课程的领域分为五大类，据1994—1995年哈佛核心课程目录，增加到六个领域，2006年在六大领域里加上定量推理，而成为七个领域，此后核心课程的基本形式沿用至今。2007年，哈佛大学通过了《通识教育工作报告》，指出：“我们在报告中所描述的通识教育理想，就是要使本科生能够在一个他们毕业后将成为什么人和他们将过什么样的生活的这样的一个视野下，在哈佛课堂的内外进行一切学习。”

哈佛大学将其核心课程的理念阐释为：确信哈佛大学的每个毕业生不仅要

在某个专门学科或专业受到训练，而且应当接受广博的教育。（The philosophy of the core curriculum rested on the conviction that every Harvard undergraduate should be broadly educated as well as trained in the particular discipline of a chosen concentration or major.）[1] 实施核心课程的目标包括四个方面：使学生做好公民的准备；使学生了解传统的艺术、思想和价值观，并认识到个人与传统的渊源；使学生对变化做出批判性和建设性反应；使学生具备基本的道德判断（Complementing the core curriculum，this program aims to achieve four goals that link the undergraduate experience to the lives students will lead after Harvard: to prepare students for civic engagement；to teach students to understand themselves as products of，and participants in，traditions of art，ideas，and values；to enable students to respond critically and constructively to change；and to develop students' understanding of the ethical dimensions of what they say and do）。[2] 核心课程旨在为哈佛大学师生寻求共同的知识核心，核心课程倡导者们深信，人之所以为人，就在于我们拥有某种共同的东西，在美国的文化、政治、社会和历史中，总有一部分东西该被所有人掌握和分享，学习这些核心的价值、传统和思想既有助于美国社会的发展，也有利于人的和谐、健康成长。

目前哈佛大学核心课程涵盖六个领域：外国文化（Foreign Cultures）、历史研究（Historical Study）、文学与艺术（Literature and Arts）、科学（Science）、道德推理（Moral Reasoning）和定量推理（Quantitative Reasoning）。2007—2008 年，哈佛大学共开设了 175 门核心课程，外国文化领域占 26 门，历史研究领域 41 门，文学与艺术领域 42 门，科学领域 27 门，道德推理领域 15 门，定量推理领域 9 门。

在外国文化领域，通过学习不同国家与地区的文化，拓展学生的文化视野和修养，理解文化对人及社会的塑造作用，并能够批判性审视美国文化。该领域的课程有“希腊文明中的英雄概念”、“从希伯来圣经到犹太教，从旧约到基督教”、“研究佛教，穿越时间与空间”、“当代中东的思想与变迁”、“理解伊斯兰与当代穆斯林社会”、“东亚的工业化进程”、“中国的家庭、婚姻、亲属关系：一个世纪的变化”、“德国文化：从 Kaiser 时代到纳粹时期，1890—1939”、“法国社会的讽刺幽默”等。

---

[1] 参见哈佛大学官网，http://isites.harvard.edu/icb/icb.do?keyword=core。

[2] 参见哈佛大学通识教育官网，http://www.generaleducation.fas.harvard.edu/icb/icb.do?keyword=k37826&tabgroupid=icb.tabgroup87208。

在历史研究领域，开设历史研究A和历史研究B供学生选择，旨在让学生熟悉两种历史研究的方法，将历史视为宏观视域下整体社会发展的历史必然性的方法和从微观、个人、特殊的时机和事件的独特性视域下研究历史的方法，进而学会历史地看待问题。该领域的课程有："十字东征军以来的中东和欧洲：关系与洞察"、"现代中东的建设与改造"、"东亚文化的传统和转型：中国"、"1850年以来的现代非洲"、"国际史：19世纪"、"20世纪的科学与社会"、"1870—1990年的德国：从统一到再统一"等。

在文学和艺术领域开设三组课程，文学和艺术A内容为文学的主要类型，如20世纪经典戏剧或小说或诗歌等；文学和艺术B内容为视听艺术的类型，如雕塑或管乐的发展、音乐风格等；文学和艺术C探讨某一时期文学艺术和社会文化的背景。三组课程的目的都是为了培养学生对文学和艺术的理解、鉴别和批判能力。这些课程有："希腊传奇文学的魅力"、"诗、诗人与诗意"、"中世纪的想象：视觉、梦与预言"、"莎士比亚早期戏剧"、"文学与革命：文化转型期的巨著"、"现代艺术与现代性"、"美国音乐剧与美国文化"、"俄罗斯与东欧的艺术与政治"等。

科学部分各课程的共同目的是传授对科学的一般的知识与理解而非专业知识，使学生对科学具备宏观和整体的了解，作为看待世界、人与社会的一种方式。这些课程有："如何搭建一个可居住的宇宙"、"时间"、"从炼金术到粒子物理"、"生命史"、"能量宇宙"、"爱因斯坦革命"、"什么是生命：从夸克到意识"、"科学的单位：从大爆炸到雷龙到其他"、"生物进化论""看不见的世界"、"气候—能量挑战"等。

道德推理部分各课程通过讨论人类经验中产生的重要性而反复出现有关价值和道德抉择问题，探索做出合理的道德选择的途径，培养学生的思辨能力，建构他们的伦理道德观念而并不宣传某一道德或哲学。这些课程有："正义"、"自由"、"'如果没有上帝，一切皆可允许'：有神论与道德推理"、"自我、自由与存在"、"道德推理与社会协议"、"托尔斯泰与陀思妥耶夫斯基小说中的道德质询"、"经典中国伦理与政治理论"、"伦理学的几个基本问题"、"现实主义与道德主义"等。

社会分析部分各课程的共同目的是使学生了解社会科学领域主要理论、观念和方法，加深对现代社会中人类行为和人类社会的理解。社会分析课程并不系统研究某个特殊学科，重在说明如何把分析方法应用到与人和机构相关的重要问题，希望学生掌握历史文献分析方法和数量统一的方法。该领域的课程有："关于人本质的概念"、"宗教与现代化"、"文化革命与世俗主义"、"社会阶层"、"大变革"、"人类学与历史上的用途"、"个人与社会的责任：社会心理学展望"、"经济学原理"、"城市革命：考古学与早期国家的调查"等。

定量推理类课程旨在向学生介绍数学或定量思考模型。一些课程注重数学或统计的理论方面，如数论或演绎逻辑。一些课程则探讨把定量方法应用于解决自然科学、社会科学或人文学科的问题，例如关于不确定条件下的决策或人口趋势分析的课程。

哈佛大学要求毕业生在获得学士学位期间修满32门课程，其中专业必修16门，公共必修2—3门，选修课5—6门，核心课程为8门，占学生个人课程计划的25%。这8门核心课程要求必修从核心课程的7个领域里选择，接受通识教育。

哈佛大学核心课程设有专门的管理机构即"大学部教育委员会"（Committee on Undergraduate Education）和"核心课程委员会"（Committee of Core Curriculum），保障了核心课程在哈佛大学的顺利实施和成功。"大学部教育委员会"每个学期期末都会针对教师的教学，给学生发放教学反映评估问卷。问卷内容按照整体印象、授课情况、小组讨论、作业情况、教材、考试内容、是否完成教学任务实现教学目标、课程优缺点等打分。问卷直接交回大学部教育委员会进行统计，他们统计的数据会作为学生选课时参考。"核心课程委员会"负责管理全校核心课程事物，包括拟订规划和原则、协调联络、课程设计、推动执行、指导学生选课等。核心课程委员会的成员一般为10人，来自文、理、法等系科。核心课程委员会采取严格的教师聘用原则，聘用优秀的教师讲授核心课程，教师们既意识到通识教育的重要性，也积极努力提高自己的水平，保障了哈佛大学核心课程教师的质量。

（二）布朗大学

布朗大学（Brown University）创建于1764年，坐落在美国罗德岛州普罗文登斯市，是美国东部一所私立性质的综合性大学，属于东部常青藤盟校之一，其校训是：我们信赖上帝。布朗大学的通识教育改革深受进步实用主义通识教育思想的影响，重视学生的需求、生长发展本性，旨在培养学生在不断变化的社会和时代背景之下，能尽快做出自己的判断和决定的能力。布朗大学校长西蒙认为，本科教育的首任就是通识教育。通识教育对全体学生所普遍进行的基础性的语言、文化、历史、科学知识的传授、个性品质的训练及公民意识的陶冶的一种素质教育，其实质是给予不直接服务于专业教育的人所需的实际能力的培养。西蒙校长强调，通识教育是本科教育的主要任务，在任何条件下，都不能无视通识教育对人的发展和专业学习等方面的伟大作用。布朗大学的通识教育改革开始于1966年，当时许多学生对课程设置感到不满，希望布朗大学能成为像伯克利加州大学那样的自由大学。经过一年的研究，1967年布朗大学的学生起草了《布朗大学教育改革计划》，后经过与校方的多次研讨，1969年该草案在布朗大学全面实施。

取消大一阶段按科系设立的课程，采用方法性和综合性课程，例如课程“思想的方式”。这类课程重在向学生传授探究解决问题的思想形态和思维方式，而非讲授某一领域的专业知识和技能。通识课程由在人文、社会和自然三大领域设置的类似于“思想的方式”的课程，加上数理统计和写作课构成。

《布朗大学教育改革计划》的明显特征就是改变了选课制度，采取自主选修的模式。布朗大学要求学生在本科阶段修满32门课程后授予学士学位，每个学期只用上4门课程，给予了学生较大的自由。其中通识教育占12—22门，每个学生根据自己的需求而灵活自由。除此之外，学校并没有规定学生该上什么样的课程，学生完全凭自己的兴趣、爱好和需求自主选择。进入布朗大学后，学校只是公布课程目录和简介，并说明选课办法。之后学校会安排两周的时间让学生试听自己有意向的课程。试听结束后要求学生确定本学期学习的课程。经过大一和大二两个年级的自由选修后，学生会逐步形成或明晰自己的兴趣。第二学年末学校要求学生从学校提供的90多个专业方向中确立以后研习的专业方向。专业方向确定后，他们就需要学习、掌握相关专业课程8—18门的必修课。

布朗大学非常注重教会学生如何做人。例如，重视培养学生的诚信品质，考试时，只要学生对自己有信心，可以免于监考；扶持、鼓励学生社团、兴趣小组的活动，让每名学生在集体活动中锻炼协作精神、组织能力；号召学生关心社会发展，树立同情心，做奉公守法的公民。

布朗大学为加强本科生教育，专门配备了如导师制等相应的制度措施。目前，布朗大学的师生比大致为1∶8，教师不仅注意传授知识，更重视教会学生如何学习。学校推行导师制，配有多名责任心强、经验丰富的教师作为本科生“导师”或“顾问”。导师希望做学生的良师益友，帮助学生排忧解难，教书育人。在指导本科生选课时，导师注意因材施教，因势利导，有针对性地提出指导意见。2002年，西蒙校长推出“学术振兴计划”，其中一项是增加教师数量。在未来5—7年净增100名正式教师。新增加的教师应体现背景多样化，其中至少四分之一应代表不同的族裔和文化。

（三）芝加哥大学

芝加哥大学（The University of Chicago）创办于1891年，位于美国伊利诺伊州芝加哥，是美国久富盛名的大学之一，其校训是“提升知识，以充实人生”。芝加哥大学的通识教育改革深受赫钦斯永恒主义通识教育思想的影响，强调经典名著在通识教育中的重要作用。在赫钦斯于1929—1951年担任芝加哥大学校长期间，芝加哥大学开始了通识教育改革的进程。

1943—1953年赫钦斯离开芝加哥大学之前，芝加哥大学大学部完全采取共同必修的核心课程通识教育，贯彻4年，修满后获得通识学位。大学前3年，学生们必须修共同的人文学科、社会学科和自然学科，第4年学习数学、哲学、西方文明史、外文、“观察、解释和统整”、“组织、方法和知识原理”。人文学科的课程内容包括一系列文学、哲学和艺术方面的经典名著，内容涵盖柏拉图、亚里士多德、圣·奥古斯汀、培根、但丁、洛克、休谟、莎士比亚、康德、牛顿、笛卡尔、卢梭、约翰·穆勒等伟大思想家的著作。社会科学课程有“美国政治制度”、“人与文化”和“自由与秩序”。自然科学课程同样引入伟大科学家，例如阿基米德、哥白尼、伽利略、达尔文、道尔顿、哈维的经典原著以及第一手的论文资料，引导学生探求问题的源头，体会科学发现的过程，而不只是通过科学实验的方法展示科学的结论。

基于对人文经典的重视，芝加哥大学采取了与此相符合的教学方式。通识教育课程的教材基本为原文著作，如《理想国》、《尼可马克伦理学》、《诗学》、《政治学》、《忏悔录》、《神曲》、《哈姆雷特》、《纯粹理性批判》、《方法论》等。教师们十分强调学生的阅读体验，鼓励学生在阅读过程中把对人的价值和精神的关注，不断地内化到品性之中，成为一种性质、一种态度、一种习尚，从而达到智性和善的培养。因此，有相当一部分阅读要求学生在上课之前完成。在大学前3年的通识课程的教学上，教师们重在引导学生们讨论名著的历史背景、内容、意义和对人的启示。最后一年的课程为统整性质的课程，是在经过3年积淀学生阅读多本经典名著之后开设的。这些课程由多位教授共同为学生讲授，采取讨论和辩论的教学方式，以培养学生的思辨和价值判断能力。

第三部分　我国的通识教育：世纪之交至今

第十章　19世纪与20世纪之交中国的通识教育

儒家文化作为中国传统文化的核心，其所倡导的教育思想奠定了“通识”的文化基础。儒家教育理想强调“君子不器”（《论语·为政》），而“器者，各适其用而不能相通。成德之士，体无不具，故用无不周，非特为一才一艺而已”[1]。所以儒家教育的目标是培养知识广博的“君子”，而不是专注于一技一艺的专才上，所以君子必然是“知类通达”（《学记》）、以“一物不知”为耻的“通才”。所以黄俊杰先生指出：“先秦儒家心目中的所谓‘教育’并不是一种以专业训练为导向的教育，而是一种现代人所说的‘通识教育’。”[2]“在中国古代伦理本位的文化、‘通天才、合内外’的哲学以及富于整体性、模糊性的思维方式中，孕育了重视人格养成、强调知行合一、培养博学鸿儒的教育。”[3]儒家教育就是在知行合一中，培养具备仁义礼智信品德的君子。汉朝董仲舒提出“罢黜百家，独尊儒术”，将儒家思想改造成封建统治思想的基础，此时儒家学说已不仅仅是单纯的思想流派，儒家开始与政治紧密结合，成为一统天下的政治思想。随着科举制度在宋朝的成熟，儒家经典也在朱熹等的修订下，成为科举考试的金科玉律。教育的目标变成培养能够“格物、致知、诚意、正心、修身、齐家、治国、平天下”的封建官吏，为封建统治服务。虽然封建教育内容局限于四书五经，科举制度也造成了僵化的人才培养模式，但是却符合了中国当时自给自足的小农经济现状，而且对于封建官吏的培养首先关注的是人格方面的培养，注重“仁者”——君子的培养。从汉朝到宋朝直至清末，虽然儒家思想在不断变化，但是仍以修心养性为核心思想，坚持在明明德，在亲民，

[1]　朱熹：《四书集注》，岳麓书社1987年版，第80页。

[2]　黄俊杰：《大学通识教育的理念与实践》，华中师范大学出版社2001年版，第57、71页。

[3]　杨东平：《通才教育论》，辽宁教育出版社1989年版，第187页。

在止于至善，强调培养圣贤，注重人的道德修养，重视道德育人，强调德才统一、知行合一。

随着鸦片战争的爆发，晚清知识分子看到了西方社会的先进性，掀起一股“师夷长技以制夷”的社会风潮，洋务运动也随之进行了一系列教育改革。魏源在《海国图志》中提到“是书何以作？曰：为以夷攻夷而作，为以夷款夷而作，为师夷长技以制夷而作。”[1] 首先提出“师夷长技以制夷”的口号，并且在书中还介绍了欧罗巴各国的教育制度，以及其对于数学、化学、生物等自然科学的教育。在“师夷长技以制夷”思想的引导下，曾国藩、左宗棠等人掀起了“中学为体，西学为用”的洋务运动，以学习西方先进的武器装备、机器生产与科学技术为主，利用官办、官督商办、官商合办等方式发展新型工业，增强国力，以维护清政府的封建统治。创办新式学堂是洋务运动的重要组成部分，1862年京师同文馆设立，馆内开设了英、日、俄、德等国的语文，目的是为了培养翻译和外交人才，学习西文。之后又陆续成立广州同文馆、台湾西学馆、湖北自强学堂等共7所学习西文的学堂。另外洋务运动还提倡学习“西艺”，包括学习船政、水师、武备等专业技术，类似的学堂有福建船政学堂、天津水师学堂、天津电报学堂、天津医学院等。虽然此时的教育宗旨依然是“忠君、尊孔、尚公、尚实”，核心为“中学为体，西学为用”，培养学贯中西、遵循封建伦理道德纲常的人才。但是在教育内容上，开始引进西方的自然科学和人文学科，不再单纯地以儒家学说为主。比如京师同文馆在学习西方语言的同时，也开始学习几何、代数。天文、地理等自然学科。教育目标上虽然仍是为封建统治培养人才，但是洋务运动培养的是有一技之长的专门人才，直接服务于翻译、造船、军事等方面。而京师同文馆的创办开辟了中国高等教育的新纪元，中国开始向近代教育迈进。洋务运动虽然从教育机构和内容上效仿西方，将自然科学引进高等教育，但是相比同时代现代高等教育制度已成熟的西方，洋务运动中只是效仿了早已落后的近代教育，缺乏完善的高等教育制度保障，所以难逃失败的厄运。

甲午中日战争的爆发宣告了洋务运动的破产，民族危机不断加深，维新派开始维新变法运动，改革科举制度，废除八股。教育改良主义随着洋务运动不断发展，洋务运动的失败使得改良主义者更加注重反思“中学为体，西学为用”的理念下洋务教育的不足，在抨击腐朽的封建教育制度的同时，提出维新教育的思想，大力倡

[1] 《海国图志》卷首，同治七年刊本。

导改科举、废八股、兴学校，以推动社会维新改革，继续探索强国之路。维新派认为，要救亡图存，强我中华，就要兴学校培养人才，而科举制是自强路上首要清除的顽疾。梁启超认为："今科举之法，岂惟愚其民，又将上愚王公，自非皇上天察圣明，不能不假于师学，近支王公，皆学于上书房之师傅，师傅皆出自楷法八股之学，不通古今中外之故，政治专门之业，近支王公，又何从而开其学识，以为议政之地乎？故科举为法之害莫有重大于兹者"[1]，梁启超将科举制度视为愚民愚政的制度，主张改革以四书五经为尊的科举制度，增设经济特科作为试策科目，这比只增加艺科和算学的洋务运动又前进了一步。同时维新派也深刻认识到，改革科举必须首先废除八股，"夫八股非自能害国也，害在使天下无人才"，"八股锢智慧，坏心术，滋游手，积将千年之弊，流失败坏，一旦外患凭陵，使国家一无可恃"[2]，维新派将八股作为教育改革必须清除的障碍之一，随着改革浪潮的不断高涨，光绪皇帝终于在光绪二十四年（1898）六至七月，诏谕全国，废除八股测试，将经济科考试并入科举考试，并考策论，乡会试考试均以讲求实政实学为主。

维新派改科举废八股的目的是为了培养新人才兴办新式学校。康有为在《长兴学记》中，具体论述了为学之要义，包含"学纲"、"学科"、"科外学科"三个方面。"学纲"下设若干子目，分属德、智、体三方面。德育上以仁为本，注重格物、慎独、孝悌等道德方面的培养。在智育上，将传统的"六艺"改造为礼、乐、书、数、图、枪，用西方的"图"、"枪"代替"射"、"御"。体育上，增加音乐、舞蹈和体操的训练。康有为强调德、智、体的全面发展，这在中国教育史是一项首创。维新派的另一代表人物梁启超也认为："变法之本，在育人才；人才之兴，在开学校，欲求新政，必兴学校，可谓知本矣。"[3]梁启超将兴学校作为新政之本，并规范了新学的章程和条约。梁启超在时务学堂任教时就开始积极践行自己的教育思想，制定了学约和功课章程。《湖南时务学堂学约》共九条：立志、养志、治身、穷理、学文、乐群、摄生（广交师友）、经世、传教（学治理天下之道）。《时务学堂功课详细章程》则把课程分为溥通学和专门学。溥通学涉及传统的经学、诸子学、中外史志等；专门学涉及公法学、掌故学、格算学等。课程内容包括了国学、中外历史、万国法律、

[1] 梁启超等：《公车上书请变通科举折》，《国闻报》，光绪二十四年（1898）五月十三、十四日。

[2] 严复：《救亡决论》，《直报》，光绪二十一年四月七至十四日（1895年5月1—8日）。

[3] 《论变法不知本原之害》，《戊戌变法》（三），第20页。

通商条约、代数、化学、地理等几十门实用课程。[1]从学约和课程来看，时务学堂的教育教学目标是培养学生全面发展，让学生学以致用，为变法造就人才。

洋务教育虽然开启了近代教育的篇章，历任办学者遵循着“中学为体，西学为用”的教育理念 但一直没有公开颁布统一的教育宗旨。直到1903年戊戌变法时期，张之洞等人拟定《重订学堂章程》时才指出：“至于立学宗旨，无论何等学堂，均以忠孝为本，以中国经史之学为基。俾学生心术壹归于纯正，而后以西学增其智识，练其艺能，务期他日成材，各适实用，以仰副国家造就通才、慎防流弊之意。”《重订学堂章程》中规定封建教育宗旨是以忠孝为本，教育内容建立在经史子集上，但与之前传统教育相比，《重订学堂章程》明确规定要引进西方的技艺。张百熙对京师大学堂的改革实践了《重订学堂章程》中的宗旨。张百熙在改革中颁布《钦定京师大学堂章程》，章程规定：“京师大学堂之设，所以激发忠爱，开通智慧，振兴实业……端正趋向，造就通才，为全学之纲领端正趋向，造就通才，为全学之纲领。”京师大学堂专门规定设立政治、文学、农业、工艺、医术、商务、格致七科。此章程包含了从小学到大学的各级各类学堂规则，是中国近代史上首次以政府的名义规定的一部完整的成文法规，又被称为“壬寅学制”。张百熙曾在百日维新运动中主张变法自强，是属于比较开明的官吏，而且他在管理京师大学堂，这些在当时比较知名的学者都曾担任过京师大学堂的总教习或教习，著名的翻译家严复也在此时被聘请为京师大学堂的译书局总办。

虽然洋务运动时已经创办了京师同文馆，另外还有上海方言馆、广州同文馆等7所西文学堂，福建船政学堂、天津水师学堂、天津武备学堂等共26所西艺学堂，但是这些学堂存在时间短，学堂内的课程以中学为本，在教授传统儒家学说的同时，引入西方造船、武备、医学等技艺以及地理、数学、化学等自然科学，已经开始有意识弥补中国过度重视人文教育、缺乏自然科学教育的现状，中国的高等教育已初步显露通识教育的端祢。但是在洋务运动中，自然科学的教育范围较小，仅局限于应用科学，目的是培养实用的军事人才。相比洋务运动，维新派代表人物康有为首次提出德、智、体共同发展的教学理念，教学目标是为了培养救亡图存的新型人才。维新变法时期，不仅改革了科举制，废除了八股，自然科学和社会科学教育也取得了很大进步。在课程设置方面，维新派不仅继续开设代数、几何、化学、地理等几

[1] 《中国近代教育史资料汇编：戊戌时期教育》，上海教育出版社2006年版，第336—349页。

十门自然科学课程，还拓宽到国学、历史、法律、万国公学等社会科学课程，学科涉及当时国外大部分自然科学和社会科学内容，比洋务运动涉及的范围更广、内容更齐全。从开始的京师同文馆到中国近代史上第一所国立综合性大学——京师大学堂，课程设置已清晰地分为“博通学”和“专门学”两类，注重“通才”的培养。这种学校模式和课程设置明显是学习西方现代大学和教学模式，虽然清末时期，因为社会、经济、文化等各方面都不完备，并没有有意识地对学生进行通识教育，但是纵观洋务运动和维新变法运动中的教育措施，处处显示着通识教育的思想，到了民国时期，通识教育思想得到进一步发展，而清末京师大学堂的设置，更是促进了日后各地现代大学机构的建立发展。

1912年中华民国的诞生，孙中山提倡的“三民主义教育”，翻开了中国民主教育的新纪元。孙中山认为“教育为立国之本，振兴之道，不可稍缓”[1]。所以，孙中山自中华民国成立之初，就强调发展教育、培养人才，1912年2月，孙中山给教育部的命令中指出：“民国新造，凡有教育，应予提倡，乃足以启文明而速进化。”[2]将振兴教育作为振兴中华之本，孙中山倡导教育改革，他认为中国封建教育以文为尚，弊端就是“以能文为万能”，读书人也“废弃百艺，惟文是务”，这种传统教育使得国势衰弱，“民事所以不进”[3]。他提倡借鉴欧美教育经验，按教育目标设不同专业，“文学渊博者为士师，农学熟悉者为农长，工程达练者为监工，商情谙习者为商董”[4]，为社会培养出武将、文官、农艺家、企业家等专业人才振兴中华。在《地方自治实行法》中，他明确创办学校的等级问题，他认为：“学校之等级，由幼稚园而小学而中学，当陆续按级而登，以至大学而后已。”[5]孙中山于此不仅明确提出要普及国民教育，同时设立小学、中学、大学教育体制。在高等教育方面，他主张公立大学与私立大学并存。在《大学条例》中规定：“大学除国立外，并许公立及私立；公立及私立

---

[1] 转引自秦孝义：《国父思想学说精义录》（第二编），第429页。

[2] 《命教育部核办女子蚕桑学校令》，载《孙中山全集》（第二卷），中华书局1982年版，第117页。

[3] 《建国方略》，载《孙中山全集》（第六卷），中华书局1985年版，第179页。

[4] 《致郑藻如书》，载《孙中山全集》（第一卷），中华书局1981年版，第2页。

[5] 孙中山：《地方自治实行法》，载《孙中山全集》（第五卷），中华书局1985年版，第223页。

大学之设置及废止，须经政府认可；公立及私立大学均受政府监督。”[1] 除了重视高等教育外，孙中山也关注实业教育。“即资质不能受高等教育者，亦按其性之所近，授之农、工、商技艺，使有独立谋生之材。卒业以后，分送各处服务，以尽所能。”[2] 孙中山提倡通过实业教育培养适合民国农工商发展的应用型人才。另外，孙中山十分重视技能教育，他认为：“大学之志趣，以灌输即讨究世界日新之学理、技术为主。”[3] 技术教育成为孙中山实业救国的重要教育措施。孙中山倡导的三民主义教育，以三民主义学说为指针，倡导人格平等、人权平等的国民教育。因此，教育部公布了《法政专门学校规程》、《大学令》等法令法规，具体规定了各种专门学校的教育宗旨、学业年限、学科、课程等各项具体内容和制度。孙中山的教育思想虽不系统完备，也没有对教育内在规律进行专门的探讨。但他一直主张振兴教育，并积极推动教育改革教育制度的实施，并为蔡元培等人的教育改革奠定良好的基础。

1912年1月3日，蔡元培出任中华民国第一任教育总长，从学校制度，课程设置、教材和教学方法等方面进行了改革。蔡元培提出“民国教育方针，应从受教育者本体上着想，有如何能力，方能尽如何责任，受如何教育，始能具如何能力”[4]，并且指出清末教育宗旨中“忠君与共和政体不合，尊孔与信教自由相违”[5]，主张以军国民教育、实利主义教育、公民道德教育、世界观教育和美感教育此“五育”代替忠君、尊孔、尚公、尚武、尚实五项封建教育宗旨，强调五育要协调发展，这一方针也成为民国教育的指导方针。“五育并举”思想，阐明了培养健全人格的重要性。1912年7月10日，教育部召开临时教育会议，最后确定中华民国的教育宗旨是：“注重道德教育，以实利教育、军国民教育辅之，更以美感教育完成其道德。”[6] 这个教育宗旨深刻批判了延续几千年的以忠君尊孔为核心的传统封建教育，吸收西方教育思想，融合传统教育理念，确立了培养“健全人格”的新宗旨。军国民教育是：军事

---

[1] 孙中山：《公布〈大学条例〉令》，载《孙中山全集》（第十卷），中华书局1986年版，第530页。

[2] 孙中山：《在上海中国社会党的演说》，载《孙中山全集》（第二卷），中华书局1982年版，第523页。

[3] 孙中山：《公布〈大学条例〉令》，载《孙中山全集》（第十卷），中华书局1986年版，第530页。

[4] 高平叔：《蔡元培教育论集》，湖南教育出版社1987年版，第53页。

[5] 陈学恂：《中国近代教育文选》，人民教育出版社1983年版，第328页。

[6] 舒新城：《近代中国教育史资料》（上册），人民教育出版社1961年版，第223页。

技能教育；实利主义教育隶属智育；公民道德教育即德育；世界观教育是教育的终极目标；美感教育即美育。五育中，蔡元培特别重视公民道德教育，“何谓公民道德？曰，法兰西之革命也，所标揭者，曰自由，平等，博爱。道德之要旨，尽于是矣”[1]。他主张以自由、平等、博爱，取代三纲五常的传统封建伦理道德。另外，蔡元培还首次提出美育，将美学理论应用于教育，通过美的熏陶，树立高尚的道德品质。民国教育以“养成健全人格，发展共和精神”为宗旨。“所谓健全人格者，当具下列条件：一、私德为立身之本，公德为服务社会、国家之本；二、人生所必需之知识技能；三、强健活泼之体格；四、优美和乐之感情。”“所谓共和精神者：一、发挥平民主义，俾人人知民治为立国之本；二、养成公民自知习惯，俾人人能负国家社会之责任。”[2] 蔡元培的教育理念正是近代通识教育的体现，通识教育首先是对人的培养，培养智力、身心和品格等各方面协调发展，具有高尚品德，能独立思考，有效参与社会公共事务，具有社会责任感的民国公民。

1916年蔡元培出任北京大学校长，北京大学成为蔡元培教育改革的基地，其中多方面涉及通识教育的内容，有些措施也是开一时之先河。“改革之前的北京大学是一座封建思想、官僚习气十分浓厚的学府。当时的学生由于是从京师大学堂老爷式的学生擅继下来，不少人以上大学为升官发财之阶梯，对于研究学问没有兴趣，读书就是为了做官。教员中不少人不学无术，讲课陈陈相因，敷衍塞责”[3]，北京大学未改革前封建官僚作风严重，学生仍以做官为目的，没有任何学术气息，举步维艰。蔡元培认为：“大学者，囊括大典，网罗众家之学府也。”所以他坚持“依各国大学通例，循思想自由原则，取兼容并包主义”[4]，开始了一系列大刀阔斧的改革。

首先沟通文理，废除科系。北京大学在改革前内设有文、理、法、商、工科，各科下设若干门，而蔡元培在长期的教育实践中对学科与教学体质进行了改革。他认为“文理是不能分科的。例如，文科的哲学，必植基于自然科学，而理科学者最后的假定，亦往往牵涉哲学……地理学的人文方面，应属文科，而地质地文等方面属理科。历史学自有史以来，属文科，而推原于地质学的冰期与宇宙生成论，则属

[1] 陈学恂：《中国近代教育文选》，人民教育出版社1983年版，第323页。

[2] 朱有瓛：《中国近代学制史料：第2辑》（上册），华东师范大学出版社1990年版，第107页。

[3] 萧超然等：《北京大学校史：1898—1949》，上海教育出版1981年版，第40页。

[4] 周天度：《蔡元培传》，人民出版社1984年版，第154页。

于理科”[1]，扩充文科、理科，停办工科。文科方面，增设中国史学门、法国文学和德国文学；理科方面，增设地质学门；法科方面，将商科并入，后停办商科；工科方面，将工科预科转入北洋大学，工科本科生毕业后停办，后又设研究所，所内又设有编译处。蔡元培把五科并立的北京大学，办成以本科文理为主的大学，但是蔡元培先生的理想是文理应相融通，主张废门设系。蔡元培认为必须“融通文理两科之界限，习文科各门者，不可不兼习理科中之某种（如习史学者，兼习地质学，习哲学者，兼习生物学之类）；习理科者，不可不兼习文科之某种（如哲学史、文明史之类）”[2]。所以1919年北京大学废除文理法三科科制，改制成系，全校设14个系，即数学系、物理系、化学系、地质学系、哲学系、中文系、英文系、法文系、德文系、俄文系、史学系、经济系、政治系、法律系。通过废门改系，建立研究所，蔡元培使北京大学成为文理科高水平的综合性大学。

其次蔡元培还推行选课制，将课程分为必修课与选修课，废除原来的年级制。北京大学改组了预科，取消原来的预科学长，而将预科分别直属于文、理、法三科，由三科学长分管所属的预科，其主要课程亦由本科教员兼授，使预科与本科的课程紧密地衔接起来。北京大学原来年级制各个系课程都是必修课，这样的弊端是“使锐进者无可见长。而留级者每因数种课程之不及格，须全部复习，兴味全无”。为了摆脱这种弊端，蔡元培改年级制为选科制，后“经专门以上学校通过，由北京大学试办”[3]，北京大学改为选课制后，本科生学满80个单位即可毕业，必修与选修各占一半。预科生要修满40个单位，四分之一为选修课。选修课除了可选本系课程外，还可选外系课程。蔡元培在北京大学预科和本科率先采用选科制，制定了具体的实施办法，并要求教师加强对学生选科的指导，他认为：“学生所选的科学必须经教员审定，因教员知道选何者有益，选何者无益，如走生路，若无人指引，易入歧途。”[4]教师指导下的选课制，促使学生选择自己感兴趣的科目，扩展了学生的知识面，促进了学生个人素质的提高，调动了学生的积极性，发展了学生专长，促进了人才成长。改组预科取消原来的预科学长，而将预科分别直属于文、理、法三科，由三科学长分管所属的预科，其主要课程亦由本科教员兼授，使预科与本科的课程紧密地衔接

[1] 蔡元培：《蔡元培全集：第六卷》，中华书局出版社1984年版，第352页。
[2] 蔡元培：《蔡元培全集：第三卷》，中华书局出版社1984年版，第209页。
[3] 蔡元培：《蔡元培全集：第三卷》，中华书局出版社1984年版，第209页。
[4] 蔡元培：《蔡元培全集：第四卷》，中华书局出版社1984年版，第35页。

起来。北京大学的选课制是全国的首创，对以后高等教育的发展提供了有效范例。

北京大学积极推行“思想自由、兼容并包”的办学原则，在教师聘任制度上，积极引进各类人才，学术自由之风日益强盛，也影响了通识教育的发展。因为北京大学原来的教员，思想陈腐，教授内容老套，教学方法刻板。为改变现状，在教师的聘任制度上，蔡元培以“学诣为主”，聘任各类学术人才，聘陈独秀任文科学长和胡适、刘半农、周树人（鲁迅）等任教员，从而改变了北京大学文科的学风。理科自李仲揆（李四光）、丁巽甫（丁燮林）、王抚五（王星拱）等受聘任教后，授课内容也变得充实。法科在聘任王雪艇（王世杰）、周鲠生（周览）后，组成正式的法科。另外，蔡元培还坚持思想自由原则，在聘请教师时，不分其政派、学派、年龄、资历、国籍，不拘一格降人才。聘请的教师既有新文化运动的代表人物陈独秀、胡适、鲁迅等，也有主张复辟的辜鸿铭、拥护袁世凯称帝的刘师培等；在年龄方面，既有如崔适这样年岁大的中老年学者，也有如胡适、刘半农这样的年轻专家，无论什么样的人才，只要在学问上有所擅长，就能在北京大学自由发表言论，这种自由的学术氛围，有助于学生开拓眼界，并易于培养开放自由的观念。

北京大学实行教授治校管理体制和管理制度。蔡元培仿效欧美各国大学教授治校和资产阶级民主制的原则，改革学校领导体制。首先组织评议会作为全校最高的立法机构和权力机构，每五个教授推选一位评议员，任期一年，校长为议长。评议会负责制定和审核学校各种制度，决定学科的废立，审核教师的学衔和学生的成绩，提出学校的预决算经费等各项行政事务。另外，北京大学废各科学长，成立教务处和总务处，相应设教务长和总务长，另外设教务会议和教务处，教务会议由各系组成，主持全校教务事宜。1919年改门设系后，各科系设立教授会，系主任由教授会投票选举，教授会的职责是规划本系的教学工作，如课程设置、授课方案、学生选课指导及教科书的选择等。

蔡元培在北京大学推行的教育体制改革，具有典型的代表性。北京大学改变原来五科并重的局面，扩充文理科，并取消文理科的界限，使文理相融通，废除原来的科制设立14个系，这样的体制改革使得北京大学的通识教育不断完善，而文理兼习有助于培养学生全人的品格。北京大学是国内第一所废年级制推行选课制的学校，这样的先锋教育理念，提供给学生选择的自由，在督促学生完成本专业的专业课程外，积极鼓励学生选修系外课程，扩大了学生的知识面，为以后中国高校的通识教育奠定了良好的基础。秉承“兼容并包，思想自由”的原则，不拘一格地收罗各类人才，北京大学的教师队伍里，既有新文化运动的先锋派，也有革命的保守派，既有维护复辟的老学究，也有坚持共和的新青年，无论任何流派思想、任何政治立场，只要在学问上有过人之处，都可以站在北京大学的讲坛上，正是这种兼容并包的气度，才造就了北京大学海纳百川、自由宽松的学术氛围，同时也为通识教育提供了雄厚的师资力量。实行教授治校管理体制和管理制度，组织评议会，成立教务处和总务处，相应设教务长和总务长，这样的民主管理体制改变了学校一权独大的现象，使得各方能各抒己见，集思广益，从制度上保障了通识教育的发展，彻底改变了北京大学封建学府的腐朽作风，使得北京大学成为引领中国高等教育的风向标。

第十一章 中国台湾、香港、澳门地区的通识教育

一、台　湾

台湾的通识教育最早始于1956年，台湾东海大学提出“发扬民族精神，沟通中西文化”的思想，在课程中加入社会科学、自然科学以及西方历史文化等课程，开始推行通识教育。1983年，台湾地区“教育部”规定，大学学生必须选修4—6学分的通识课程，通识教育开始蓬勃发展。到20世纪80年代中期，台湾各大高校开始普遍推行通识教育。台湾清华大学于1989年成立第一个通识教育中心。1990年，台湾地区“教育部共同科课程委员会”在1990年通过决议，增设通识教育，此项决议于1992年获得批准。各大院校中共同必修课分为国文、外文、历史、“宪法与立国精神”、通识教育五部分，通识课程占8分，通识课程中学生限选4分，另外人文与理工系互选4分，并率先在台湾清华大学、台湾大学、阳明工学院等学校实施通识课程。之后台湾于1994年举办了第一届国际通识教育学术研讨会，发行《通识教育季刊》。在台湾教育人士的呼吁下，“教育部”于1996年正式宣布取消共同必修科，各校自主设置课程。所以从20世纪90年代开始，通识教育在台湾地区已蔚然成风，并得到长足的发展。台湾学者黄俊杰评价说大学通识教育“成为当前台湾的大学教育改革的重要工作”，“从现有的成就来看，台湾的大学通识教育已经达到一个前所未有的高峰，但是，也站在一个历史的转折点之上”，处在“从普及到深化”的阶段上。[1]

台湾大学从20世纪90年代率先开始通识教育，到2000年后，在台湾大学每位同学需要完成共计30学分的校订共同必修课、通识选修课以及必修但零学分的体育、

[1] 黄俊杰：《迈向21世纪大学通识教育的新境界：从普及到深化》，载《交通高教研究》2002年第4期，第3页。

军训及服务课程。其中，共同必修课程共计 18 学分，包括：国文领域（6 学分），目的是提升学生的中国语文能力与文化素养；外文领域（6 学分），以训练学生基础外国语文能力为教学目的；历史领域（4 学分），重视学生对史料之阅读，并以增进学生的历史知识及提升学生历史思考能力为教学目标；台湾“宪法”与公民教育（2 学分），课程所属领域由授课教师自行决定。通识课程选修方式是除本系所属领域外，其他三领域皆应选修；或者其他三领域中选两个领域，其中任一领域至少应选 4 学分。2006 年后台湾大学把通识教育分为共同教育课程和通识教育课程，提出“核心课程”模式。台湾大学通识课程八大核心领域包括：文学与艺术、历史思维、世界文明、哲学与道德思考、公民意识与社会分析、量化分析与数学素养、物质科学、生命科学，反映了各领域知识的发展，从多元的学科观点与方法中使学生掌握完整的知识，同时有助于各学院打破专业本位的教学思维，重新考虑了不同学术领域之间对话、沟通与融合的可能性。八大核心课程领域的课程非常丰富，每一领域下设若干子领域。

台湾大学为实施通识教育，还成立了校及院系多级通识教育委员会，所有的通识课程都需经过委员会同意。在《迈向 21 世纪的台湾大学：回顾与展望》中，台湾大学校长陈维昭制定了台湾大学未来发展的三大均衡策略：①在本土化与国际化之间求其均衡发展；②在专业教育与通识教育之间求其均衡发展；③在科学研究中注入人文精神，以创造校园文化的均衡发展。所以，台湾大学在实施通识教育的过程中，应坚持遵循以下几项原则：①基本性原则，相对于应用型课程来说，通识课程的内容应包含人类文明不可或缺的基本要素；②主体性原则，学生教学的主体、所有教学内容都应从学生本身出发，透过思考、反省、批判，去了解自身以及自己所处的自然、社会和时代，建立人的主体性，实现人的自我表现、自我解放，并与自身所处的人文及自然环境建立互为主体性关系；③多元性原则，通识课程内容的设置应该能拓宽学生的视野，消除文化和种族上的偏见，有放眼世界的眼光和海纳百川的胸怀；④整合性原则，通识课程的内容应注重整合不同学科知识，以新的角度诠释专业知识，培养和激发学生的创新意识；⑤通贯性原则，通识课程内容应浅显易懂，先从基本问题开始然后逐步穿越专业界限。所以台湾大学的通识教育从体制到机构乃至具体课程的设置，都较为完善。

台湾中原大学办学宗旨为：“中原大学之建校本基督爱世之忱，以信、以望、以爱，致力于中国之高等教育，旨在追求真知力行，以传启文化、服务人类。”而台湾中原大学的教育理念之一就是“我们尊重自然与人性的尊严，寻求天、人、物、我间的和谐，以智慧慎用科技与人文的专业知识，造福人群”[1]。基于这样的理念，中原大学建构起“天人物我互和谐”的全人教育体系，将课程分为共同科目和一般通识，学生需要必修共同科目 22 学分，选修一般通识科目 12 学分，共计 34 学分。中原大学并将一般通识课程分为天、人、物、我四大类课程，强调四者的平衡和谐，使我与社会、天与物都在“人”这一主体上得到融合，强调四者的平衡和谐：专业与通识之平衡，学养与人格之平衡，个人与群体之平衡，身、心、灵之平衡，以便达致三大目的，即学术与伦理之卓越、领导与服务之风范、宽广与全球之视野。[2] 一般通识课程包括天、人、物、我等课程，各类应选 2—6 学分。天学类重视人的价值观和宗教信仰的培养；人学类重视学生语文素养、历史意识等。物学类课程重视实用技能的培养，包括军事、军护、科技等课程。我学类重视学生自我修养的培养，包括体育、美学、生活管理等课程。具体课程内容见表 11-1。

表 11-1　中国台湾中原大学全人化通识教育（含必修课）学分表

<table>
<tr><th>类别</th><th>课程（群）</th><th>学分数</th></tr>
<tr><td rowspan="5">天学类（圣）：
生命的 XX021
信仰的 XX022
灵性的 GE200
终极的 GE350
意义的 GE350</td><td>宗教哲学</td><td>2*</td></tr>
<tr><td>人生哲学</td><td>2*</td></tr>
<tr><td>生命信仰探索课程</td><td rowspan="3">2—4</td></tr>
<tr><td>人生意义追寻课程</td></tr>
<tr><td>其他课程</td></tr>
<tr><td rowspan="9">人学类（善）：
GQ3XX
GQ4XX
社会的 XX001
文化的 XX002
法律的 XX059
伦理的 GE400
语言的 GE450
GE500
GE550</td><td>历史课程</td><td>4*</td></tr>
<tr><td>法律与社会（原立国精神 / 宪法）</td><td>2*</td></tr>
<tr><td>中国语文课程</td><td>6*</td></tr>
<tr><td>外国语文课程</td><td>6*</td></tr>
<tr><td>英语视听与会话</td><td>0—2*</td></tr>
<tr><td>人与社会文化课程</td><td rowspan="4">2—4</td></tr>
<tr><td>专业伦理与素养课程</td></tr>
<tr><td>管理常识课程</td></tr>
<tr><td>其他课程</td></tr>
</table>

[1]　台湾中原大学门户网站，http: //ann.cycu.edu.tw/kcy/index.jsp.，2010-3-20。

[2]　冯增俊：《中国台湾高等学校通识教育探析》，载《比较教育研究》2003 年第 12 期，第 41 页。

续表 11-1

类别	课程（群）	学分数
物学类（真）： XX041 知识的 MII042 认知的 GE600 科技的 GE650 环境的 GE700 应用的 GE750	军训 / 军护课程	0—2*
	军事兵学知识	2—4
	普及科技课程	
	环境科学课程	
	其他课程	
我学类（美）： GRXXX 生理的 XX999 心理的 GE800 生活的 GE850 审美的 GE900 文学的 GR950	体育课程	0—6*
	劳动服务	0—2*
	艺文欣赏课程	2—4
	生活管理课程	
	运动教育课程	
	其他课程	

台湾中原大学延续了台湾通识 教育的传统，在建校 40 周年时正式提出“全人教育”的理念。“全人教育”的核心是“我们尊重自然与人性的尊严，寻求天、人、物、我间的和谐，以智慧慎用科技与人文的专业知识，造福人群”[1]，所以中原大学制定的教育目标就是“我们了解人人各承不同之秉赋，其性格、能力与环境各异，故充分发挥个人潜力就是成功”[2]。为了实现全人教育的理念，中原大学通过通识教育、专业教育、学术研究等途径来实现。另外为了保证通识教育的顺利实施，中原大学设置了人文社会教育中心，由校长领导，并在人文教育学院下设置通识教育中心，负责全校的通识教育课程。中原大学的通识课程分为天学类、人学类、物学类、我学类四种，根据天、人、物、我四平衡的原则，引导学生进行选择。为辅助专业训练，学校还开始“企业伦理”、“法律伦理”、“科技发展史”、“科技沟通”等具有专业性的通识课程。另外除了一般通识课程外，中原大学还重新组织了国文、英文、历史以及法政等课程，学生可根据兴趣选修不同内容的课程。除课程设计外，学校还组织了一系列的通识活动，如校园环境布置、行政服务、人文艺术等。中原大学每学期全校开设的通识课程有 160—170 门，共 450—460 班，通识课程和活动覆盖文学、音乐、舞蹈、艺术、戏剧、哲学等各个方面，融合天文、地理各个方面，同时不忘给予学生人文关怀。

[1] 谢安邦、张东海：《全人教育的理论与实践》，华东师范大学出版社 2010 年版，第 179 页。

[2] 台湾中原大学门户网站，http：//ann.cycu.edu.tw/kcy/index.jsp.，2010-3-20。

二、香　港

相对于中国其他地方，香港的高校最早开始推行通识教育。香港崇基学院于1951年创办初期就模仿美国的通识教育模式，设置“人生哲学”课程，以讲授基督教义为主。1963年，香港中文大学成立后，崇基学院成为三院之一，正式将“人生哲学”课程改为“通识教育”课程，并明确指出通识教育课程的目的就是为了实施均衡教育，拓宽学生的视野，培养学生的抽象综合思考的能力。相比原来的课程设置，香港中文大学将通识课程分为四个层次，分别是中国文明、分科课程、跨科课程以及学院科目。其中，中国文明类课程属于必修课程，分科课程和跨科课程属于选修课程，而学院科目则属于各学院自行开设的科目。20世纪80年代后，香港其他高校纷纷效仿香港中文大学的通识教育课程，并逐步在自己院校内推行。因为香港的高校算是在中国的大学中较早设置通识教育课程的高校，所以经过几十年的发展变化，通识教育体系已经比较成熟。

香港中文大学自创校以来一直保持通识教育的传统。校长李卓敏就明确指出寻求专业教育和通才教育之间的平衡，是香港中文大学的任务。“香港日趋庞大而繁复的经济无疑是需要由受过高度专业训练的人才来管理。但香港社群同时需要领袖人才……专业教育提供技术能力，通才教育发展领袖才能……中文大学深信通才教育为每一个人所应有，因之应包括于各年级全部学生之教育计划中。”[1] 所以香港大学于1984年率先成立了通识教育委员会，采取各种措施强化通识教育，并使得通识教育课程学分占到本科学生毕业学分的15%。金耀基曾任香港中文大学校长，他在一次演讲中曾指出：“今天的大学在知识爆炸与学术专门化下，学科与学系越来越精细，这与社会分工及职业结构之越来越需专门知识的要求，显然有不可分的关系。今天，大学教育的设计基本上是依学科而分学系，这是学术专门化的内在要求，也是为社会培养人才的有效方法。在这个意义上，大学教育的定性与定位不在通识教育，而毋宁更偏向专科教育了。……通识教育应该是大学教育的一个组成，并且是一个重要的组成，但却不是大学教育的全部。……它的目的与其说是取代专业教育，不如说是平衡专业教育的。”[2] 鉴于现代大学教育普遍过度重视专业教育的问题，香港

[1]　The First Six Years 1963-1969. *The Vice-Chancellor's Report*. Hong Kong, The Chinese University of Hong Kong, 5.

[2]　金耀基：《大学之理念》，生活・读书・新知三联书店2001年版，第145—147页。

中文大学一直注意通识教育，用以平衡专科教育带来的过度实用性、工具性的问题。

香港中文大学采取院校两级的管理体制，负责通识教育的具体事宜。香港中文大学成立时采取联邦制，各书院之间相互独立，并且都在自己书院内部设置通识课程，虽然书院没有正式命名为通识教育课程，但实际课程的目的已经不仅仅是为了专业训练，而是为了促进学生的全面发展，培养学生的社会责任感和使命感。书院联邦制下的通识教育，完全由书院自行安排。香港中文大学1976年改书院联邦制为单一制，将各书院相同科系合并，归学校统一管理，加强大学的行政统和。各学系合并后进行"学科为本"的知识教学，书院则负责促进学生全面发展的"学生为本"的教学。而通识教育的目的就是要促进学生均衡地发展，所以此时书院全权负责，但是由于合并后的学系专注于本学科的科研，而教师资源的分配也不均衡，所以通识教育的工作安排和管理变得十分困难。针对这样的现象，1983年年底，香港中文大学重新审核包括通识教育在内的本科生课程，并进行了多项改革。书院通识教育和大学通识教育开始并存，学系负责大学的通识教育，并提供具有相当学术水平的知识性学科。书院则关注学生的个性发展，采取小班教学的方式，积极组织讲座之类的文化交流活动。此次改革之后，通识教育占本科生课业的15%（共18学分），比重明显增加。为了保持书院传统和实现学生为本的教学，在设置新课程时，各书院为学生设计了最多不超过6学分的通识科目。各学系则提供其余的通识课程，作为全校统一课程，并由通识教育主任统筹。

香港中文大学参考了哈佛大学的通识教育改革，提出了通识教育改革的三个目标：①增进学生对中、西文化的了解；②向学生介绍不同的主要学科所采取解决问题的方式和了解人类经验的方法，借此以加强学生的推理与分析能力；③训练学生掌握适切现代社会需要的学习技巧。[1]同时将通识教育课程统一规划为7个不同范围：逻辑思考与定量技巧、中国文明（历史、文化与社会、艺术、文学与哲学）、其他文明、电子计算学、艺术与人文（方法论、概观、鉴赏）、自然科学与医学（方法论与哲学、概论、应用）、社会科学与管理学（方法论与哲学、概论、应用）。以上科目为一个学期的课程，逻辑思考与定量技巧及中国文明是必修范围，学生须在范围内选修各一门学科，共6学分；其余学分则从主修科所属范围以外的其他范围内选修。

[1] 转引自梁美仪：《香港中文大学的大学通识教育》，载《国家教育行政学院学报》2005年第10期，第73页。

"七范围"的大学，通识课程由通识教育主任及办公室负责推进，供所有学生修读。1991年香港中文大学采取灵活学分制，不再硬性规定3年或4年，学生只要修满规定学分，就可以毕业。通识课程的学分也由18分缩减为15分，书院通识课程占到3—5分不等。课程范围从原来的七范围简化为必修范围（中国文明）、选修范围（分科课程、跨科课程）。

香港中文大学于2002年9月成立"识教育课程检讨委员会"，成立之后随之进行了一次全面的通识教育改革。在该委员会提交的报告中明确指出，通识教育的目标在于让学生：扩展广阔的知识视野，认识不同学科的理念和价值；提升对人类共同关心问题的处决建立判断力及价值观；理解不同学科之间的关联并认识融会发展的可能；发掘终生学习的潜力。[1]香港中文大学的大学通识课程的设置由学系负责，大学通识一般采取常规的学习组织活动，提供大量通识科目供学生选修，目的在于培养学生的学术素养，开拓学生的知识视野，而学系所获经费的多少也由选修的学生数决定。书院通识则尊重书院自身的精神传统和文化，以举办大量不同的课外活动为主，开办少量学科（不超过通识必修学分的1/3）为辅，给予学生人文上的熏陶。按照学制规定，中七入学学生必须修读15学分通识课程（总学分为99学分），中六入学学生必须修读21学分的通识课程（总学分为123学分）。目前香港中文大学的校级通识课程分为四个领域，分别是"文化传承"、"自然科技与环境"、"社会与文化"和"自我与人文"。学校规定所有的本科生必须在每个领域选修至少1门课程（但特许专业课程学生豁免修读与其主修科目最相近的1门校级通识课程），每门课程2—3学分。2005—2006学年，这四大领域的课程由全校7个学院40多个系合力提供，分别开设了20门、45门、114门和53门，香港中文大学的通识教育一直效果显著，形成特有的"中大模式"，其他高校也纷纷借鉴模仿。

香港理工大学的前身是香港官立高级工业学院，主要培养专门工商业人才，1994年更名为香港理工大学。在学生的教育理念上，也曾一度过分注重专业教育。但从20世纪90年代开始，就开始注重培养学生全面的人格，并将全人教育纳入学生的培养目标。香港理工大学的全人教育体现为：国际视野、三文两语（中英文、粤语、英语和普通话）、分析能力、创意思维、社会意识、民族责任感、文化修养、

[1]　梁美仪：《香港中文大学的大学通识教育》，载《国家教育行政学院学报》2005年10月，第75页。

终身学习、进取精神和领导才能，目标是造就具有独特素质的人才。[1] 所以香港理工大学制定的通识教育的目的就是："希望借此扩阔同学的视野，训练他们的独立思考能力，使他们能有敏锐的社会触觉，能对我们的国家和我们所生活的社会，有最基本的认识。"[2] 为实现通识教育的目标，全校的通识课程由通识中心负责，另外还有一些个别的通识课程由不同学院、学系负责。香港理工大学的通识课程分为"中国研读"通识科目和"拓展视野"通识科目。"中国研读"类主要是为了增强民族责任感、自豪感，以中粤双语教学，内容包括传统中国和现代中国。"拓展视野"科目范围较为广泛，目的是为了拓展学生思维，主要以英语授课。两大类中每个备选课程均为 2 学分。学校规定学生只有修读完通识课程才能毕业。学位课程学生必须修够两部分共 4 学分，而高级文凭要修读"中国研读"部分的一门课程，才能毕业。

另外学生事务处还开设"辅学课程"，扩展学生视野，以完成全人教育的目的。以 2009—2010 年第一学期为例，"全校开设 85 门辅学课程，内容涉及外国语言和文化、文化艺术、商业管理、传播、健康护理、历史地理、法律、政治以及公共事务、科学与信息和个人发展"[3]。辅学课程的教师有本校的、校外专家或学校聘请的"客座教授"等。一般辅学课程只有 6—8 次课，时间比较短，通常也是 30—40 人次的小班教学，需要提前报名。而辅学课程的目的在于普及知识，所以并没有设置学分和考试，学生可自由选择，又因为辅学课程的内容都比较有趣，所以每年报名的人数都很多，所以香港理工大学以网上选课的形式进行抽签，抽中者才有资格上课。"辅学课程"的目的是为了增强学生学习的兴趣，锻炼学生的思考能力。全年课程达 250 门，以较为自由的方式组织教学。辅学课程既和主修课程相辅相成，同时又兼顾了学生的兴趣，扩展了学生的视野，促进了学生的全面发展。

香港浸会大学在 1980 年以后，就提出全人教育的理念，目的是使学生在专业素养与品格修养等方面协调发展。当时的校长谢志伟所确定的年度三个教育目标中第一个目标就是提倡完人教育，注重对学生学术与人格的培养，并通过基础课程来实践全人的教育理念。这种基础课程分为三种组合，第一种是以自然科学和工程科目

[1] 孙晓玲：《融通广度与深度的全人教育——香港理工大学通识教育及其启示》，载《中国职业技术教育》2011 年第 6 期，第 67 页。

[2] 引自香港理工大学网站，http://www.polyu.edu.hk/~gec/geprogramme/index.php。

[3] 孙晓玲：《融通广度与深度的全人教育——香港理工大学通识教育及其启示》，载《中国职业技术教育》2011 年第 6 期，第 68 页。

为主，第二种以商科科目为主，第三种以文科或社会科学为主。后来改为三年制后，仍然保留了20学分的通识科目。2006年，香港浸会大学成立了“全人教育教与学中心”，负责通识教育的实施。成立之后，该中心就制定了“社区为本教学计划”和“人文素质教育计划”。其中“人文素质教育计划”，注重从学生的兴趣出发，无论课程内容是科学、文艺、哲学、经济还是传媒等，在设计上都有意识地不计学分，目的就是促进学生能在轻松自由的氛围中，拓宽自身的视野。另外香港浸会大学在课程设计上非常重视专业课程和通识课程的平衡，在专业上设置“通识性的专业课程”，在学术上设计“专业通识课程”，以实现通识课程专业化和专业课程通识化的目标。香港浸会大学专业与通识间的平衡，更有助于全人教育理念的实施，这样的通识教育安排，既培养了学生的专业性，同时也促进了学生在道德品性方面的提升。

三、澳　门

澳门科技大学是澳门推行通识教育的先驱，也是澳门特别行政区成立后，经批准成立的一所全新的、以培养应用型人才为主的综合性大学，澳门科技大学强调科学技术教育和专业教育，但同时十分重视通识教育。澳门科技大学历届领导人都认为“最高的学问不是铸金而是铸人”[1]。所以澳门科技大学一直致力于培养德、智、体、美全面发展的人才。校长许敖敖教授曾指出“我们决不能把现代大学教育狭隘地理解为专业知识和技能的教育。通识教育是对专业教育有效的补充与完善”[2]，所以在本科生教学中，十分重视通识教育课程的设置，为铸造全面人才奠定基础。从2003年起，澳门科技大学在课程设计中增设了通识教育科目。通识教育体系包括自然科学与现代技术、人文社会科学、文学艺术和养生保健四部分。开设了《中国文化通论》、《世界文化通论》、《文化艺术素养》3门必修课程和57门选修课程，其中涉及中国传统文化的课程有16门之多。另外还包含了天文科学、生命科学等当代科技发展的最新动态，又有经济、哲学、伦理学等人文社科科目。另外还有中国文化通论、西方文化通论、文化艺术素养和诸多文学艺术门类，以及卫生、美容和太极拳、

[1]　任伟伟、郭峰：《澳门科技大学人才培养模式述评及启示》，载《现代科学教育》2010年第1期，第136页。

[2]　许敖敖：《多元文化背景下的澳门科技大学人才培养模式》，载《中国大学教学》2007年第6期，第5页。

空手道等实用性科目。学生可以根据自己的兴趣爱好，从通识课程中选修10个学分，以完善知识结构。通识教育与专业教育的互补，使得澳门科技大学有效地提高了培养应用型人才的质量。

在通识教育与专业教育并重的原则下，澳门科技大学的人才培养着眼于对学生实施全面的培养。校长许敖敖认为："文学、历史、哲学以及艺术等方面的素养，历来是各种专业人才赖以建立远大理想的基础和激发创新灵感的催化剂。"[1] 所以通识教育的目的是为塑造有远大理想、能与时俱进的专业人才，奠定必要的文化基础。鉴于此，澳门科技大学不论是基础课还是专业课，都强调要展现本学科领域最新动态，精简内容，突出重点。澳门大学的生源有来自本地也有来自港台以及内地的学生，所以考虑到语文水平的参差不齐，澳门大学为新生开设大学语文，同时开设大学体育，促进学生德、智、体的发展。另外，学校还大力进行英语教学改革，重点对学生的听、说、读、写等外语实际应用能力进行训练，为向全英语教学发展奠定基础。2003年学校还筹建了基础学部，对学生进行专业素质以外的教育。基础教学部负责安排全校的基础课程和通识教育课程，并为学生创办第二课堂，为学生创造能参加多种活动的机会。第二课堂为学生创造了丰富多彩的活动，包括学术文化讲座、社会调查考察、艺术欣赏、博物馆参观、学生社团活动、校际交流和竞赛以及其他创造性的实践活动。澳门科技大学又在2007年筹建了人文艺术学院，创建东西方文化研究中心，使得大学的学科结构得到进一步的优化，更好地促进了通识教育与专业教育并重的方针的实施，有助于不断提高学生的综合素质。

澳门科技大学在通识教育课程方面还坚持多元化的兼容并蓄方针。自2003年澳门科技大学调整专业教学计划至今，其通识课程基本上涵盖自然、社会、人文科学领域的知识性科目和语言、体育等技能科目，其通识课程的设置目的就是拓展学生的知识范围；同时重视外语、综合知识、前沿课题、信息科学，培养学生掌握各种基本能力，为学好专业课程奠定各种基础。另外澳门科技大学十分注重融合中外文化，注重中华文化的教育。在2005—2006学年的通识课程中，与中国文化相关的课程占了一大半；到2009—2010学年和2011—2012学年时，通识课程中有关中华文化传承的课程约占总课程数的四分之一，数量达到10门课程。其中2011—2012学年的

---

[1] 许敖敖：《多元文化背景下的澳门科技大学人才培养模式》，载《中国大学教学》2007年第6期，第5页。

通识课程中涉及中国茶文化专题、国宝鉴赏专题、中国的世界文化遗产专题、中国近现代文学作品选读、中国戏剧欣赏、《老子》今读专题、《庄子》选读专题、《论语》今读专题等。而研究西方文化的课程在2005年为6门，到2011年变为4门，包括“世界文学名著选读”、“西方音乐欣赏”、“西方美术欣赏”、“西方美学精神专题”。另外，澳门科技大学还开设了有关现代文化的课程，研究当今时代与人类社会生活密切相关的科学和文化知识。另外，澳门科技大学还开设了一系列跨学科或跨文化课程，如2009—1010年的课程中“自然科学中的伦理学课程”兼顾自然科学和伦理学的内容，交叉学科，使学生不再仅仅局限于自身专业领域内，而是扩大了学生知识的广度和深度。

另外，在制度设计上，澳门科技大学实施“限制性修读与知识互补”。限制性修读限制了学生需要修读的课程领域或规定了必修修读的课程。限制性修读在“分布必修课程”和“核心课程”制度中最为明显。澳门科技大学将各类通识课程分为具体的类别，并规定每个类别中需要修读的课程数量和学分，澳门科技大学规定了学生所要修读的公共必修课，通识必修课如工商管理类专业必修修读“经济学”“科技大师讲座”等9个学分的通识选修课程。在“知识互补”方面，澳门科技大学考虑到专业的局限性，在通识教育课程设计方面，注重知识间的互补性。在具体实施方面就是注重培养理科生的文化艺术素养，而文科类专业则注重培养学生的科学素养。所以在选课方面，理科生只要修读2学分的人文社科类或文学艺术类课程即可，而新闻传播、艺术及管理类等文科类专业的学生，则需要修读自然科学以及社科类课程。另外澳门科技大学设置通识教育部来管理通识课程，负责推动、规划和执行全校的通识课程。澳门科技大学通识教育部的设立，有利于通识课程和通识教育系统化、规范化的实施。相比港台地区，澳门地区的通识教育起步较晚，从课程建设到实施条件上，都无法与之相比。但是澳门科技大学从2003年开始实施至今，短短的十几年里，也逐渐形成了自身的特色。

第十二章　中国内地高校通识教育

一、内地通识教育的目的

20世纪初我国近代大学初创之时，并不突出专业教育。20世纪20年代蔡元培先生在北京大学提倡“融通文理两科之界限”，30年代梅贻琦先生在清华主张“通识为本，专识为末”。1995年原国家教委在52所高等院校开展文化素质教育试点，并于1995年9月在武汉召开“试点院校加强文化素质教育工作经验交流会”，极大地推动了全国高校通识教育理论与实践的探讨。1999年党中央、国务院发布《关于深化教育改革，全面推进素质教育的决定》后，加强通识教育成为高等教育改革的主旋律。经过10年的发展历程，通识教育已在许多高校取得成效，北京大学、清华大学、中国人民大学、北京师范大学等高校，通识教育课程占总学分的比例与美国一些著名大学基本相当，改变了专业主义教育模式。

2002年以来，通识教育成为国内高等教育界的热点话题，关于通识教育的研讨会频频举行。2002年4月，在教育部的大力支持下，于武汉大学举行的“海峡两岸大学通识教育暨大学校长治校理念与风格学术研讨会”，是海峡两岸首次在内地举行的大规模、高层次通识教育研讨会，来自台湾、香港和内地的180多位专家和校长参会。近几年来，全国各类高校纷纷开展通识教育核心课程的建设工作，注重大学生性情和素质的培养。加强人文素质与科学素质的交融，增进其对自身、社会、自然及其相互关系的理解，从而为其一生的多向发展提供必要的准备。

二、内地高校的通识教育实践

本书从内地39所“985”高校中选取了8所高校进行通识教育实践的调查。这8所高校分别为上海交通大学、复旦大学、武汉大学、中山大学、华南理工大学、北京航空航天大学、北京师范大学以及中国海洋大学，包括了综合性大学、理工类大学以及航空、师范、交通类院校。调查的内容主要是各个大学的通识教育核心课程的选排、学分要求以及教学形式。

（一）上海交通大学

上海交通大学将本科教育定位为通识教育基础上的宽口径专业教育，从2009级开始，推出通识教育核心课程。通识教育核心课程总数达102门。上海交通大学的通识教育核心课程分为人文学科、社会科学、自然科学与工程技术、数学或逻辑学四个模块。

人文学科课程主要涵盖文学、历史、哲学和艺术等学科领域，培养学生对文学艺术作品的理解能力和审美情趣；使学生学会用历史的方法、以历史的眼光认识事物；使学生了解哲学分析的方法，培养思辨能力；提升学生的鉴赏力、想象力、表现力、沟通和交流能力。

社会科学课程主要涵盖政治、经济、法学、管理学等学科领域，使学生熟悉社会科学的一些主要概念和方法，以加强对当代人类行为的理解，正确认识和处理现代社会面临的问题。教学方法上，应借助于某个学科的某些片断，通过短暂的学术探索，让学生接触到这个学科的研究方法，而不是要学生学习经过简化的、较为完整的学科概论或常识。

自然科学与工程技术课程主要涵盖物理、化学、生物等自然科学学科和众多的工程技术领域，使学生通过对所涉领域的总体上的理解，认识自然科学与工程技术对于人类社会的重要性。此类课程的教学内容应与社会和个人生活紧密联系，帮助学生提高科学素养和工程意识。

数学或逻辑学课程教学的重点是数学思想和思想方法。要使学生了解数学发展中的重大事件及数学家的创见和发明，了解数学的文化功能和思想价值，以及对科技进步和社会发展的意义，尤其要注重培养学生的数学思维能力。逻辑学教学要使学生学会如何正确地进行推理和论证，并能够识别和反驳错误的推理和论证，提高思辨能力。[1]

表 12-1 上海交通大学通识教育核心课程课表

人文学科课程		
交响音乐鉴赏	中西乐理及其应用	美国的文化和历史
天文学史	中外文化	大学语文
中国文化史八讲	中国现代史专题研究	文学与人生
近世中国历史与文化	佛教与中国传统文化	哲学·科学·技术
外国文学史（C）	古典诗文名篇选读	哲学智慧与创新思维
创意图形设计	设计创新的艺术	文化的魅力
英美名诗赏析	古希腊文明演绎	建筑赏析
生命伦理学	中医药与中华传统文化	汉字文化
胡适与中西文化	世界民族音乐鉴赏	马克思哲学经典著作导读
美学	莎士比亚戏剧赏析	英语公众演讲
老庄元典选读	创新与创业	20 世纪英美短篇小说选读
女性文学与性别文化	古典诗词鉴赏与创作	国花、市花鉴赏
中国的世界文化与自然遗产	积极心理学	与风景的对话——中外园林艺术欣赏
《圣经》与西方文化	艺术、媒介与创造性思维	汉语与认知：由汉语看汉民族的认知特点
爱的艺术与人生		
社会科学课程		
当代中国社会问题	经济与社会伦理	规则与善治
谈判理论与实践	法律与道德	宪政与人权
大学生健康心理学	公共政策与公民生活	当代中国外交
政治经济学经典导读	法律与社会	环境与可持续发展
法律思维与法学经典阅读	中俄关系的演变与展望	经济与法律
现代日本政治（A）	性与健康（A）	信用与法律
刑法与生活	台湾研究	管理哲学
新闻媒介与社会	《资本论》选读	民族主义与族群政治（A）
政治人的成长	管理心理学	职业生涯发展与规划
社会精神医学		生态文明的伦理与法理

[1] 参见《上海交通大学通识教育核心课程选课手册 2012—2013》。

续表 12-1

自然科学与工程技术课程		
程序设计思想与方法	工程实践与科技创新Ⅰ	人与环境（A）
低碳能源	创新思维与现代设计	形象思维与工程语言
大学化学	在实验中探究化学	化学问题的实验研究
生命科学发展史	生命科学导论	遗传与社会
生物技术与人类	生命科学实验探索	药物发展——延续生命的奥秘
基因与人	工程技术探究	海洋世界探秘
量子波澜：历史与概念	量子力学（A）3	探索微观物质世界
信息素养与实践	宇宙与人类	自然界中的混沌与分岔
力学仿生——启示与探索	摄影及工程应用	材料与社会
海洋学导论	可再生能源	现代农业与生态文明
材料美学		
数学或逻辑学课程		
推理与思维训练	数学与科技进步	数学史
数学的天空	随机模拟方法与应用	

每位本科生须根据各学院 / 专业在此四个模块中规定的学分要求，选修相应模块中的课程，修满规定学分。个别学院或专业对此安排可以有所调整。

（二）复旦大学

复旦大学对通识教育的探索起始于 20 世纪 80 年代，谢希德老校长提出要借鉴国际先进的本科生培养经验，试行“通才教育”。2005 年 9 月，复旦学院正式成立，开始实质性地推进通识教育改革。经过几年建设，形成了以核心课程为主轴、以住宿书院制和导师制为翼辅的通识教育培养体系。复旦大学构建了六大模块的通识教育核心课程体系。学生选修要求 12 学分。目前，共计建设核心课程近 180 门。

目前实施的通识教育核心课程方案包括六大模块，即文史经典与文化传承、哲学智慧与批判性思维、文明对话与世界视野、科学精神与科学探索、生态环境与生命关怀、艺术创作与审美体验。①文史经典与文化传承，指中国文学和中国历史方面的经典研读课程。“中国文学”包括中国古典文学和中国现当代文学经典两个方面；“史学经典”指中国历史上重要史学家的经典作品。②哲学智慧与批判性思维，指哲学和宗教经典的研读课程。进入此模块的经典分为三类，一类是中国哲学经典，一类是西方哲学经典，一类是宗教经典，旨在帮助学生找到一条进入哲学家的思想境域的门路。③文明对话与世界视野，指关于西方文明及其他重要文明的研讨性课程。重在打开学生在文明比较方面的视野，从而较深入地了解人类文明的历史演变和文明多元发展、冲突、整合及其在当代的意义。④科学精神与科学探索，指关于科学与技术的思想基础和历史进程的研讨性课程。重在展示数学思想史、自然科学思想史和技术原理史，以帮助学生领会数学和科学思想的要点，形成科学探索和技术创新的精神。⑤生态环境与生命关怀，指关于环境与人类生活的关系以及人类生命的科学与伦理问题的研讨性课程，范围包括环境科学、生命科学、医学及生命伦理学。⑥艺术创作与审美体验。艺术实践类课程包括艺术鉴赏与艺术创作。进入此模块的艺术门类主要有：音乐、戏曲表演、绘画、雕塑与陶艺、影视、书法、话剧与朗诵等。范围包括环境科学、生命科学、医学以及生命伦理学。[1]

表 12–2 复旦大学通识教育核心课程课表

文史经典与文化传承		
唐诗经典与中国文化传统	中国现代文学名著选讲	中国当代小说选读
中国诗学经典导读	鲁迅与中国现代文化	《史记》导读
宋词导读	《文选》与中古社会	中国现代散文导读
《十三经》导读	英语文学赏读	西学经典·战争志
哲学智慧与批判性思维		
《艺术即经验》导读	《圣经》与西方宗教传统	《荀子》导读
科学、技术及思想发展	康德《纯粹理性批判》精读	《春秋》导读
《老子》导读	《理想国》导读	《查拉图斯特拉如是说》导读
逻辑与批判性思维	《第一哲学沉思集》导读	《新教伦理与资本主义精神》导读
卢梭著作选读	西学经典·论美国的民主	
文明的对话与世界视野		
环境变迁与中华文明	《荷马史诗》导读	中国海外交通史名著导读
中国地图史	日本文明的历史变迁	东西方文明视野中的人生伦理
比较西方政治制度	文艺复兴史	法律与跨文化交往
人权与法	宪政文明史	法治理念与实践
犯罪与文明	全球化时代的法律冲突与对话	
用经济学智慧解读中国	现代西方心理学名著选读	

[1] http://www.fdcollege.fudan.edu.cn/s/63/t/484/ec/45/info60485.htm。

续表 12-2

科技进步与科学精神		
数学漫谈	数据的背后	物理与文化
天体物理与宇宙论的演化	人类与核科技发展	诺贝尔与自然科学
纳米科技与生活	生命中的化学元素	化学与人类
化学与中国文明	元素发现史	科学计算之美与鉴赏
从计算到智能		
生态环境与生命关怀		
营养与健康	人类医学遗传学	人类进化
身边的基因科学	可持续发展	环境与人类
材料与环境	全球化时代的环境问题	环境灾害与启示
走进医学：历史与传承	中医文化	信息素养与科学发现
中医医学大师与人文素养	人类与社会多元文化	生物力学与人类健康
环境与人群健康	改变世界的流行病	医药伦理
药物·生命·社会	诺贝尔奖与药物	生命科学史
艺术创作与审美体验		
京剧表演艺术	中国古陶瓷鉴赏与收藏	英美电影思想解读
视觉艺术与设计	音乐理论与实践	音乐剧赏析与表演
英美电影思想解读	考古与人类	

（三）武汉大学

从2003年起，武汉大学开始启动通识教育建设工程，从最开始不到50门通识课程发展到现在，通识课程总数已达234门。通识教育指导选修课程划分为人文科学、社会科学、数学与自然科学、中华文明与外国文明、跨学科领域五大类，要求学生在教师指导下，在每个领域自主地选修一定的学分。

表 12-3　武汉大学通识教育核心课程表

人文科学		
大学语文	写作	佛教与中国文学
涉外秘书	文学原理	普通话正音
现代汉语研究	当代大众文化	20世纪中外文学名著鉴赏
中国新诗鉴赏	小说美学六讲	文化研究导论
中国现当代文学名著欣赏	简明中国史	简明世界史

续表 12-3

人文科学		
西方当代人文主义哲学主流	宗教学导论	后现代主义文化思潮
逻辑学导论	人文科学概论	美学概论
伦理学	实用商务英语	英语演讲艺术
英美语言与文化	学术英语写作	电视节目导论
摄影艺术与摄影流派	音乐欣赏	东方电影
中外舞蹈名作欣赏	舞蹈形体与气质培养	世界经典电影欣赏
中国历代禁书概览	书法赏析	文化遗产与旅游
国际商务函电	体育欣赏	《孙子兵法》研究与应用
中国教育名著导读	书法知识	中外大学史话
古籍鉴赏	武汉大学校史	
社会科学领域		
演讲与口才	表达与沟通	社会心理学
马克思主义与当代西方社会思潮	交流技巧	电子商务与电子政务
网络信息检索	知识经济与知识产权	国家公务员与公务员录用制度
企业竞争情报	项目管理	经济学原理
现代实用会计	管理沟通	市场经济模式概览
管理学原理	中国经济改革与发展	管理科学理论与方法
水资源经济	国际法与国际组织	社会转型与转型社会
法律理念与法律意识	环境与资源保护	宪法基本原理
劳动权利保护法	当代环境法的理论与实践	知识产权法
文化人类学	城市与城市社会	公共行政理论与实务
当代国际关系与中国外交	当代中国社会问题透视	西方政治制度
当代中国政治制度	公共经济学	循环经济的理论与实践
赔偿医学	司法实践	国际商务规则与实战技巧
中国教育发展史	网络信息资源处理	

续表 12-3

数学与自然科学领域		
实验设计与数据处理	电与电能	绿色电力
水力发电工程	水利工程现代化技术	地下空间的开发和利用
人居环境与绿色建材	水务管理	水安全与水管理
工程项目管理	水能利用概论	产业生态学
趣谈地图	遥感影像的多学科应用	多媒体电子地图技术与应用
遗传与遗传工程	生物多样性与保护生物学	生物技术导论
病毒与生命	生命科学导论	大学化学实验
化学与社会	人类生存发展与核科学	纳米科技的基础和应用
激光原理与应用	20 世纪物理学	材料科学
数学精神与方法	科学技术史	博弈论
网站设计与开发	土木工程概论	交通运输与区域经济
核电站与环境安全	地下空间与未来世界	工程建设与环境协调
安全工程基础	材料防护与资源效益	人机工程学基础及应用
Internet 应用及安全	恶意软件（病毒）的分析与防范	自然计算方法导论
信息安全概论	上网安全与信息安全意识	计算机网络工程设计与实践
智能问题求解方法	宇宙新概念	光信息科学与技术
数字媒体传播基础	机器人概论	生殖健康
常见疾病防治	食源性寄生虫病	急救医学
急救知识	饮食营养与慢性疾病	生物恐怖与生物安全
谈医论药	口腔保健	多媒体应用与开发基础
计算机常用工具软件的使用		
中华文明与外国文明领域		
中国文化概论	中国文学简史	汉字与中国文化
中国山水文化	德国现代化	阿拉伯世界的历史、现状与前景
世界文化与自然遗产	美国历史与文化	英国文化
中国古代数术文化	西方美术鉴赏	中国哲学智慧
西方文化概论	西方哲学史	康德黑格尔哲学
日本文化与日本民族	世界文学名著导读	《圣经》与西方艺术（双语教学）
俄罗斯社会与文化	唐诗宋词欣赏	中外戏剧文化精粹
中华民间文艺与戏曲民俗	戏剧艺术鉴赏与校园戏剧导论	民族文化与中国民族民间舞蹈

续表 12-3

中华文明与外国文明领域		
实验设计与数据处理	电与电能	绿色电力
《四库全书》与中国文化	中国艺术精神	中国的世界遗产赏析
世界著名大坝赏析	中国美术鉴赏	中外名城赏析
建筑与音乐	中国乡土建筑赏析	现代奥林匹克文化
原始儒家精义	战争史	《易经》与中国文化
跨学科领域		
社交礼仪	科技革命与世界发展	人类生存环境与考古
女大学生形象设计	现代标准化与质量管理	创业学
性与社会	公共关系学	领导学
创新思维技巧训练	大学生求职方法与技巧	领导心理学
健康教育学	人文化学	生态设计与技术
资源环境与可持续发展	地图历史与文化	全球变化与环境导论
能源与环境	自然灾害与防灾减灾	围棋思维与文化
西北地区水资源与生态环境	水资源保护与可持续发展	装饰材料与居住文化
河流概论	水土流失与水土保持	全球气候变化与水资源
水与人类生存	大学生专利设计与实践	房地产概论
建筑美学	趣味素描	产品设计
水质与社会发展	能源与可持续发展	动漫画基础
艾滋病防治	人体生理学与心身健康	生命科学与人类文明
健康心理学	大学生心理健康	大学生健康
现代生活方式与健康	食品安全与人体健康	大学生健康与保健
专利信息与发明创新	大学生学习方法	大学生与大学发展
大学文化与大学精神	教育社会学	大学生职业规划与就业指导
KAB 创业基础		

武汉大学的通识教育指导选修课采取逐步建设和不断更新的方法，目前一方面精选已开设的课程，并在此基础上加以改造和进一步建设；另一方面结合学生知识结构要求和本校特色设计新的课程。所有课程面向全校招标并组织专家评审筛选，并根据教学需要和检查评估的情况，不断增设和淘汰。在公平竞争的机制下逐渐推出一批具有武汉大学特色的名师名课。

武汉大学的通识教育指导选修课分为人文科学、社会科学、数学与自然科学、中华文明与外国文明、跨学科领域五大类。在提倡学生结合自身情况自主选择的同时，又明确规定：在每个领域至少选修2个学分，总共最低修满12个学分；获人文科学或社会科学类学位的学生，在数学与自然科学领域至少修满4个学分；获自然科学类学位，在人文科学或社会科学或中华文明与外国文明领域至少修满4个学分；学生选修与本专业重复或相近的课程，不计入通识学分；跨学科领域的课程修习则均承认学分。[1]

（四）中山大学[2]

中山大学从2009学年度开始推行“通识教育共同核心课程”方案，规定全校本科生必须选修16学分的“通识教育共同核心课程”。2010年，中山大学颁布了《中山大学普通本科生修读公共选修课程（通识教育课程）暂行管理办法》，要求全校文理工科全日制普通本科生必须在本科阶段修满通识教育课程16个学分（其中修读通识教育核心课程12个学分、通识教育一般课程4个学分），并对不同学科学生的学分修读要求做了明确规定。为确保通识教育核心课程计划的有效实施，学校成立了三位一体的“人文高等研究院”、“博雅学院”和“通识教育部”，探索将“通识教育”与“博雅教育”结合起来的路径，吸引并充实从事通识教育的一流人才。还成立了“大学通识教育指导委员会”、“通识教育专家委员会”，从组织上保障通识教育的有效开展。

正在实施的新通识教育方案有以下特点：①采取新的通识课程分类方法，共同核心课程分以下四大类：A. 中国文明；B. 全球视野；C. 科技、经济、社会；D. 人类基础与经典阅读。要求学生在每类中选修4个学分，共16学分。②采用双重编码课程，将各院系部分优质专业基础课程向外专业本科生开放，作为“共同核心课程”，以使外专业同学亲身了解其他学科思维方式和研究方法。③实行博士研究生担任课程助教的制度。从2009学年开始，中山大学所有博士生都要求担任本科教学的助教工作。④推行小班讨论制。例如300人大课要求配备10名博士生助教，每个助教负责两个小班（每小班15—20人）的讨论。

---

[1]　参见武汉大学通识教育选修课程目录。

[2]　本书中山大学部分的全部内容来自中山大学及其通识教育部网站。

表 12-4 中山大学通识核心课程课程

中国文明		
中国边疆与民族问题	中国考古学与文明进程	中国环境史
中国古代史（先秦和秦汉）	论语研读	大学与近代中国
儒林正史	中国古代礼乐文明	唐宋文学
中国诗史	中国考古与文明进程	广东经济发展与社会进步
道家文化与中国文学	三农问题与社会发展	中国近代法律文化史
中国古代文化史	中山大学校史	汤显祖与牡丹亭
夏商周考古学	佛教与中国文化	
全球视野		
当代国际关系与中国外交	国际制度与国际组织	生态环境与人类发展
美国历史与文化	当代英文励志经典小说选读	英语传媒与文化
美国电影：历史、文化与批评	英美文学选读	日本语与日本文化
当代印度的文化与社会	欧洲文明进程	亚洲共同体的理论与实践
媒体策划与数字编辑	“现代世界体系理论”与资本主义研究	历史哲学
世界宗教与民族冲突	西方文学导读	跨文化交际学
英国社会与文化	美国社会与文化	澳洲社会与文化
英语国家文化	英文文学经典与影视再现	基因、疾病与健康
人类与环境和谐共存	英语学术交流	英语演说的艺术
日本史	医学、健康与文化	
科技、经济、社会		
化学与可持续发展	管理学原理	数据库技术及应用
合同法	现代生物技术导论	生命起源与进化
细胞科学与社会	昆虫世界与人类社会	经济学与生活
博弈论	自然地理学	生态毒理学
现代生命科学与人类社会	病原微生物与传染病	当代西方管理思想
动物转基因克隆安全争议	科技文献检索与利用	Visual Basic 程序设计
税收与企业战略	当代西方管理思想	风险管理
海洋生物学和海洋生物技术	宏观经济学原理	商业秘密信息保护与管理
清洁生产与环境材料	社会学的想象	现代生命科学导论
生态毒理学	病原微生物与传染病	经济学与生活

续表 12-4

人文基础与经典阅读		
中国古代小说菁华	文化人类学	教育经济学导论
领导心理学	西方古典音乐文化	红楼梦研究
史学概论	《世说新语》导读	《资治通鉴》导读
欧洲文化史：建筑、绘画、实用美术	科幻电影与后现代	中国古代哲学（《红楼梦》的精神世界）
心理实验与人类行为	基础医学导读	心理科学与生命
《史记》导读	心理实验与人类行为	《资治通鉴》导读
《周易》导读		

（五）华南理工大学

学校近年来已开设的通选课是学校进行本科通识教育的有益尝试。为了更好地实施通识教育，提高本科人才培养质量，学校印发了《华南理工大学关于加强本科通识教育课程建设的通知》（华南工教〔2012〕65 号），决定从 2012 年 9 月开始，在通选课的基础上开设本科生通识教育课程。通识教育课程分为核心课程和一般课程。

我校通识教育课程体系分三大领域、十大模块，包括：①人文科学领域。该领域涵盖哲学、历史、文学、艺术等学科领域，包括哲学与人生、历史与文化、语言与文学、艺术与审美四大模块。目的是培养学生对文学艺术作品的理解能力和审美情趣；使学生学会用历史的方法、以历史的眼光认识事物；使学生了解哲学分析的方法，培养思辨能力；提升学生的鉴赏力、想象力、表现力、沟通和交流能力。②社会科学领域。该领域涵盖经济学、管理学、法学、政治学、教育学、心理学、社会学等学科领域，包括经济与管理、社会政治与法律、教育与心理、环境议题四大模块。目的是使学生熟悉社会科学的一些主要概念和方法，以加强对当代人类行为的理解，正确认识和处理现代社会面临的问题。教学方法上，应借助于某个学科的某些片断，通过短暂的学术探索，让学生接触到这个学科的研究方法，而不是要学生学习经过简化的、较为完整的学科概论或常识。③科学技术领域。该领域主要为非主修理工科的学生开设，涵盖自然科学、工程技术、数学等学科领域，包括自然科学与工程技术、数学与逻辑学等两大模块。自然科学与工程技术课程的目的是使学生通过对所涉领域的总体上的理解，认识自然科学与工程技术对于人类社会的重要性，此类课程的教学内容应与社会和个人生活紧密联系，帮助学生提高科学素养和工程意识。数学与逻辑学课程的目的是要使学生了解数学发展中的重大事件及数学家的创见和发明，了解数学的文化功能和思想价值以及对科技进步和社会发展的意义。

各学院学生的通识教育课学分要求按《关于修订2008级本科综合培养计划的通知》，详情如下。

表12–5　华南理工大学2008级各学院学生的通识教育课学分要求

序号	学院	文化素质教育类课程（包括人文科学领域和社会科学领域）（学分）	科学技术领域（学分）	合计（学分）
1	机械与汽车工程学院	10	0	10
2	建筑学院	6＋4	0	10
3	土木与交通学院	10	0	10
4	电力学院	10	0	10
5	电子与信息学院	10	0	10
6	自动化科学与工程学院	10	0	10
7	材料科学与工程学院	10	0	10
8	化学与化工学院	10	0	10
9	轻工与食品学院	10	0	10
10	理学院（数学系）	10	0	10
11	理学院（物理系）	10	0	10
12	工商管理学院	6	4	10
13	公共管理学院	6	4	10
14	外国语学院	4	6	10
15	体育学院	4	6	10
16	计算机科学与工程学院	10	0	10
17	软件学院	10	0	10
18	环境科学与工程学院	10	0	10
19	生物科学与工程学院	10	0	10
20	新闻与传播学院	4	6	10

续表 12-5

序号	学院	文化素质教育类课程（包括人文科学领域和社会科学领域）（学分）	科学技术领域（学分）	合计（学分）
21	艺术学院	4	6	10
22	法学院	4	6	10
23	设计学院（工业设计专业）	10	0	10
	设计学院（艺术设计专业）	4	6	10
24	经济与贸易学院（物流工程）	10	0	10
	经济与贸易学院（经管专业）	6	4	10

备注：①学生不能修读本学院的开设的课程（除在本学院跨学科修读外）；②经济管理类学生修读的课程不应包含其中的经济管理类课程；③此外，艺术类和体育类专业必须修读 2.5 个学分、其他专业必须修读 6 个学分的计算机技术及应用系列课程。

2012 级、2013 级各学院学生通识教育课学分要求按《华南理工大学关于修订 2012 级本科综合培养计划的指导性意见》，详情如下。

表 12-6 华南理工大学 2012 级、2013 级各学院学生通识教育课学分要求

序号	学院	人文科学领域（学分）	社会科学领域（学分）	科学技术领域（学分）	合计（学分）
1	机械与汽车工程学院	6（2）	4（2）	0	10（4）
2	建筑学院	6（2）	4（2）	0	10（4）
3	土木与交通学院	6（2）	4（2）	0	10（4）
4	电力学院	6（2）	4（2）	0	10（4）
5	电子与信息学院	6（2）	4（2）	0	10（4）
6	自动化科学与工程学院	6（2）	4（2）	0	10（4）
7	材料科学与工程学院	6（2）	4（2）	0	10（4）
8	化学与化工学院	6（2）	4（2）	0	10（4）
9	轻工与食品学院	6（2）	4（2）	0	10（4）
10	理学院（数学系）	6（2）	4（2）	0	10（4）
11	理学院（物理系）	6（2）	4（2）	0	10（4）
12	工商管理学院	4	2	4（2）	10（2）

续表 12-6

序号	学院	人文科学领域（学分）	社会科学领域（学分）	科学技术领域（学分）	合计（学分）
13	公共管理学院	4	2	4（2）	10（2）
14	外国语学院	2	2	6（2）	10（2）
15	体育学院	2	2	6（2）	10（2）
16	计算机科学与工程学院	6（2）	4（2）	0	10（4）
17	软件学院	6（2）	4（2）	0	10（4）
18	环境科学与工程学院	6（2）	4（2）	0	10（4）
19	生物科学与工程学院	6（2）	4（2）	0	10（4）
20	新闻与传播学院	2	2	6（2）	10（2）
21	艺术学院	2	2	6（2）	10（2）
22	法学院	2	2	6（2）	10（2）
23	设计学院（工业设计）	6（2）	4（2）	0	10（4）
24	设计学院（艺术设计）	2	2	6（2）	10（2）

表 12-7　华南理工大学通识教育核心课程[1]

人文科学领域核心课程		
大学美育	电影鉴赏	中国传统文化
岭南文化	中国文学与文化	中国情感文化学
跨文化交际（全英授课）	英语传媒与文化（全英授课）	英美文学与文化（全英授课）
美国社会与文化（全英授课）		
社会科学领域核心课程		
知识产权概论	中国传统法律文化	创业学
大学生心理健康教育	竞技体育赏析	
科学技术领域核心课程		
工程认知	高分子材料与工程	环境科学与工程导论
生物科学与工程前沿	走近微电子	食品营养与安全
网络信息检索		

[1]　参见华南理工大学《2013—2014 年度第一学期通识教育课程选课手册》。

续表 12-7

人文科学领域一般课程		
视听传播与节目赏析	主持人艺术	影视赏析
中国古代名著导读	新媒体文化概论	媒介与文化
中国当代文学景观	外国文学概观	城市文化与美学
纪录片赏析	中国文学经典选讲	中国传统文官制度
德语初级	俄语初级	英语诗歌选读（全英授课）
英语演讲艺术（全英授课）	科技交流英语（全英授课）	中国文化概论（全英授课）
集邮学	科技伦理与工程伦理	西方音乐作品欣赏
聆听西方音乐	舞蹈欣赏	形体舞蹈
舞蹈艺术理论与实践	钢琴基础弹奏	外国舞蹈史及作品欣赏
民族舞蹈	中日韩风格舞蹈欣赏	影视音乐赏析
钢琴音乐赏析	中外舞剧欣赏	舞蹈作品理论分析
世界民族音乐	西方古典作品欣赏	音乐剧赏析
社会科学领域一般课程		
领导科学	影像中的西方政治文化	社会科学研究方法
行政学概论	管理学原理	会计学
创业营销	理财学	管理沟通
商务谈判	创业法律实务	大学安全通识
运动、营养与慢性病	经济学原理	电子商务概论
生涯规划与求职技巧	信息检索与利用	
科学技术领域一般课程		
社会科学中的数学	汽车概论	科学技术发展史
土木工程概论	改变生活的材料	化学与人类文明
环境与健康	环境与生态	生命科学导论
地理信息系统	基础生命科学	工程实践安全通论

（六）北京航空航天大学

北京航空航天大学从2010年开始由人文与社会科学高等研究院在知行文科实验班开展通识教育，并随着文科大类招生逐步扩展到全部文科学生。2012年学校通过《人才白皮书》暨“长城行动计划”，将“构建通识课程体系，实现通识基础的专业教育”作为十项基础性工作之一，从而将通识教育扩展到全校学生。北京航空航天大学通识教育旨在落实学校“强化基础、突出实践、重在素质、面向创新”的本科人才培养方针，服务于培养创新人才的战略目标。

北京航空航天大学的通识核心课程体系建设正处于初期，只能在最低限度上让学生在文史、社科、理工三大学科方向上选修通识教育课。但在这三大学科之上又开设一类跨学科的课程，即“经典研读”，旨在帮助学生打破专业视野的局限，培养与人类历史上那些伟大的心灵形成直接对话的能力，并帮助学生领悟经典名著对人、家庭、社会、文明、国家与世界的一些永恒问题的深刻洞察，使学生能够逐渐形成对人类社会共同面对的某些重大问题的理解力与兴趣。

经典研读：经典文本主要是指那些伟大的人物所写作的能够经得起时间考验的作品，例如孔子的《论语》、柏拉图的《理想国》、马基雅维利的《君主论》等。由伟大人物所书写的经典作品，蕴含了对这个世界的卓越而深刻的理解。我们必须付出很艰苦的努力，才能从这些经典作品中获得收益。而我们生活的这个世界，恰恰是由这些伟大的经典作品和思想所缔造的文化传统所塑造的。即使是现代自然科学，也是由少数的伟大天才人物出于对真理的自由探索而形成的一些智识遗产所奠基的。因此，带领学生对这些经典作品和经典思想进行阅读和叩问就成了通识教育的核心内容。

人文素养：人文素养的课程应尽量避免上成“概论”或“通史”课；对阅读和写作提出要求，培养最基本的阅读能力、思考能力、分析能力和写作能力；通识课程中的人文素养课程决不能照搬原来的公选课程。

社会科学：在社会科学的通识教育中需要有一定的人文类课程。但是，这些课程应该与社会科学有着内在的联系。比如，诗词格律的研究、诗歌赏析虽然归入人文类课程，但它们与社会科学诸学科之间没有直接的联系，便不适宜作为相关通识课程开设。其次，社会科学通识教育课程应致力于破除现今学科之间的专业隔阂，实现各学科之间的会通和对话。北京航空航天大学开设了“经济学原理”、“政治学原理”、“社会学原理”等社会科学通识课，但是并未采用“导论”教材以之为范本照本宣科地给学生讲授教条化的原理，而是讲解并阅读相关的经典名著，并围绕这些传世经典设计课程。这些经典包括：亚当·斯密的《国富论》、约翰·洛克的《政府论》、马克斯·韦伯的《新教伦理与资本主义精神》。相比起“导论”性质的教材，这些著作以更为生动、辩证、丰富的内容来传授知识。更重要的是，它们能打开学生的心灵，让他们看到学科规范之外的世界，激发起好奇心和求知欲。

科技文明：为了能让学生更全面地理解科技发展的特有规律及人文内涵，并培养其思辨能力，科技文明课程应注重针对重大发现、重要理论的历史演化过程、杰出贡献人物、对社会的影响等多方面进行综合的、辩证的论述。具体而言，此类课程应关注以下内容：①时代背景：重大理论与技术的前期积累以及人们已有的观念与认识等。②人物特点：杰出贡献者所具有的知识广度与深度、持续探索的意志品质、对所研究领域核心问题的洞察力，以及寻找破解难题时的想象力。③思维方法：应围绕杰出贡献者的探索历程，介绍如何运用逆向思维、自觉思维、逻辑思维等方法。④社会影响：不仅应介绍科技对社会发展的积极推动作用，更要让学生了解科技带来的负面效应。[1]

表 12-8　北京航空航天大学通识教育核心课程

中国文明文化史	《论语》导读	《理想国》导读
文学与人生	中国美术史	西方美术与观念
博弈与社会	意大利文艺复兴	创意设计与生活
《经济学原理》（双语）	宗教与社会文化	唐诗赏析
舞蹈之美	德性的实践：尼各马可伦理学	公民权利
《史记》选读	《诗经》导读	中国历史纲要

（七）北京师范大学

北京师范大学为通识教育各课程模块设置了目标。其中，“人文科学与艺术模块”主要包括人文科学与艺术领域的基础知识、基本理论、研究方法及其应用和发展前沿有关课程。以使学生了解人类文明的历史与现状，引导学生探索生命的意义和价值，建立对人类经典及对自我的认同；陶情冶性，虚心涵养，提升学生的审美能力和鉴

[1]　参见《北京航空航天大学通识教育白皮书》。

赏水平。“社会科学模块”主要包括社会科学领域的基础知识、基本理论以及研究方法及其应用和发展前沿有关课程。以使学生达到各学科知识的贯通与融合，帮助学生形成多元化、多学科的分析视角，培养其敏锐的社会触觉和问题意识，提升学生的突发应变与社会交往能力。“数学与自然科学模块”主要包括数学与自然科学领域的基础知识、基本理论以及研究方法及其应用和发展前沿有关课程。为学生提供基础性的数学与自然科学知识，培育科学精神，发展分析、推理的理性思维能力。“教育与心理学模块”主要包括教育学与心理学领域的基础知识、基本理论以及研究方法及其应用和发展前沿有关课程。结合学校特色，发挥我校的学科优势，贯之以“学为人师，行为世范”的校训，使学生具备教育教学的基本知识与技能，促进学生的心理健康。“其他模块”主要包括上述模块之外的学科和应用领域课程，以及应对国内外最新形势，如金融危机、公共卫生、学生就业指导等而开设的相关课程;一些新兴的跨学科课程及前沿课程。

表 12-9 北京师范大学通识教育核心课程

美国教育史	动态网站设计与开发（ASP.NET）	传统蒙学与传统文化
生活中的心理学	环境教育与可持续发展教育	生命教育
阅读修养与阅读教育	现代大学制度与文化	北京师范大学女性讲坛
成长小说研究	中国民俗文化	文学名著鉴赏（中外）
中国现当代文学经典解读	中国民间文化	中国古典小说戏曲鉴赏
古典诗词赏析	西学与中国近代文化	中国历史与文化
基督教历史与文化	世界古典文明与艺术	中国古代儒学发展史
世界环保史	中国哲学	西方哲学史
易学概论	禅宗美学	人文科学教授讲坛
当代社会热点事件的伦理审视	孔孟学说导论	现代法治理念
环境保护法	犯罪学	国家赔偿法案例分析
经济法	新中国经济政策	社会科学教授讲坛
创业学	大学生理财基础	经济全球化与当代中国经济
美国历史与文化	跨文化交际英语课程	中外经典绘画鉴赏

续表 12-9

影视艺术讲座（原影视俱乐部）	DV 短片制作	艺术欣赏与中国艺术文化
影像艺术实践	视觉艺术中的创意思维表达	舞蹈基础知识与作品欣赏
“麦霸”音乐技巧	C 语言与程序设计	化学与生活
生活化学实验及原理	化学与社会	生命与化学
恒星世界	行星科学初探	宇宙学—宇宙的诞生、演化和结局
星空探秘	漫话物理	生活中的物理
旅游地理	遥感区域	环境伦理学
应用营养学	生命科学导论	生命科学教授讲坛
昆虫学	面向对象程序设计 --C++	基于机器人的创新实践与探索
微软办公软件国际认证专修课	健康心理学	社会心理学
心理学与生活	家庭与婚姻心理学	幸福的方法——当代积极心理学
人际关系心理学	哲学与人生	当代世界经济与政治
中西文化经典导读	中国古陶瓷传统工艺及鉴赏	论文撰写中的软件应用与实践
科技论文写作与发表	科学技术史	科学技术及其日常应用选讲
环境与健康	自然科学教授讲坛	学校素质拓展教练教程
环境演变与生态文明导论	人力资源测评	危机管理
土地政策学	信息素质	管理学
博弈论基础	政治学	探索复杂性—系统科学导论
运动与瘦身	自我健康维护	信息资源检索与利用
大学心理	师范生心理素质训练	鸟类环志与保护

（八）大连理工大学 [1]

大连理工大学通识教育课程建设开始于 2012 年，该校秉承实施精英教育、培养精英人才的办学理念，大力推进本科阶段的通识教育。在通识课程建设的目标方面，该校计划在 2012—2015 年内重点建设 30 门通识课程。立项建设的通识课程应逐步

[1] 以下内容参见大连理工大学教务处网站，http://teach.dlut.edu.cn/ONEWS.asp?id=3329。

建成一支高水平的教师队伍，达到每门核心课程有5—7名主讲教师，每门扩展课程有3—5名主讲教师。应形成完善的适合通识教育的教学内容，编写出版系列通识课程教材。应采用科学合理的教学方法和考试方式，确保通识课程的教学质量。完成网络化教学资源建设，便于学生自主学习，切实满足不同类别本科生通识课程模块的开课需求。

在通识课程的设置方面，该校目前规划设置5类28门通识课程，其中包括核心通识课程7门，扩展通识课程21门，课程分类、名称和选修限制如表12-10所示。

表12-10 大连理工大学通识课程设置一览表

序号	类别名程	核心课程	扩展课程	选修说明
1	人类文明	1. 人类文明史	1. 中国思想史 2. 中国传统文化 3. 西方哲学史 4. 西方文化概论 5. 中西文化关系史	哲学门类、文学门类不选
2	社会发展	1. 社会学 2. 经济学原理	1. 管理学基础 2. 大众传媒与文化 3. 国际政治与经济 4. 资源、环境与可持续发展	经济学门类和管理学门类不选
3	科技进步	1. 科学技术史 2. 科学与工程伦理	1. 物理与人类文明 2. 化学与社会 3. 数学文化 4. 生命与进化 5. 系统科学概论	理学门类和工学门类不选扩展课程1—4
4	心智启迪	1. 逻辑学 2. 艺术与审美	1. 定量与定性分析 2. 批判与创意思考 3. 艺术辩证法 4. 美学原理 5. 音乐欣赏 6. 美术欣赏	艺术门类不选
5	人文经典		1. 经典导读 *	哲学门类、文学门类不选

* 中国传统文化经典阅读书目：《论语》、《孟子》、《老子》、《庄子》，朱熹《近思录》，王阳明《传习录》，司马迁《史记》。

西学经典阅读书目：柏拉图《理想国》，伍尔夫女性主义经典，斯宾格勒《西方的没落》，马基雅维利《君主论》。

中国古典文学名著阅读书目：《三国演义》，《水浒传》，《西游记》，《红楼梦》。

其中核心课程的学时数为32或48，扩展课程为32学时。经典导读课程分为三类，为32学时课程，采取学生从三类指定的经典著作中选读两本自己阅读，由教师指导并组织讨论的教学方式进行。

（九）中国海洋大学

中国海洋大学通识教育核心课程模块如表12-11所示。

表12–11　中国海洋大学通识教育核心课程

科学精神与科学技术		
生活中高分子材料	科学哲学导论	
社会发展与公民教育		
大学生积极心态塑造	安全用药导论	中医药膳食疗学概论
企业管理哲学	企业管理哲学	世界旅游与风俗
人文经典与人生修养		
现当代西方哲学		
艺术鉴赏与审美人生		
景观美学与鉴赏	唐诗品鉴	小提琴演奏艺术与实践
海洋环境与生态文明		
环境保护与生态建设	化学与海洋	

后 记

本书作者于2010年10月调至大连理工大学外国语学院工作，至今已三年有余。在此期间，我感受到了大连理工大学及外国语学院锐意进取、务实发展的学院精神。在全国高校探索通识教育的当下，大连理工大学积极地展开通识课程的建设。本书作者有幸与秦明利教授、丁蔓副教授、崔戈副教授等几位外国语学院的教师，组成教学团队，开设了“西方人文经典导读”系列课程。在授课过程中任课教师们思考良多。在此，对几位同事的帮助表示衷心感谢！同时，我在大连理工大学外国语学院工作这三年里，得到了来自同事们的多方帮助，在此谨向学院及所有给予我帮助的前辈和同事们表示衷心的感谢！此外，也向参与本书前期工作的刘春鸽、桂荧、罗贤娴、丁爱芹、张胜男等几位硕士研究生，表示衷心感谢！

本书作者的思考远未成熟，敬请专家与同行不吝赐教，批评指正！